网络法

战地笔记

互联网法律从业者进阶指引

张延来 著

法律出版社 LAW PRESS

推荐语

网络空间作为海、陆、空、太空之外的人类第五生活空间，各种文明世界的原生势力在此排兵布阵，期冀通过在网络空间的法律制度博弈中谋求生存与发展，《网络法战地笔记》通过思考篇、实战篇、未来篇为我们娓娓道来在此博弈中萌发的网络法的精神与内容。

——中国政法大学电子证据研究中心主任、网络法学研究院副院长　王立梅教授

时光来到二十一世纪，没有什么比互联网的发展，更为深刻地改变中国人的消费模式、支付模式、娱乐模式和学习模式。拜互联网所赐，我们变为某种意义上的新人。当然，网络中尖锐对立的利益纠纷的类型和特点也是新的。我们需要研究探索以往的和将要来的法律，要如何规范我们在网络中各种各样的新行为。《网络法战地笔记》在做这件事，这是本书独特的价值所在。

——广东高院知识产权庭副庭长　张学军博士

进入互联网时代，法律人面对着种种新的问题和挑战，很欣喜地看到这样一本专著，有经验，有思考，有展望，把互联网实务领域里面的问题一一呈现出来，值得细细品读。

——腾讯公司法律诉讼中心总监　胡迎春

网络的蓬勃兴起，出现了新的法律主体，形成新的社会关系，对法律研究更是提出了新的挑战。《网络法战地笔记》基于最新的视角，记录了最前沿的网络法律实践；以深入浅出的语言，阐释了网络引发的新法律问题；以面向未来的思考，提出了网络世界新的法律命题。

——网易法务部政策研究总监　杨　巍

推荐语

网络法是一个跨越传统法律学科的新兴法律学科，需要综合的法律思维能力，《网络法战地笔记》以新颖的形式，深入浅出的解读，使互联网法律从业者能够更准确地把握现阶段法律实践与相应的立法动态，并能够有效地引导法律人形成网络法的总体概念。

——新浪互联网法律研究院秘书长、高级法律顾问　王　磊

随着互联网改变我们的生活，网络法也成为了法律从业人员的一块新的领域，阿来律师以其独特嗅觉，专注于网络法领域。《网络法战地笔记》充分展现了网络法一线专业人士的思考、实战乃至于对未来的瞭望，揭晓了大量值得深思的问题以及新的视角。

——小米公司法律专家　朱玲凤

阿来律师是一位在互联网行业征战多年的法律人，他有着丰富的法律实务经验，同时又笔耕不辍，能够在实战的过程当中及时地总结和思考，《网络法战地笔记》是他继《法眼电商》后的又一专著，互联网领域法律人不可错过。

——虎牙公司总法律顾问　柯　磊

如果说“法律的生命不在于逻辑而在于经验”，那么网络法的生命则是不在于理论建构而在于实战演练。现阶段而言，网络法可能比其他任何一门传统法学都更需要具备“问题意识”和“结果导向”，而《网络法战地笔记》的问世适逢其时，既回应时下热点问题又进行体系化梳理还能对未来趋势进行大胆预测，充分体现了一线互联网法律从业者的担当和战略眼光。

——美团点评法律政策研究院　刘笑岑

自　序

站在互联网与法律的交叉口

“80 后”一代人，错过了太多红利，却唯独见证了互联网时代大幕的拉开。

一、暑假

我长在内蒙古赤峰的乡下，母亲是镇政府一名普通公务员，对子女的学业颇为在意。那一年，正值初中暑假，她听说镇里回来一名大学生办电脑学习班，于是带我前去观摩。

在此之前，我家里已经有了一台小霸王学习机，所以对键盘和显示器并不陌生。

即便如此，当我看到那位大学生双手十指飞快地起落，而眼睛始终不看键盘，文字竟然一行接一行地出现在屏幕上时，还是惊呆了，立即决定“拜师学艺”。后来知道，那种技法叫作“盲打”，而那种输入法叫“五笔”。（见图 1）

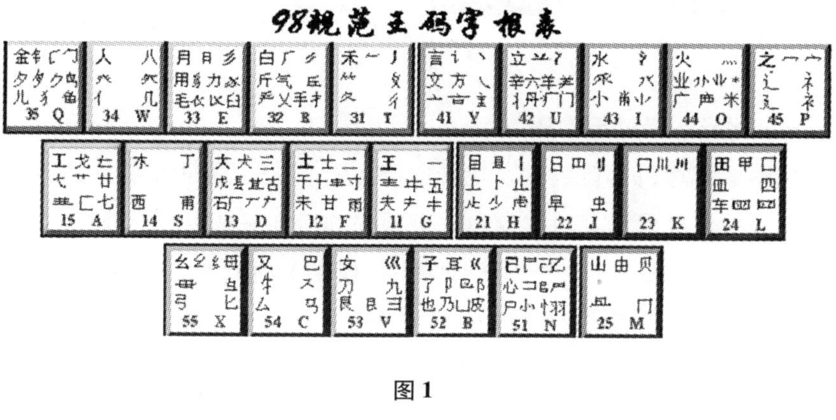

图 1

二、一张海报

几乎所有“80 后”的高中都是在题海中度过的，当时信息远不像现在发达，高考临近，对于考哪个学校、报什么专业都很迷茫。一天早上，我路过校门口的橱窗，瞥到里面一张招生海报，上写着“内蒙古大学计算机学院电子商务专业……国家新兴热门专业……文理兼修……培养复合型人才”。对于兴趣爱好广泛又无一精专的我，这样的专业实在再合适不过了。于是，我成了国内较早的电商专业本科生。（见图 2）

图 2

三、经历、错过与收获

既然是计算机学院，总要玩转电脑才行，大一早早开了“计算机基础”课，我们也就夹着课本走向一个神秘的所在——机房。进机房之前，要先穿鞋套，还要刷上机卡以便计时，跟现在手到擒来的电脑相比，那时候操作电脑真叫满满的仪式感。

在电脑上完成的作业要保存到一张 3.5 寸的软盘里。软盘是 U 盘的前身，容量只有几兆（M）而已，还比不上如今一张高清图片的大小，而现

在的移动硬盘容量已经用“T”做单位了（1M = 1024K，1G = 1024M，1T = 1024G）。(见图 3)

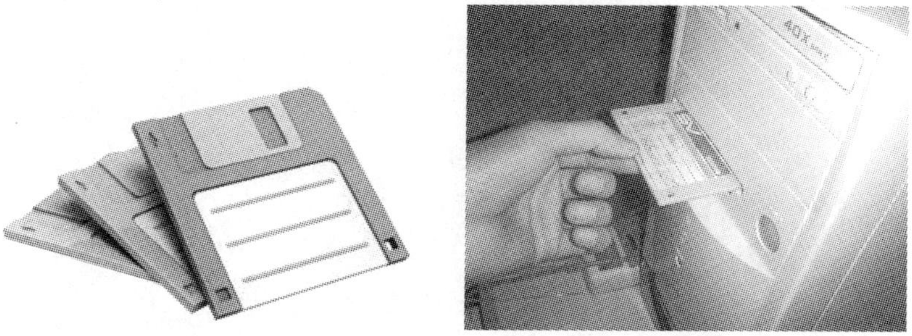

图 3　存储工具

当时的网络一开始还是通过拨号连接，所以网速约等于“龟速”，每秒几十 K。我当时特别喜欢汽车，常常在屏幕前满怀期待的等上三五秒钟，一张高清汽车美图才能完整地加载显示出来，然后赶紧存到软盘里，再次满满的仪式感。

这种情况没有持续太久，因为教科书里介绍了一条“摩尔定律”，后来又出现了“指数级增长”理论，所以技术在我大三的时候就送来了几百兆（M）的 U 盘和可以在线看电影的网速。

现如今仍有不少人觉得人工智能、云计算、大数据、虚拟现实离我们还很遥远，这跟当年我们拿着 3.5 寸软盘很难想象一个 G 的 U 盘是同样的道理。人类的大脑习惯线性思维，对于指数增长天然无感（指数增长示例：一张 A4 纸对折 43 次时的厚度超出地球到月球的距离）。

对于计算机，我一直存有一个巨大的好奇：它到底是怎样工作的？直到一门“计算机硬件原理”课程给出了答案。计算机所有的运算都来自 0 和 1 两种状态的推演和迭代，颇具哲学意味。从那以后我知道了，在逻辑性、程序性的问题上，人类根本不是计算机的对手。

之前我写过一篇题为《律师如何打赢人工智能》的文章，谈到靠逻辑和程序为生的法律人是离计算机最近的行业之一，在人工智能面前，律师引以为豪的很多业务和技能都是小儿科。想到这些，我自己都惊出了一身冷汗。(见图 4)

注：2016 年，由 IBM 研发的世界首位人工智能律师 ROSS 就职于纽约 Baker & Hostetler 律师事务所，帮助处理公司破产等事务。

图 4

继续追忆过去，大二闲来无事，我开始了人生第一单网购，相信从时间上看，打败了全国 99.9% 的人吧，因为那时候还没有淘宝。

第一单我买的是教学光盘，从一个论坛里看到了信息，我打电话过去试探真假，毕竟当时没有支付宝，钱是要先汇到对方账户上，之后人家发不发货看你运气了。结果，电话另一侧的卖家竟然打开音响，对着电话给我播放光盘里的录音！生平第一次，我对网络另一端的一个素不相识的人建立起信心，那种感觉温暖又奇妙。

一周左右，我收到了光盘，初次网购愉快结束。没多久，我们的一位老师也在课堂上展示了他网购的羽毛球拍，只可惜，他的运气稍差，一只拍子的手柄是歪的。

当时开了一门“电子商务概论”课，书中讲到电商发展遇到的两大难题：安全和诚信。为了验证此表述，我跟几个小伙伴设计了调查问卷，想了解人们对网购的看法，来到呼和浩特一处人流密集区——如意广场，一本正经地做起了调研。现在看来，这份十多年前的调研报告颇有些史料的色彩，它记录下了网络经济萌芽时期人们对网购的犹豫和好奇，以下是几张珍贵的节选图：（见图 5、图 6、图 7）

呼和浩特市电子商务运营环境的调查与研究.doc

Microsoft Word 97 - 2004 document – 57 KB
创建时间 2006年7月12日 星期三 下午4:36
修改时间 2006年7月12日 星期三 下午4:36
上次打开时间 今天 下午10:18
添加标记...

图 5

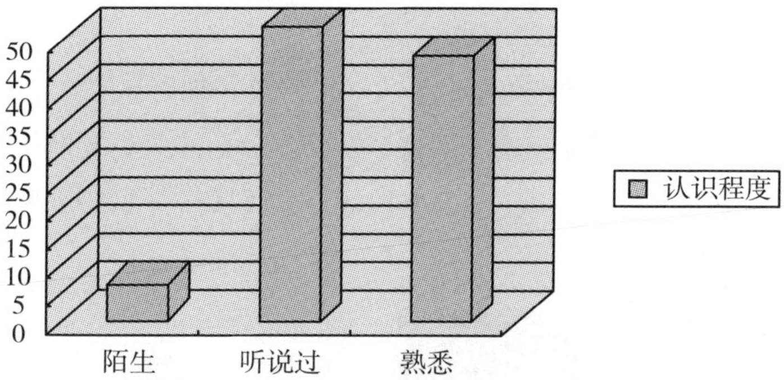

注：很明显绝大部分人群对网上购物已有所耳闻，我想这是符合实际的，电子商务在国内的建设虽然还不完善，但却已十分蓬勃，现在随便打开几个网站就能发现好多商业内容。

图 6

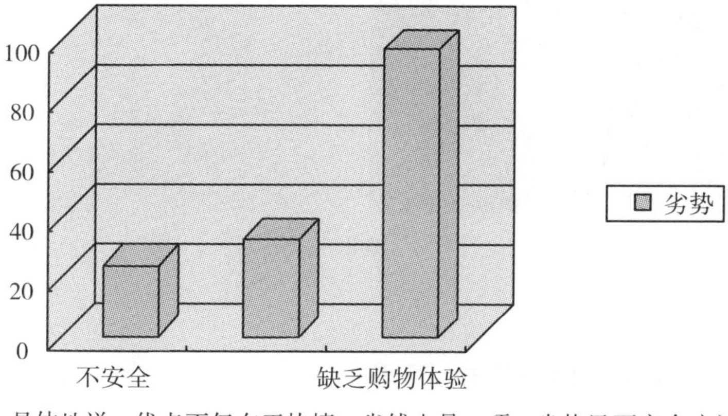

注：具体地说，优点不仅在于快捷，省钱也是一项。劣势里面安全应该是首当其冲，之所以大部分都选缺乏购物体验，我认为是由于他们实际操作的机会较少，对安全性的体会不深，相对而言我们接触到的有过多次网上购物经历的人士，他们则都道出了对安全问题的担心。

图 7

四、跨界法律

几经考试之后，我终于认识到自己在计算机方面没啥天分，于是利用周六日的时间到法学院学习，拿到了法学双学位，权当给自己留条后路。

一次在图书馆偶然看到书架上摆着中国政法大学张楚教授翻译的《电子商务法》以及他撰写的《电子商务法案例分析》两本书，如电光火石一般在我心里留下了强烈的暗示，原来我学了这么多“乱七八糟”的知识，竟然还可以组合到一起形成一个交叉学科。

不少法律人一直在争论电子商务法（网络法）到底算不算一个专业领域，这个问题于我而言早已有了答案。若干年后的今天，《网络安全法》和《电子商务法》都已经成文，互联网法院已经有三家了，应该不用再争了吧。（见图8）

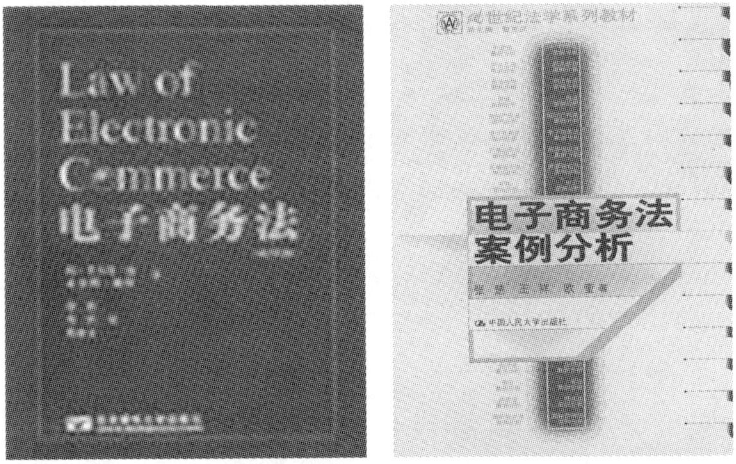

图8

五、淘宝和毕业设计里的“京东”

听人说一个叫“淘宝”的电商网站火了起来，有同学试着开了一家淘宝店，她说反正用不着花钱就能开，后来才知道淘宝就是凭着免费策略把卓越亚马逊给“收拾”了，进而被一些“专家”指责低价倾销。直到今天，免费已经成为互联网产品的标配，“专家”们才终于把焦点移开，最

新被发掘的焦点似乎是互联网反垄断。（见图 9）

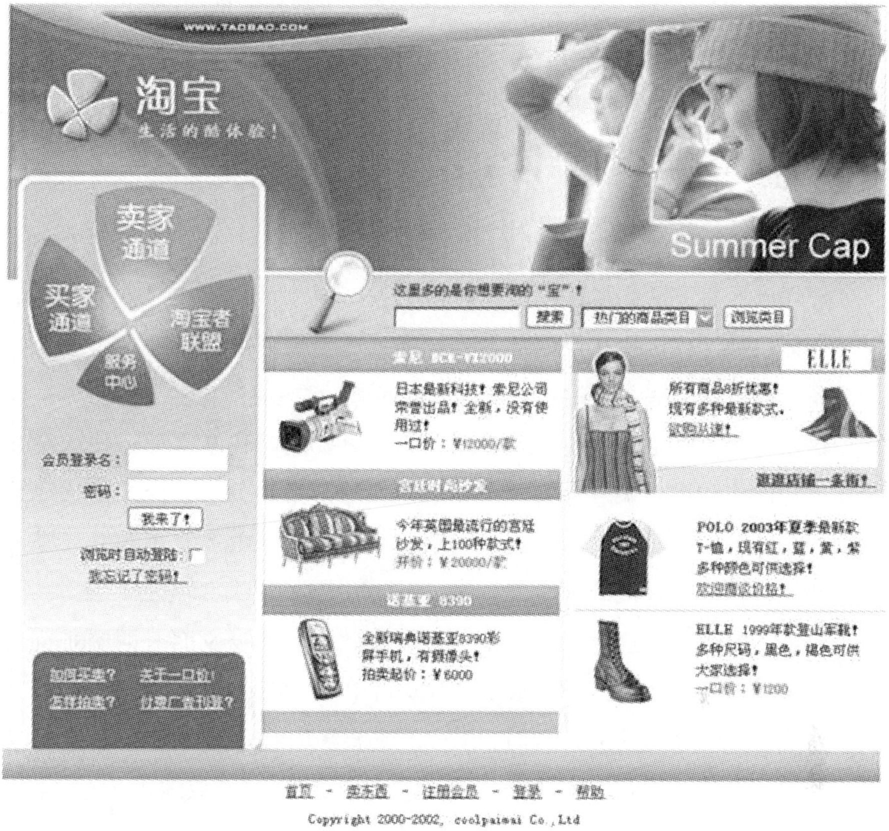

图 9

同学的淘宝店没有坚持下去，不然她肯定是我们当中最有“钱途”的一位。回想起来，我们那一届所谓的电商专业学生，错过的“致富”良机又岂止网店一个呢，那时候，5 位数的 QQ 号还是不难注册的（参考“天价 QQ 号归属案”），域名也远没有到枯竭的程度（以囤积域名起家的互联网大佬蔡文胜已成为美图秀秀的董事长）。

最有意思的当属我的毕业设计，我跟几位同学一起做了一个销售笔记本电脑的电商网站，上架、购物车、下单等功能都有，起名叫“本色笔记本电脑网”，通过答辩之后就封存在了硬盘里，后来竟然有了一个以销售 3C 数码产品为特色的网站叫“京东”。

2006年，我进入浙大法学院开始了3年的法硕生涯，这期间技术陆续贡献了更轻薄更便宜的电脑、几个G每秒的网速和iPhone为代表的智能手机。

凭借这些先进的基础设施，BAT急速扩张，微博、微信等各类创新模式也陆续登场，再后来的事情大家都熟悉了。

六、开垦网络法“新边疆”

洋洋洒洒写了这么多，我想我算得上一个典型的“80后”，可以身临其境地体察到计算机和互联网从无到有的一些重要时点，又因为所学专业的关系，知道了一些必要的理论，而且眼睁睁地看着它们变成现实。

这十多年一路走来，我逐渐看清了一个重要的时代基本面：技术革命会极大地解构和重构人的行为及关系，而人的行为和关系又恰好是法律最关切的问题，由此所引发的立法、司法、执法和法律服务变革和升级是必然趋势，恭喜这个时代的法律人——我们被历史选中了。

当然，要肩负起这个使命并非易事，能做的事情以及面对的困难都很多，就好像一场持久而激烈的战役，我是其中一个拿着枪冲上阵地的战士，前面有太多高地需要攻克，后面有太多战友想知道前方的战况如何。

所以我想把自己这一路实战下来的所见所感写成“战地笔记”，给同样在战斗或者准备参战的你做个参考，当然还有一种可能，等到网络法体系全面构建完成，战斗也就结束了，后辈法律人也可以看看这份“笔记”，知道当时的我们是怎样摸索着前进的。

张延来

2018年10月24日

目　录

思考篇

实战篇

思考篇

未来篇

实战篇

发现网络法“新大陆”

准确地讲，网络法不是一个具体的部门法概念，其远大于部门法，并且将极大程度地取代现行法律成为下一代的通用法律体系。

一、从杭州互联网法院说起

杭州成立的国内第一家互联网法院成了法律界的大热点，很多人在关注互联网法院的在线审判模式是多么快捷高效，但却忽略了互联网法院另一个也许是更重要的角色和价值：审理涉网类案件，包括网络购物纠纷、网络借贷纠纷、网络著作权侵权纠纷等。（见图 1）

图 1

这释放了一个重要的信号：人们基于互联网发生的行为关系开始享受司法系统“特殊待遇”了。很多质疑说这真的有必要吗？涉网法律纠纷跟传统的法律纠纷有什么本质区别呢，非要专门设立一个法院来审判？

这并非法院的突发奇想，而是历史发展的必然。因为人类社会整体向线上迁移，在网络世界中形成新的关系和行为，这个浩大的迁移进程必将带来整体法律环境的变革，那就是从传统的工业时代法制体系转变为网络时代法制体系，而专门审理涉网类案件的互联网法院只是顺应时代潮流的一个典型案例罢了。截至本书成文时，北京和广州也分别设立了互联网法院，可见趋势是不可阻挡的。

二、什么是网络法

法律作为上层建筑是由经济基础决定的。工业时代决定了我们目前所熟知的当代法律体系，进入网络经济时代，原有的法律体系必须升级换代。

以民法、知识产权法、反垄断法和公司法为代表的当代法律体系，在网络时代遭遇到了“瓶颈”：(见图 2)

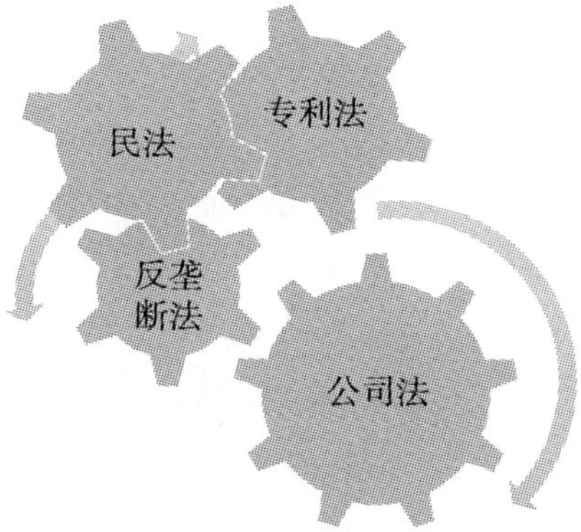

图 2

1. 知识产权制度要求“先授权再使用”，按北京大学张平教授的话讲，这在网络时代是“作茧自缚”。

2. 反垄断已经有很多新型案例出现，其中折射出的核心问题是互联网经济领域没有明确的相关市场界限，连相关市场都界定不清楚，还谈什么反垄断。

3. 公司法制度曾经是工业时代最伟大的制度发明，其允许很多人一起协作办大事而不必承担无限责任。可在网络时代下个体崛起，大公司、大平台日渐萎缩，个体可以借助网络与其他人自由联合协作，所以公司在互联网时代的式微和消亡也是必然。

4. 民法跟普罗大众关系最为密切。《民法总则》已经出炉，民法典也已经开始编纂，然而其中最受争议的，莫过于是否还应该围绕所有权来设置民事权利体系。有学者提出，互联网时代所有权已经不再重要，共享经济大潮之下，人们更加关注的是使用权。

那么，互联网经济基础之上，会生长出什么样的新型法律体系呢？以电子商务法、网络安全法、电子签名法等全新网络立法为代表，加上大量的传统部门法针对互联网作大大小小的自我修订，最终形成了新时代的网络法体系。(见图3)

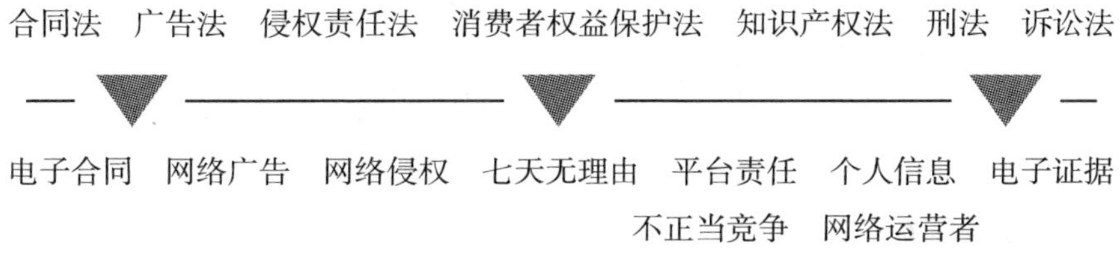

图3 法律操作系统在更新

现在，我们终于要给网络法下个定义了：“网络法就是调整人与人之间基于信息网络发生的法律关系的规范的总称。”准确地讲，网络法不是一个具体的部门法概念，其远大于部门法，并且将极大程度地取代现行法律成为下一代的通用法律体系。

三、传统法律服务领域的两大威胁

传统法律体系向网络法过渡的同时，传统法律服务领域的法律人正面临着来自两个方面的严峻挑战：

1. 法律电商平台的绑架

各类法律电商平台正在将传统律师从律师事务所中分离出来，让他们直接在平台上面对客户，为客户提供服务。跟律所相比，平台信息更透明、服务更标准化，所以就像淘宝、京东替代传统实体店一样，法律电商平台也会发展成法律服务的集中交易场所。

那个时候，传统律师们将在平台上陷入红海般的竞争，因为你要面对的是全国的同行，总有人比你更专业比你价格低。除了极少数头部的律师，其余恐怕只能在生存线上苦苦挣扎，原因很简单，传统律师的经验和技能高度同质化，太容易被替代了。

2. 法律人工智能的替代

法律电商平台发展到下一步，就是人工智能。大量的法律服务通过平台完成，平台就会积累下海量的数据，法律服务天然就讲究程序和逻辑，所以极其容易被机器学习。只要数据量足够，大部分传统法律业务恐怕都是机器来做了，那时候就算想搞低价竞争也没可能，因为机器是免费的，人却做不到。

四、新大陆与栖息地

很多人说，网络法跟传统法律没有本质区别啊，电子合同不也是合同吗，不也一样适用《合同法》吗。其实，这是没有认识到网络环境下法律问题的特殊性。电子合同从内容到形式都发生了大量的变化，一个网络营销合同跟传统的广告合同有显著区别，电子合同的效力跟纸质合同也有显著区别，这些都是我们这个时代的法律人需要研究的问题。

从用户需求的角度上讲，互联网经济正在成为中国经济增长的新引擎，那么多互联网公司、电商公司和相关的产业如雨后春笋般涌现，他们在经营过程中遇到的法律问题多半与互联网相关，这些新的需求正是这一代法律人的市场蓝海。

从广大传统企业角度来讲，互联网作为新一代基础设施，传统企业也必然纷纷转型线上业务，这个趋势已经越来越明显，现在已经很难分清楚谁是互联网公司谁是传统企业。当这些企业转型升级做电商业务的时候，他们遇到的新型法律问题一样是这一代法律人的市场蓝海。

推而广之，所有普罗大众都置身于网络之中，他们的行为越来越多地具有网络特征，传统的法律人必须升级自己的知识和技能，才能继续提供有价值的服务。（见图4）

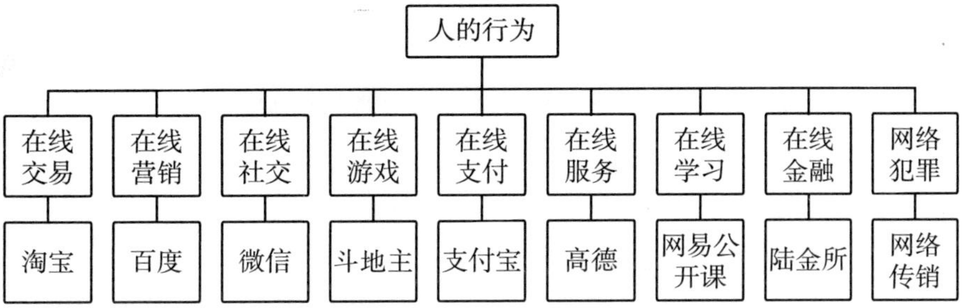

图 4

可以说，基于互联网产生的新型法律需求俯拾即是，每一个维度都是律师栖息的“新大陆”，包括但不限于：

（1）刑法 400 多个罪名恐怕过半数与网络相关；

（2）有判例支持的线上不正当竞争就有 30 种之多；

（3）虚拟财产正在成为离婚、继承案件的争夺焦点；

（4）数据和信息安全合规成为互联网公司的痛点；

（5）互联网广告风险防范是线上经营前置工作；

（6）互联网金融合规风控；

（7）电子合同形式和内容上的效力；

（8）电子证据固化；

（9）跨境电商法律实务；

（10）网络平台合规；

（11）网络知识产权保护与运用；

（12）电子商务税务筹划。

一方面是网络法律服务市场需求的激增，另一方面是传统法律服务市场受到平台和人工智能的双重挤压，网络法最终必将是当代律师的“新大陆”和“栖息地”，因为网络法的新型业务和实践没有那么多数据积累，需要人的能动性、创造力，机器学不会。

人类社会正在加速向线上的虚拟世界迁移，那里会有一套全新的游戏规则，而当代法律人的使命就在于参与建立这套规则，并帮助人们在新的游戏规则下玩得愉快。这是一个新蓝海，也是一个历史使命。

技术与法律关系公式

若要通过网络时代中纷繁复杂的现象，看清楚某个趋势，最可靠的做法还是要通过严密的逻辑分析，最终掌握普适性的分析工具。我在此给您分享一个重要的公式，用它几乎可以解释网络时代所有的新型法律现象。如此重要的命题，值得你耐着性子看一下它的推导过程，以及它所展示出的威力。

一、一个大前提：技术是社会发展的唯一决定力量

邓小平同志很早就提出了“科学技术是第一生产力”，但这么多年，我始终当它是一句口号。

直到看了《第二次机器革命》这本书，其中把技术对人类社会发展的决定性作用系统性地进行了阐述。书中两张图表给我的震撼最强烈，显示迄今为止人类漫长的发展历程一直都是平淡无奇的，只有来到1775年，以蒸汽机为代表的工业革命这一历史时刻才发生质变。这次技术飞跃使世界人口数量在短短两三百年时间里，从不到十亿陡增到六七十亿，物质财富也极大增长（我们目前所处的文明世界，大到摩天大厦，小到一粒纽扣，绝大部分是机器的杰作），而此前几十万年的人类社会平淡无奇，发展趋势是一条平坦的直线。（见图5）

紧接着，也是最值得兴奋的，就是以计算机和网络技术为代表的第二次机器革命，这是人类历史上第二次技术飞跃——而它就发生在你我所处的时代。这一次技术飞跃使人类克服了脑力的限制，加上第一次机器革命已经克服了体力限制，从我们这一代人开始，人算是彻底“自由”了。

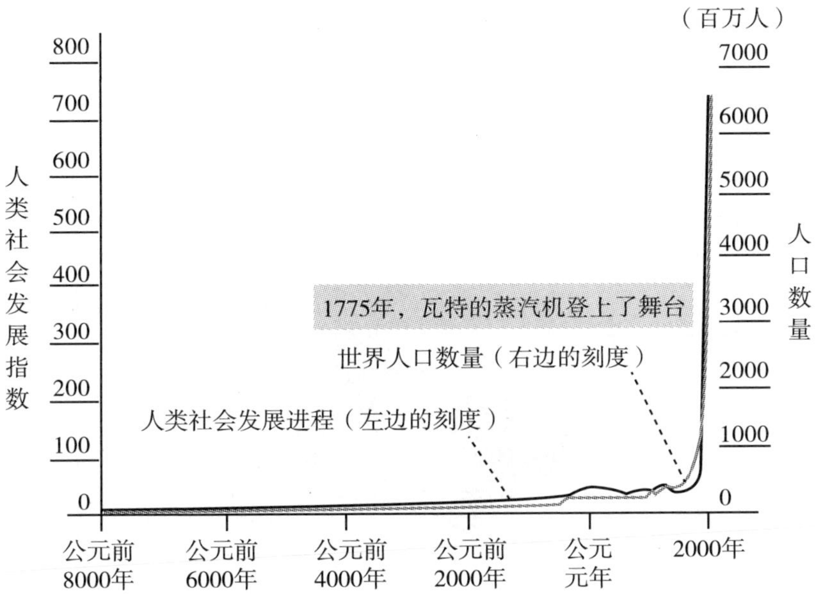

图 5

从目前的互联网发展态势来看，它毫无疑问会取代水电煤成为人类社会全新的基础设施，所有的商业、文化、生活也都会向网络世界迁移。对此，阿里巴巴集团参谋长曾鸣教授的判断是，接下来互联网为人类带来的奇迹会远超此前十年间其之创造。

二、推论：技术决定人的社会关系和行为

我们先来回顾一下大学里就学过的马克思主义哲学原理，马克思在《资本论》里有过经典的表述："生产力决定生产关系"，而生产关系就是人们的社会关系（包括生产资料所有制形式、人们在生产中的地位和相互关系、产品分配形式等）。既然"生产力决定生产关系"，再把前面"科学技术是第一生产力"的大前提加进来，推论自然就有了——技术决定生产关系，也就是人的行为和关系取决于当时的技术水平，例如，以前人们学习外语，要在学校里跟老师学习外语课程，此时二者之间是师生关系。有了网络这个新技术，人们可以随时借助一些第三方学习类 APP 例如"外教君"等随时付费跟外教学习，此时二者之间形成了服务关系。再如，以前

人们打车，出租车公司和乘客之间形成客运合同关系。而网络时代，人们可以通过 Uber 和滴滴等软件享受共享出行方式，此时乘客需要与司机形成劳务或者承揽关系，与租车公司形成租赁关系，与打车软件形成网络服务关系。（见图 6）

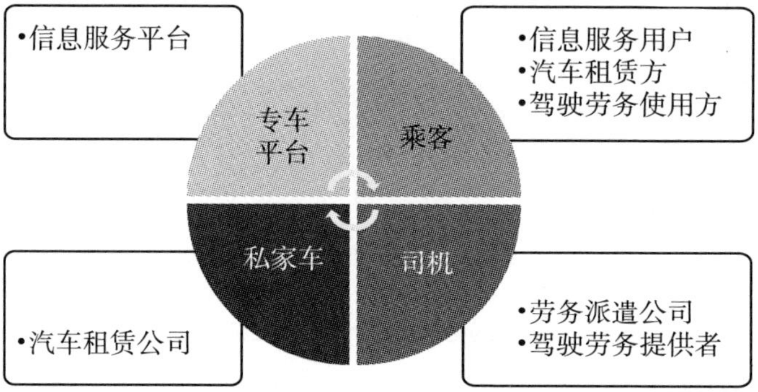

图 6

三、结论：法律负责对获得技术认可的行为和关系加以确认，以便帮助技术更快地得到施展

法律人都了解一个基本常识，就是法律调整的对象，一是人与人之间的关系，二是人的行为。关系和行为这两件事都是由技术决定的，因此法律的作用就在于把技术认可的社会关系及行为确认下来，不认可地加以排斥，以便技术可以畅行无阻地快速普及应用。

1. 工业革命时代的内燃机技术给人类带来了汽车，人们靠汽车出行成为常态的行为模式，此时的技术条件支持人们这样做。于是新的法律出台将传统马车从道路上赶走，进而确立了一套以汽车为核心的道路交通规则，规范人与人之间的交通关系，汽车也因此迅速推广开来。

接下来，自动驾驶技术将很快进入商用和量产阶段，一旦实现，立法也必然会跟进，禁止人类再碰方向盘只是个时间问题。

2. 工业时代的商品是供应商先生产，然后再向消费者售卖。互联网时代，由于网络技术让消费者和供应商可以直接面对面互动，消费者在生产环节掌握了越来越多的话语权，商品从 B2C 型销售关系转为 C2B 型服务关系。法律也会认可这种新的关系，像时下的实物众筹、定制、跨境代购等。

恭喜您！如果您看到这里，您已经掌握了一个揭示技术与法律关系的理论公式：（见图 7）

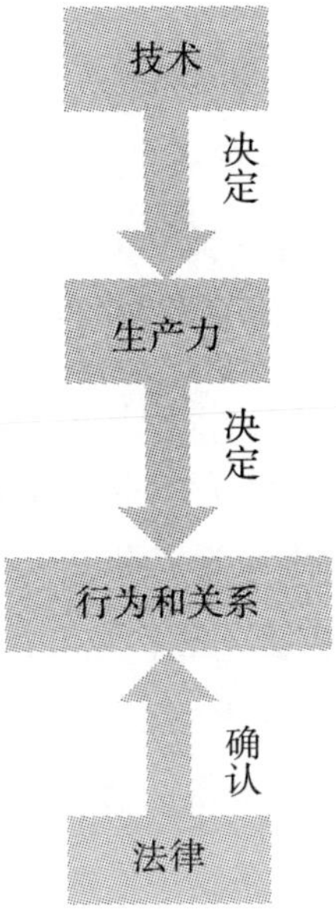

图 7

我们给这个公式命名为：技术与法律关系公式。

这个公式直观地展示出了技术与法律的动态平衡关系。显然，这种动态平衡由最顶端的技术所决定，技术出现革命性突破的时候，也是法律会全面作出回应，法律体系解构再重建的时候。

下面我们就试试这个公式的威力，先用它解释一下工业革命时代三大法律制度创新的由来：

公司、专利、反垄断是工业革命催生的三大法律制度创新。

（1）工业革命作为第一次技术革命，由于生产力大大提升，使人们有必要进入一个组织，通过协作完成更大的任务。这个组织的风险又必须可控，于是产生了公司制度。

（2）技术体现出的创造力必须得到收益，否则创新动力不足，于是产生了专利制度，包括后续的知识产权制度。爱迪生晚年就是靠收专利费作为主要收入来源的。

（3）掌握新技术的公司发展到一定规模（如掌握流水线技术的福特公司、掌握视窗操作系统技术的微软），有能力独占市场的时候，为了对抗这种独占地位产生的危害，就有了反垄断法。

公司制、知识产权以及反垄断这几项近代法律制度中最伟大的创新，都是基于工业革命的需要而产生。紧接着这几项创新就要被网络技术革命给颠覆掉了，这方面笔者已经在《发现网络法“新大陆”》一文中写过。事实上，包括这几项制度在内的整个法律环境都会因为互联网技术而被重塑，这种重塑反映在立法、司法、执法和法律服务等多个层面：

（1）只需稍加留意，媒体最近几年里，年年都说是电商立法元年。跟互联网、电商相关的立法应接不暇，刚开始还是《网络交易管理办法》《信息网络传播权保护条例》这类法规规章，到2017年《网络安全法》开始正式实施，《民法总则》草案也明确提到了数据和虚拟财产权，《电子商务法》草案2018年颁布，在法律层面已经开始了系统性地网络规则重建。

（2）再看司法方面，杭州出现了首家互联网法院，此前已有多个地方法院建立了专门的网络法庭。法院的判例做得越来越精细和专业。奇虎360跟腾讯打的两个官司：一个反不正当竞争，一个反垄断，都成了互联网行业里面的标杆性案件。这种标杆性案件的出现正在呈“井喷”趋势，理论上电商每创造出一个新的交易场景，就会出现一个标志性案件，而且基于法律在互联网领域更严重的滞后性，司法判例的指导价值会愈加凸显出来。

（3）在执法方面，执法机关正在运用大数据、以网管网等现代手段开展管理和服务，如工商总局的网络违法广告排查系统、福建食药监局的网络食品安全智能巡查系统、阿里巴巴与浙江省公安联合进行的大数据打假等。

以上这些变化，统统是基于技术革命的必然要求。这个技术与法律关系公式不仅在以前和现在，在未来依然会持续发挥作用。作为法律人，我们需要对技术采取更加敬畏的态度，为技术扫清发展障碍而不是反其道而行之。

互联网产品合规设计思路

互联网商业模式合规是一项新型的法律服务，其产生的背景是互联网作为新的生产力不断改造传统的生产关系，使人与人之间结成新的法律关系或者出现新的行为类型，商业上表现为模式创新。

例如，传统的出租车运营模式被共享出行模式取代后，乘客与出租车公司之间的承运关系曾一度被打车软件公司、乘客、私家车主三方，劳务派遣公司，租车公司等多方形成的法律关系所取代。

类似的新型商业模式不断涌现，导致主导创新的互联网公司需要专业法律人士的介入，从多个维度设计合规策略，寻求新型商业模式在法律层面的认可和实现路径。

在此简要介绍一下笔者个人解决此类问题的设计思路：

一、确定各方交易主体的商业角色

一个特定的应用场景必然是由不同的参与方组成的，所以先将哪些主体参与识别出来是一个前提，此后才能够分析各方之前形成何种法律关系最为妥当。

例如，一个典型的进口跨境电商应用场景中，参与方分别包括境内消费者、境外厂商、跨境平台、跨境电商卖家四方主体。四方主体之中，境内消费者是终端用户（买家），境外厂商是货源（卖家），跨境平台是第三方平台提供者，跨境商家是基于平台连接消费者和厂商的中间方。

以上是这四者的商业角色，当商业角色确定后，再来分析其相互间的法律关系，进而确定其各自应有的法律身份。显然，商业角色与法律身份并不是一个概念，同样的商业角色其法律身份可以不同，后者是需要律师有意识地进行设计和界定的。

二、可能的各方法律关系列举

跨境电商交易场景下的四方商业主体，其相互间的法律关系至少有三种：第一种是跨境电商商家直接向境外供应商进货后卖给境内消费者，此时，商家的法律身份是销售者，其与消费者之间是买卖关系。（见图8）

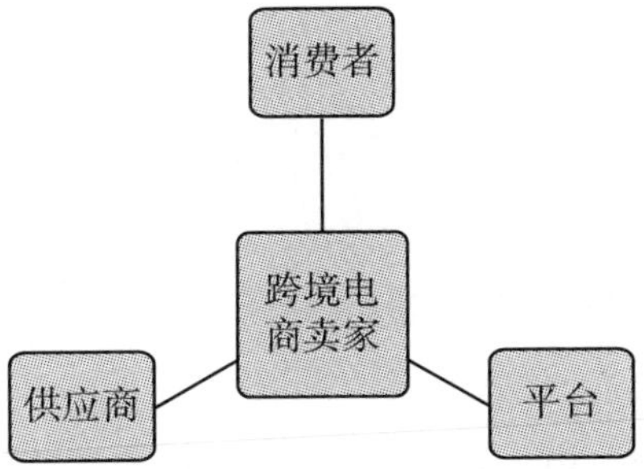

图8

第二种是跨境电商商家根据境内消费者的委托和指示向境外供应商采购其想要的产品，此时商家的法律身份是服务商，其与消费者之间是服务（或者委托）关系，买卖关系则直接发生在境内消费者和境外供应商之间。（见图9）

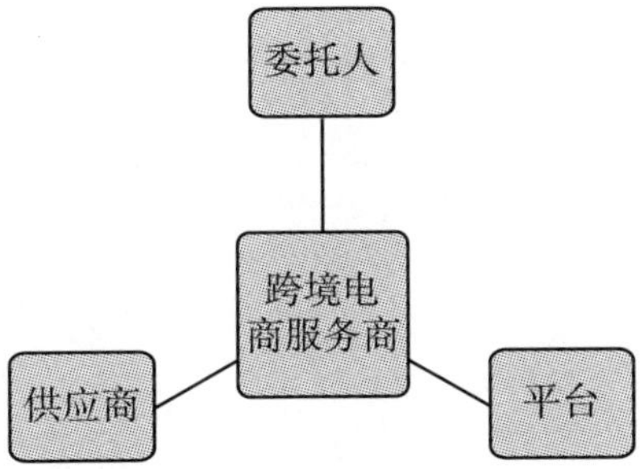

图9

第三种是跨境电商商家作为居间方在境内消费者和境外供应商中间从事介绍和撮合交易的行为，促成后两者之间形成买卖合同关系。（见图10）

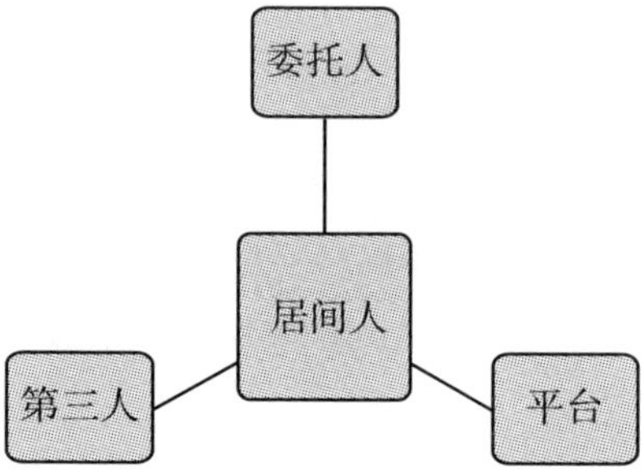

图 10

三、参与主体的法律身份选择

全面掌握了特定商业模式所需的市场准入、法定义务和法律风险之后，就可以正式进入商业模式的合规设计环节，这个环节的第一步是弄清楚有哪些主体参与，他们各自应有的法律身份是什么。

在此仅举一例，如图 11 所示的是一个典型的电商交易平台商业模式下的各主体身份，从上到下一共是五类法律主体（纵向），每一种法律主体对应不同的商业角色分工（横向）。

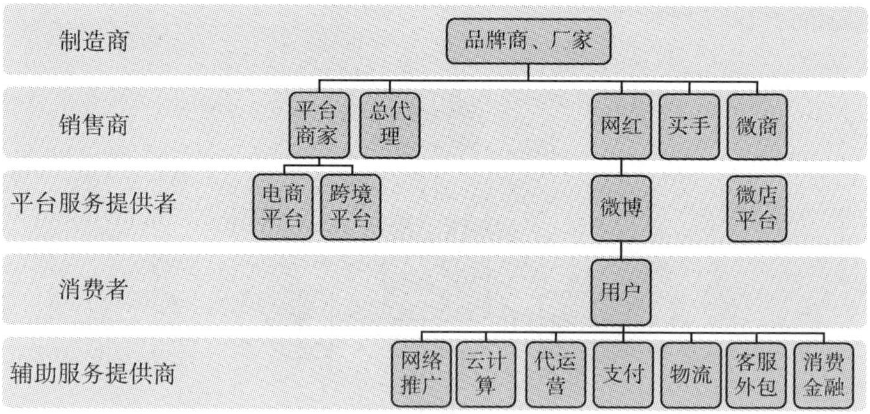

图 11

四、最优关系路径提取

在可能采取的法律关系路径中，律师需要从两个维度上考量并确定哪一种是最优关系路径，分别是：

1. 法律风险可控

评估来自不同法律关系路径下客户所承担的法律风险是提取最优关系路径的前提。在考虑此类风险时，需要把刑事风险放在第一优先级，其次，行政风险或民事诉讼风险可能会影响到市场准入、融资、上市等企业发展重要事项的，也需要重点考虑。

2. 实施成本和用户体验

法律风险可控的路径并非一定是最佳方案，还需要考虑落实这一法律关系所需要花费的实施成本以及对用户体验造成的影响（用户体验某种程度上也可以理解为实施成本）。

总体上，法律风险的程度降低和与之匹配的实施成本之间要进行综合对比，风险低、实施成本可控且不影响用户体验的方案为最佳。

仍以前文跨境电商场景中的三种可选路径为例，第一种路径实施成本最低，因为消费者和商家之间进行买卖是主流电商平台上固有的交易模式，用户协议也是各式版本，另外消费者对这种法律关系的认知也不存在障碍。但问题在于法律风险非常之高，跨境电商的商家作为销售者，其必须遵守《产品质量责任法》和《消费者权益保护法》等各项国内法律法规对销售者的要求，而跨境电商产品天然在质量、外包装、退换货等方面难以完全符合这些规定，届时商家将面临各种被诉的风险。

此外，跨境电商产品的属性目前在政策层面仍然尚未确定是商品还是个人自用物品。如果直接参与交易，一旦产品买家投入二次销售，则可能引发走私的刑事风险。

后面两种设置有效地避免了作为销售者面临的法律风险，相比较之下，第三种居间方式更侧重信息层面的沟通、合同机会的报告，从商业角色出发更像是跨境电商平台的工作，所以第二种将跨境电商商家界定为委托合同受托方的法律关系路径最为妥当。在第二种路径下，实施成本是需要重新通过用户协议或者条款声明将买卖合同关系替换为委托合同关系，这一动作的实施成本相对可控，基本上在商品详情页的显著位置即可完成，对用户体验的影响也非常有限，所以是性价比最高的解决方案。

总之，在互联网创新业务合规设计的过程中，律师和法务需要掌握正确的商业理念，了解创新模式的原理和目的，从法律要求和风险出发设计可行路径，在控制风险的同时，保有核心竞争力，必要时可以通过诉讼寻求法院对商业模式的认可，最终合法营利实现商业目的，进而为客户创造价值。

共享单车，退押金和“抽血”之外的第三条路

ofo 共享单车在北京的总部遭遇到了近千名用户排队退押金的窘境，ofo 宣布了退押金新政策，称将按照用户申请依序处理，线上排队用户据报道超过 900 万人，若以每位用户 99 元押金计算，待退押金至少 8.9 亿元，这还不考虑那些交了 199 元押金的用户，以及后续看得见的更多申请退款用户的加入。

从媒体报道的情况来看，用户退押金这件事情遭遇到了不小的法律尴尬。此前有用户跑到法院起诉 ofo 错误扣取了费用，北京市海淀区人民法院当时审理了案件，并裁定驳回用户诉求，因为在消费者所同意的《用户注册协议细则》第 15 条规定，凡因本协议引起的或与本协议有关的任何争议，均应提交中国国际经济贸易仲裁委员会进行仲裁。法院经过审理后认为，申诉人通过用户注册协议已与拜克洛克公司达成协议，双方所生争议由中国国际经济贸易仲裁委员会进行仲裁，故北京市海淀区人民法院依法裁定驳回起诉。

估计绝大多数对法律不了解的普通用户，听到这个消息都比较崩溃，想必这个中国国际经济贸易仲裁委员会对他们而言是一个比法院还要陌生的机构。

从这个事情中，我们可以非常明显地感受到用户和共享单车公司对于押金的不同态度。在用户看来，他交的就是一笔单纯的押金，具有担保的性质，如果没有损坏车辆就应该及时地给予退还，而事实上，《电子商务法》当中也特别明确了电商经营者者要及时退还用户押金，不得设置障碍。但在另外一方共享单车的运营者看来，在收取押金的时候就并没有把这笔钱当作押金来看待，而是把它当成了一种金融工具，或者说当成了自己的现金流。

以笔者对共享经济这个行业的了解，收取的押金通常会用来进行循环

使用。例如，当第一批共享单车投放市场后，收上来的押金就会用来去购买第二批车辆，以此类推。

押金不仅可以用来置办更多的车辆，还可以有更多的用途，从媒体对ofo 事件的报道当中，我们发现 ofo 可以将押金用于跟 P2P 等金融机构合作，转化成用户的理财权益，进而从中获得佣金。

以上种种都不难发现，站在共享单车公司的角度，押金就是他们的现金流，是他们的资产和血液，所以出现挤兑式退押金的情况，就有点类似于从一个病危的人身上去抽血，这显然是共享单车公司最不想看到的，也可能是基于这个原因，在用户协议里才设置了这样一个管辖的条款，希望借此达到延缓抽血的目的，但事实上这样做，更加加深了用户跟共享单车之间的对立情绪。

所以，押金挤兑事件本质上是一个消费者权益和公司生死存亡之间的利益平衡问题。有人站在消费者权益保护的立场，提出今后应当对用户押金强制要求在银行进行托管，不得随意挪用。但事实上这样做，从经济学的角度来讲意味着巨大的浪费，允许共享单车公司将这笔资金进行正常的经营和对外合作，让资金流动起来，才是符合经济和金融运行规律的。

笔者认为在这个问题上，是不是从一开始就不应当将这笔钱赋予押金的法律属性，导致用户在认知上面发生偏差，而企业想用这笔钱也战战兢兢，有没有可能在法律上将押金重新定义，如按照会员费来处理，这个会员费可以同时具有行为担保、会员权益等内容，如此一来，企业也可以借此将这笔钱投入正常的商业使用，并且将其中一部分的收益跟用户分享，而一旦出现风险，用户也不会在情感上有如此强烈的反弹。

当然，这只是笔者一个不成熟的想法，具体能否落实，还需要进行更加严密和慎重的论证，但分享这个想法的目的在于，笔者认为互联网法律实务当中，需要灵活运用传统法律里的概念和法律关系来解决实务中的新问题，而不是僵化和机械的套用，传统押金到了共享经济里如果还是押金，就可能遭遇挤兑的尴尬，很多时候，所谓的互联网商业模式合规设计，无非就是在传统的法律规定当中给创新找到一条最容易走通的路，这种思维方式值得所有互联网法律人参考。

外向型法务部的成因与价值

互联网公司的法务部现在已经变得越来越活跃、越来越外向了。这里说的外向指的是法务部不再满足于对内审审合同或评估一下法律风险，再不就是有诉讼了去打个官司，而是更愿意走出去，把自己做过的事儿、思考的结论等对外进行输出，进而有效地去影响到更多的人。典型的做法包括对外发表演讲，法务部直接出专著，成立法律研究中心发布各种研究成果，参与立法和标准的制定，担任一些高校法学院的导师和顾问，甚至是做出可用的产品直接对外服务用户。

像笔者所在的垦丁律师事务所连续已经举办了两届的网络法实务大会，我们每次邀请十几家一线互联网公司的法务来分享实务经验，也基本上没有碰到太大的障碍，只要是不关系到公司的敏感信息，大家都是愿意进行分享的。一开始的时候我其实是有一点诧异，觉得如果是律师很活跃很外向是很正常的，因为毕竟要拓展自己的业务嘛，但是法务为啥还愿意跑出来抛头露面呢？最近这两年观察和交流下来之后，笔者大概有点明白了这背后的原因。

第一个原因就是外部环境变得越来越复杂，变化的速度也越来越快，逼迫着法务部必须要向外走。互联网公司的业务创新程度普遍比较高。如果法务每天待在公司里面不走出去，不了解外部的世界的变化和规则的变动，不去跟同行保持同步，只靠闭门造车是很难解决实际问题的。譬如说《电子商务法》实施之后，电子商务平台背上了大量的法定义务，一会儿是连带责任一会儿是明知和应知，如果光看法律条文是根本不知道这些法律背后的内涵和逻辑的，遇到了实际问题就很难给出准确的建议。

只有“走出去”，跟立法者、执法机关还有同行多多交流和沟通，才能够掌握这些新的立法背后的具体尺度，才能够告诉业务部门怎样去做好准备。所以外部环境的剧烈变化是法务部必须要“走出去”的第一个原因。

第二个原因是内部原因，也就是说公司的内部业务需求推着法务部必须要走出去，为业务创造条件、扫清障碍。很多互联网的创新业务和玩法，经过公司的先行先试已经在公司内部形成了很好的企业标准，但是这个所谓的“家规”能不能被外部、被整个行业所接受，能不能被整个法律体系所吸收和认可，那就必须要有懂法的人走出去广泛呼吁达成共识，否则就变得曲高和寡，没人按照你的规则来。

如果外部整个业界都不认可的情况下，还要公司老板在这方面持续地花大力气进行投入，他肯定心里是没底的。所以现在很多公司法务部动辄就发一个合规白皮书，要不就成立一个自律联盟，再或者就是搞一个《用户权利保护宣言》，他们到底在干什么？其实无非就是想告诉大家法律对这件事还没有明确规定，但是我们已经先做了，大家如果觉得好就都来一起参与。

笔者在做一个网络不正当竞争案件时，法官对于这种行为是不是属于不正当竞争行为实际上是有点拿不准的，于是我在证据里提交了一个由业内几家龙头企业制定的行业自律公约，这个公约上明确写清楚了要抵制这种不正当竞争行为，法官看到后很快有了认同。所以从内心里面我非常感激这些站出来发声的同行，很多时候舆论是需要去引领的。谁先站出来、谁喊的次数多了，大家就很容易去听谁的。背后的原理是人的本性都偏懒惰，既然有人站出来提出一个解决方案，如果逻辑上还说得过去，为啥不用这些现成的呢，“拿来主义”在法律界也一样流行，所以基于内部的业务需求向外部传达和争取共识，是法务部向外向型转变的一个根本原因。

阿里巴巴大文娱的法务负责人刘晓庆就曾经说过：“法务部是公司的铁拳和开山斧”，可见主动出击替公司扫平发展中的障碍才能够彰显出法务的价值，越是消极被动地等待外部形成共识才能够作出反应的法务部，通常都不知道慢了人家几拍，这样的法务部一定是没有竞争力的。

有人可能会说，你说的应该都是大公司法务部吧，大公司有钱、有品牌、有资源，出来说话也有人听，但是二线、三线企业，包括普通企业的法务还是跟在人家后面听听就好了。笔者个人并不同意这个看法，微信公众号有一句 slogan 我非常喜欢——“再小的个体也有自己的品牌”，互联网就是一个个体崛起的时代，也许你所在的公司不够大，所在的平台不够有影响力，但是只要你对某一类问题有自己的深度思考，并且你能够有效地把这个思考输出成优质内容，就是可以影响到很多人的。

笔者有时候跟一些法务的朋友聊天，他们偶尔会很不服气地说：“你看那个谁谁谁，之前都是我们手下的小兄弟，才做了几个 case 就到处出去吹牛，业内还以为他们有多厉害多权威，其实我们以前做的那些案件比他厉害多了！”我就说那你咋不出来讲呢，他说这些业内都知道啊，有什么好说的。我说你错了，你不说的话业内没几个人知道，知道的人也都仅限于我们这个小圈子，大多数人是不知道你做了什么的，而且他们其实非常想知道你做了什么，问题就在于你传播的还是不到位。还有一些朋友总是对向外发声有些顾虑，担心领导不喜欢，这个问题确实存在，而且你也不能说领导的顾虑就一定没有道理。但是总体上大的趋势是不变的，与世隔绝的法务部即使单兵作战能力再强，也没有生命力。

如果想说服持否定意见的领导，我觉得最好是要把对外交流的好处跟公司业务能够有效地结合起来，而且在对外交流、发声结束之后，能够给领导一个清晰的工作汇报和反馈，让他看到这件事情的进展跟价值，后面才能够更加放心地让你“走出去”。如果领导就是死活不同意，我觉得还有一个办法，就是干脆就匿名对外发声，用一个笔名，同时隐掉公司信息，只靠你的专业观点到江湖上建立影响力，反正迟早大家会知道那个牛人就是你。

不同垂直网络市场中的特殊法律问题

不同的细分网络市场，基于业务特性以及国家政策法规的区别，面临着各自特殊的法律问题。在此，笔者基于此前的服务经验进行简单梳理，以便从业者做到心中有数。

一、电商平台

1. 避风港

电商平台上的产品和信息五花八门，并且都是入驻商家发布的，平台不可能做到提前控制，这些产品和信息一旦出现侵权（假货、盗图等），必然累及平台，因为权利人通常选择将平台和商家一并起诉到法院。为了有效降低风险，平台必须依照法律规定构筑“避风港”机制，以便在权利人起诉时，向法院主张尽到了法定义务，不承担连带侵权责任。

2. 平台治理

平台商家和用户会在平台上从事各种活动，平台需要用一套科学完备的协议和规则规范此类行为，法律对此也有特殊要求，如消费者权益保证金使用规则、用户信息收集规则、纠纷处理规则、违规行为治理等。平台需要系统设计好协议和规则的关系、效力位阶等，并保证其形式上的合法性，如合理提示、规则修订提前公开等。

二、共享经济

1. 专利

以共享单车等为代表的共享经济由于涉及较多安全、定位、操作方法等方面的软硬件技术，因此常遇到专利问题，如共享单车领域出现的基于扫码解锁方法专利的诉讼、共享充电宝领域基于归还方法专利的诉讼等。

2. 监管政策

共享经济涉及诸多监管因素，例如对于共享单车押金的管理。还有此前上海、北京等地发布的政策征求意见，其中明确当地不发展共享电动车，导致这个细分市场面临“一刀切”的风险。

三、跨境电商

1. 商标抢注

商标跨境抢注是跨境电商的头号杀手，典型的例子是，境外品牌商的品牌被国内公司抢注，导致境外品牌商、境内代运营方、境内经销商等均无法正常开展业务。

2. 职业打假

跨境电商的商品大部分没有中文标签，成分含量也跟国内法律规定及国家标准不一致，导致职业打假人抓住这些漏洞向跨境电商经营者提出索赔或者向主管机关举报。

四、互联网金融

1. 金融办合规检查

互联网金融是国家重点监管的行业，并且已经有相关政策从多个维度进行规范，各部委多次针对性联合检查执法，日前已有地方金融办对互联网金融公司进行合规检查，相关从业者需要系统进行规范。

2. 电子合同存证

互联网金融公司与用户签署的各类协议都是电子版本，且涉及金额等诸多个性化因素，需要将其采用符合《电子签名法》要求的方法进行存证，以便发生纠纷时证明协议的有效性。

五、网络直播

1. 内容违法

主要是直播内容低俗、恐怖、暴力、色情等。文化部在一次查处行动中，查处的 23 家网络文化经营单位中有 12 家含有以上违规内容。

2. 许可证

原国家新闻出版广电总局（现广播电视总局）曾下发《关于加强网络视听节目直播服务管理有关问题的通知》，要求未持有信息网络传播视听节目许可证的机构和个人，不得通过互联网直播间以个人网络演艺形式开展直播业务。除网络文化经营许可证以外，直播平台又面临一个新的门槛了。

六、自媒体

1. 版权保护

原创内容是自媒体的生命线，常出现自媒体的原创文章、视频等被其他媒体抄袭、未授权使用，需要通过平台投诉、诉讼等方式及时维权。

2. 名誉侵权

自媒体内容中涉及商业评论的部分，可能会出现对其他公司或个人不利的内容，如果出现不实、虚构、捏造且造成严重影响，可能会追责。此前已有多家自媒体被提出百万，甚至千万级别的索赔。

七、网络营销（代运营、淘客、广告联盟等）

主要是从网络广告和价格、促销等维度满足现行法律要求，否则将面临新《广告法》等设置的高额罚款。重点问题集中在广告法对网络广告的特殊规定、价格欺诈、网络集中促销规则等，对此均有相关专门的法律规定。

八、网络游戏

1. 私服外挂

私服外挂是网络游戏收益流失的重要通道，通过刑事途径或者版权侵权、不正当竞争等追究经营者法律责任是常见的手段。

2. 虚拟财产

网游中的武器装备、身份等级等虚拟财产经常因为盗用、转让等发生争议，游戏运营商需要提前设置相关协议规则作出安排。

微商会变“危商”吗

《电子商务法》立法的三大指导思想是“促进发展、保障权益、规范秩序”，但新法刚开始实施的这段时间里，笔者从电商从业者收到的反馈多是紧张和焦虑，其中尤其以微商表现得更加严重。

以下是一位微商从业者发给我的问题，我一字不改复制过来给大家感受一下：

“现在电商法出来了，我们电商小伙伴很惊恐。请问微信号以某品牌客服的名义进行注册，然后在朋友圈发布商品图片，在与顾客微信聊天时介绍商品信息，然后引流到天猫或淘宝的店铺进行交易，这样会存在问题吗？另外，我们有想法找分销商进行分销，分销的方式跟前面这个模式类似，分销商也是通过朋友圈发布商品图片然后引流到线上的旗舰店，这种方式下，这些客服或者我们所谓的‘分销商’会被认定为独立的电商经营者吗？他们只是一种销售的方式或者途径，但不实际进行销售，所以不存在需要向其进行征税的可能吧？”

如此多的疑问，而且处处透着不安的情绪，这些问题在微商圈里面非常有代表性，大家都想了解微商到底受不受《电子商务法》的管辖？或者更准确地讲，《电子商务法》具体会对微商产生哪些影响？要解决这个问题，首先要梳理一下微商的几种主流形态，根据笔者个人的了解，微商可以分为四种类型，对应的法律评价也有所不同：

第一类是通过微店直接开展经营，也就是说借助第三方的工具开设自己的网店，然后以微信为依托开展经营活动。这种情况是属于《电子商务法》中规定的典型的“电子商务经营者”，需要依法进行工商登记以及税务登记，只要符合了后续纳税的起征标准，就要依法纳税。当然，由于微店跟淘宝店不同，他们并不集中开设在一个像淘宝一样的平台上，而是一个个独立的分散的网店，所以工商和税务部门如果要实施对微店的监管，则必须借助一个有力的平台，这个平台我个人判断不会是微信，更大概率应该是微店铺的技术服务提供者，由他们向工商和税务部门报送经营主体的相关信息。

第二类微商就是开头那位朋友所提到的，单纯的引流和分销。这一类经营者并没有自己的商品和服务，而只是作为一种推广渠道，将买家和微信之外的商家进行撮合进而赚取佣金，某种程度上更类似于居间服务或者广告服务，对于这一类主体，笔者个人认为法律不会要求他们承担销售者的义务，甚至有可能不把他们作为电子商务经营者来看待，原因我们回到电商法对电商经营者的定义去找：“本法所称电子商务经营者，是指通过互联网等信息网络从事销售商品或者提供服务的经营活动的自然人、法人和非法人组织，包括电子商务平台经营者、平台内经营者以及通过自建网站、其他网络服务销售商品或者提供服务的电子商务经营者”，这个定义的重点仍然是“有自己的产品或者服务进行销售”，并不是所有带有服务性质的行为都会被认定为电子商务经营，所以对于单纯从事推广和分销业务的微商而言，现阶段他们只要确保不违反《广告法》方面的规定，就没有太大的合规风险。

第三类微商比较复杂，就是时下所谓的社交电商。基于微信连接一切人的属性，社交电商天然的以微信作为最重要的传播渠道，但是社交电商存在一个很敏感的问题——涉嫌传销，很多社交电商为了激励销售都会设置跟层级相关的分配方案，这样做很容易命中《禁止传销条例》当中规定的违法要素，虽然说《禁止传销条例》已经是一个非常过时的规定，但在它被废除之前，仍然是悬在社交电商头上的一把“利剑”。需要指出，《电子商务法》对社交电商并没有涉及，所以社交电商的组织者算不算是平台，以及社交电商的众多参与者算不算是电子商务经营者，还有待于执法机关在个案当中给出认定，但笔者个人倾向于认为社交电商在排除商家销售这一环节之后，其他环节本质上仍然是一种营销手段，社交电商的盈利本质上是推广佣金，不应该把社交电商的组织者和参与者认定为电商平台和电子商务经营者，进而要求他们履行《电子商务法》当中规定的各项义务。

第四类微商，是既没有微店，也没有微信之外的店铺，纯粹利用微信和朋友圈发布商品的展示信息，点对点的跟用户进行协商和成交。如代购，这种情况在《电子商务法》看来依然会被定义为电子商务经营者，应该进行工商登记和依法纳税，但问题在于这一类主体的行为比较隐蔽，很难进入行政机关的监管视野当中，而微信基于对用户隐私保护的需要，也很难直接对微信用户随机性的销售行为进行监控，最多就是如果遇到主管机关的强势压力，通过技术手段设置一些关键字屏蔽，其他恐怕很难有更进一步的管控方案。但即便如此，绝不意味着主管机关会无所作为，《电子商务法》实施之后，我们注意到第一个案件竟然是由义乌市检察机关发起的公益行政诉讼案件，检察机关在朋友圈里发现了违法经营资质药品的线索信息，于是立案查处，可以看得出来权力机关是有非常强的执法和监管意愿的，只要“有形之手”想有所动作，那找到具体的监管措施只不过是时间问题了。

从目前的商业趋势上看，电商已经完成了从 PC 端向移动端的过渡，并且基于移动互联网的灵活性和更广泛的连接能力，可以衍生出更多之前所没有的商业模式，在微商或者扩大到移动互联网经济监管过程当中，《电子商务法》一定不会缺位，但具体怎样适用，主管机关应该会在审慎的调研之后再给出方案，这中间会有一定的过渡和试错期，毕竟《电子商务法》的第一立法原则是“促进发展”，如果监管的结果是导致移动电商陷入停滞状态，那《电子商务法》也就基本上没什么存在价值了。

禁令能为共享出行带来安全吗

一、被叫停的共享电单车

看到媒体报道，杭州市相关主管部门约谈了几家共享电动自行车公司，正式叫停共享电动车。虽然已经在意料之中，但仍然免不了心里有一丝失落，因为原本还是对杭州寄予一些额外的期望的。（见图 12）

杭州叫停共享电动车 要求5家平台企业停止运营

2017年09月17日 21:07　2195 次阅读　稿源：新华社　4 条评论

为确保互联网租赁自行车行业健康有序发展，杭州相关管理部门日前对在杭州提供租赁电动自行车业务的企业进行了约谈，叫停“共享电动车”。针对互联网租赁自行车给城市管理带来的种种乱象，杭州成立了由市交通运输局牵头、市城管委、市公安局等多部门组成的专门小组，并于今年4月制定了《杭州市促进互联网租赁自行车规范发展指导意见（试行）》。

目前，《指导意见》已经完成网上听证程序，其中明确规定杭州暂时禁止发展互联网电动自行车。

参加约谈的共有云骑天下、云马出行、小良出行、GOGO、骑电单车等5家平台企业，据前期摸排，共投放车辆约2590辆。会上，专门小组为约谈企业代表解读了《指导意见》的出台背景，指出了租赁电动自行车业务存在的车辆不符合国家技术标准、骑行人未经过安全培训且不固定、充电电池易引发火灾、对生态环境造成污染等隐患。

约谈中，专门小组要求5家平台企业停止运营，在限定时间内，自行对本平台车辆进行清理并暂时退出杭州市场。对于逾期不清理且及未退出的，将开展专项整治。

图 12

其实 2017 年 4 月 26 日杭州市就发布了《促进互联网租赁自行车规范发展的指导意见（试行）》，其中最后一条附则明确指出：“综合考虑骑行安全、停放秩序和充换电配套设施安全等因素，本市暂时禁止发展互联网电动自行车。”

9 月 4 日，修改后的指导意见在杭州市政府网上公布，开始网上听证。10 日，听证结束，有关部门就开始约谈企业，可知“本市暂时禁止发展互联网电动自行车”的规定要正式生效了，这相当于把共享电动车这个可能出现在杭州街头的新鲜事物，干脆利落地消灭在了萌芽状态。

前面我说杭州的态度在意料之中，还因为这样的文件规定在上海和北京都已经出现了。交通运输部等10部门也在2017年8月1日生效的《关于鼓励和规范互联网租赁自行车发展的指导意见》中明确提到“不鼓励发展互联网租赁电动自行车”（注意，交通部是“不鼓励”，杭州是“暂时禁止”），但毕竟杭州有“电商之都”“电子支付之都”“中国硅谷”一连串的称谓加持，不免让人心存一丝额外的期待，现在看来，是笔者想多了。

二、目光转向欧盟

杭州的事情待会再说，我们看看欧盟在干什么。

2016年年初，对于互联网经济一向持保守态度的欧盟开始有了大动作，率先从共享经济领域入手，在政策层面给予大力扶持，欧盟委员会出台分享经济指南，意在破除分享经济所面临的法律政策等壁垒，欧盟委员会明智地选择支持分享经济，背后的动机显而易见，之前保守的法律和政策已经让自己在互联网竞争当中处于劣势，尤其是在美国的映衬之下，这些老牌资本主义国家终于痛定思痛，想一改往日的颓势了。

对此笔者跟几位立法专家和业内人士都聊过，他们一致觉得欧盟即便有政策上的改良，但很难在这一波的互联网大潮当中取得真正的优势地位。原因很简单，他们的人口基数就摆在那儿，而且他们的线下很成熟。

其实真正能够引领互联网经济的就是中国，这几乎已经成为一个共识。中国以外，还有印度等其他一些大的发展中国家也很有潜力，因为互联网如果离开了人口基数，相当于无源之水，没有发挥的基础。

某种程度上，我们现在手里抓了一副好牌，却在顾虑重重地不敢往外打，难道要向欧盟那样，坐等失去先发优势才想到去弥补吗？

三、视线回到国内

共享经济已经成为大势所趋，这背后的经济规律是网络技术赋予我们让资源更加有效轮转和使用的能力，这个能力让人们不再重视所有权，转而重视使用权，也就是所谓的共享，而非独享。

法律界最热点的事件之一当属“民法典”的编纂。我们注意到，已经有学者提出要淡化所有权的概念。如果再继续按照传统以所有权为核心来编纂整个民法典，这部法典很有可能是跟时代发展相脱节的。

不得不承认，这样的看法非常有预见性。一个最典型的例子是“宝马”和“奔驰 smart”都把自己的新车几百辆地扔到了大街上，让大家扫码就开走。如果这些品牌的车都可以共享的话，那还有多少人真正愿意去拥有一部车呢？在大城市里拥有一部车的成本相信大多数车主心里都非常清楚。(见图 13)

注：媒体报道戴姆勒公司在重庆投近 500 辆奔驰 Smart 用于共享汽车业务。

图 13

再说回到电动自行车，主管部门给出的叫停理由是不安全。这个看似合理的理由实际上经不住推敲，因为不安全的不是车，而是骑车的人。骑车人的安全意识和驾驶技术不提高，无论是骑自行车还是骑电动车，抑或是开汽车，都不安全。

专业车手在赛道上可以把速度开到 260 公里每小时一样能安全到达终点，一个酒驾司机即便在马路上蠕行，他也还是个“马路杀手”。我们经常强调所谓的车祸，其实哪有什么车祸，都是人祸。

电动自行车这种产品之所以被发明出来，而且有庞大的用户群体，就是因为它在城市的交通工具体系中有着不可替代的价值。我们现在能够体会到共享自行车给我们带来的便利，但是必须承认，超过两三公里以上的路程，自行车的弊端就开始显现，尤其杭州这种火炉型城市，到了夏天你骑上自行车猛蹬两公里，通常会不由自主地往外吐舌头散热。所以对于中长距离的出行，电动自行车无疑是上佳的选择。有人说电动自行车本身的质量不合格、电池不安全、速度太快、刹车不给力……根据笔者的了解，电动自行车在我国是按照注册登记制度进行管理的，生产企业生产的某一款电动自行车必须要进入产品目录当中，符合 GB 17761—1999《电动自行车通用技术条件》等在内的一系列强制技术要求才能在交通部门上牌获得上路行驶资格。(见图 14)

上海市经济和信息化委员会文件

沪经信都〔2016〕882 号

上海市经济信息化委关于 2016 年第六次更新
《上海市电动自行车产品目录》的通知

各有关单位:

根据《上海市非机动车管理办法》的有关规定，我委会同市质量技监局、市工商局、市公安局、市环保局及相关行业协会编制了《上海市电动自行车产品目录 2016 年第六次更新一览表》，将凤凰牌 TDN019Z 等 253 种车型新加入产品目录；将欧通牌 TDR039Z、琐妮牌 TDR110Z 等 77 个车型从产品目录中删除。

附：上海市电动自行车产品目录 2016 年第六次更新一览表

上海市经济和信息化委员会
2016 年 12 月 20 日

图 14

如果说合法上路的电动自行车还存在安全隐患那只能说明是我们的标准出了问题。我敢说没有一家共享电动自行车的公司敢把不符合国家标准的电动车弄到大街上去，因为这种车连上牌的资格都不会有，交警是可以直接拖走没收的。

退一步讲，就算是共享电动自行车存在这样那样的问题，甚至这样的商业模式推广可能会造成一些人的伤亡，我们就应该靠一纸禁令的方式来解决吗？为什么不能借鉴一下跨境电商保税区制度的做法，划出一些“试验田”，给创新一点尝试的机会和空间呢。

四、“软实力”

其实，对于类似的禁令，法律上并不是没有救济途径，针对具体行政行为（如交管部门不给电动自行车上牌）提起法律文件（指导意见）的附带审查，完全可以到法庭上判别这些文件的合法性。但我们今天想讨论的，并不仅仅是这么一纸文件，也不仅仅是共享电动车这样一个细分市场，我想说的是一个城市的“软实力”。

本人有幸参加了一些互联网相关的立法，最近我所在的几个立法的微信群里又在不约而同地讨论自动驾驶立法，因为我们注意到美国交通部部长赵小兰公布了由美国交通部和国家公路交通与安全管理局联合制作的自动驾驶系统性指导方针，对于自动驾驶持非常支持和开放的态度，有这样的软实力作为基础，你可以预见接下来美国的交通会有怎样颠覆性的变化。如果我们不加快出台配套措施，恐怕这一轮自动驾驶浪潮又要被人家引领了。(见图 15)

直观感觉上，自动驾驶要比电动自行车更让人有不安全感吧。难道出个禁令禁止自动驾驶，问题就解决了吗？不会的，不要跟经济规律对抗，先进的生产力遇到制度障碍，只会转向更开放和包容的环境中去，而在这个过程当中，城市与城市之间的差距、国家与国家之间的差距，就这样被拉开了。

注：百度 AI 开发者大会直播李彦宏乘坐自动驾驶汽车。

图 15

五、当务之急

眼下，因为网络技术革命而引发的立法层出不穷，我倒觉得当务之急，最有必要的一项立法工作是制定一部“创新促进法”，就好像《中小企业促进法》一样。通过立法的方式给创新以制度性保障，严格限制可能会对创新产生不利影响的发放牌照、禁令等情形，从制度上给创新者吃一颗“定心丸”。

相信有一天，在各个城市的街头，我都可以潇洒地扫码骑走一部有牌照的共享电动车。

不研究案例，你搞什么网络法

学过法律的人都知道我国是大陆法系，是成文法国家，所以法律条文备受推崇，这一点跟英美法系的判例法具有很大的区别。远的不说，单看《电子商务法》一出台就有三本法条释义同时上市销售，很多人分不清楚哪一个才是官方的，索性就三本买了一起看。我也买了一本，但是翻了一遍之后发现还是有很多疑问释义并没有讲清楚，比如哪些主体才算是电商经营者，跨境电商哪些受到《电子商务法》的管辖，零星小额交易的标准又是什么，哪些领域是关系到消费者生命健康和安全的商品及服务等，这些问题都没有明确。很多问题在条文释义中给出的答案是要留待以后出台配套规范进行解决，那这个配套规范什么时候能出呢，就不知道了。

这件事情给笔者一个启发，笔者觉得在互联网时代相关的立法是不可能细得下去的，只会越来越粗、越来越原则化、越来越模糊。因为网络社会实践快速变化导致立法必须尽量地宽泛，从而对未来的新情况能有更好的包容度和适应性，否则立法就会成为社会发展的障碍。但是同时问题也就来了，如果法律规则越来越原则化，在实际适用中必然会出现大量的模糊地带令人无所适从，这些模糊地带靠什么去补呢？笔者认为主要就是靠案例，包括司法判例、执法案例以及大平台的一些示范。

所以，笔者认为接下来我们会进入一个“案例法”的时代，注意是“案例法”不是“判例法”。大量的法律法规如何理解和执行会非常依赖这些典型案例的出现，包括法院的判例、执法的案例和平台的一些典型的做法等，都可以结合实际情况灵活地去适用以及应用法律条文，做出在业内有代表性的案例，供后面的商业实践来参考。

有人可能会说，这样下去，法律岂不是随意性太大了呢？没办法，以现在的立法进度再去对照一下现在的社会实践发展速度，法律一出台就有落伍的可能性，所以必须要人去灵活地执行和掌握才能够跟得上时代的节奏，也就是所谓的与时俱进。所以说如果想在网络时代跟上法律实务的步伐，那么最重要的不能是拘泥于对法律法条本身的理解和研究，而是务必要提高对于案例的重视程度。

如果稍加留意就会发现这些年各类第一案都有如雨后春笋般涌现出来，有点追求的法院和法官都在关注哪些诉讼、哪些新的案件、哪些新的问题可以做成典型判例，互相之间争夺优质案源的趋势也越来越明显。当然，不只是法院，执法机关、平台都是一样的趋势，一旦典型案例或者是典型的做法被确定下来，在这个领域里面就成了标杆性的示范。还是拿《电子商务法》举例，不难预见，该法一旦实施，很快就会出现恶意投诉双倍赔偿第一案、平台安全保障义务连带责任第一案、电商格式合同无效的第一案、电子支付指令错误第一案等若干确立行业标准的典型案例，这些案例多会成为理解和适用《电子商务法》最好的参考。

如果想研究这些典型案例要到哪里去找呢？有这样几个线索可供参考：

1. 知名法院的年度典型案。知名法院主要就是北、上、广、深包括杭州、成都、武汉等这些新一线城市或者是互联网发展比较好的城市里面的法院，比如说一些知名的基层法院，像北京的海淀、朝阳，杭州的西湖等，然后包括这些地方的中级人民法院以及高级人民法院，当然还有最高人民法院每年发的法院公报里面披露的典型案件，这些案件当中跟互联网相关的都有必要去研究。

2. 专业法院所判的典型案例。专业法院当然就是互联网法院（包括互联网法庭），现在我们国内有了三家互联网法院，北京、杭州、广州这三家法院是专门审理涉网类案件的，那么他们判的典型案例当然在行业里面是非常的有代表性的。

3. 知名的法官的判例。其实互联网发展了这么久，在法院已经有了大量的判例，在这个过程当中有很多法官脱颖而出，他们在审理涉网类案件的时候积累了大量的经验，所以对于一些疑难复杂的案件往往能够判出引领趋势、符合行业实践的典型案例。久而久之，一旦法院收到了新型涉网案件，也倾向于把这种案件推送给这样的法官去审理，于是这些法官的知名度就确立起来了。所以，要了解到有哪些法官擅长审理哪一类的涉网案件，然后去定向的研究他（她）过去所判决的那些案例，一定会大有收获。

4. 涉及知名当事人或知名互联网产品的判例。这些案例由于涉及知名的互联网公司或者他们的一些知名产品，所以法院或者执法机关在处理的时候一定会考虑到对于整个行业的影响，通常会在这个案例中确立一些在行业里通行的规则，所以都是非常值得借鉴和研究的。

5. 主管机关对于互联网经营主体所做出的行政处罚。比如说网信办、市场监督管理局、央行以及海关总署等这些机构做出来的裁决或者是处罚，对于其管辖的行业肯定是有巨大的指导意义的。

总而言之，法律条文在互联网时代能够提供的确定性指引是越来越弱了，我们即将进入一个“案例法”的时代，这就要求我们法律人更加频繁地、高强度地去关注和研究那些最新的案例，同时也意味着我们有了更多的机会去参与到这些新型案例中去，所谓没有条件就去创造条件，没有案例我们可以创造案例。

实战篇

思考篇

未来篇

网络知识产权

具有互联网特色的知识产权和它们的妙用

知识产权相信法律人都熟悉，是以著作权、专利权和商标权这传统三大件为核心的智力成果权。进入互联网时代，有一部分知识产权因为符合网络时代的特殊需求，从而具备了网络特色以及极高的商业价值，今天我就给大家系统地做个介绍：

一、信息网络传播权——网络世界中最值钱的权利之一

我们为几家互联网内容公司做法律顾问，他们融资之后最大的花销就是去采购版权，结果一大堆的采购合同看下来，这些公司只要一项权利，就是信息网络传播权。

“著作权可是一共有十七项权利呢，”我提醒某公司 CEO。

“其他那些有什么用啊，”他脱口而出回了我这一句。

不难理解，在网络作为核心传播渠道的时代，著作权里面的复制权、发行权等适用于传统纸质媒体时代的权利已经不再具有很高的商业价值了，只要拿到信息网络传播权，就等于拿到了畅行网络世界的“通行证”。看看下面这些应用，全部建立在信息网络传播权的基础之上：（见图 16）

图 16

二、信息网络传播权的变现方式

如果手上有信息网络传播权，那么到市场上变现（赚钱）的花样可就多了：

1. 分平台变现。把权力授权给不同的网络平台，在不同的平台上获得授权费用。

2. 分时段变现。不要一次性授权，很多时候，内容要在一段时间后才能被用户接受，所以按照年度或者一个时间段去授权，是聪明的做法。

3. 二次创作变现。内容是书面的，但有些时候需要转化成语音甚至再做其他深加工，二次创作需要原作者授权，变现的好场景。

4. 用户付费分成。有些平台很大牌，又或者谁也说不好变现的效果，干脆放到平台上，按照实际付费双方分成。

5. 广告变现。“羊毛出在狗身上”的套路，信息网络传播本身不要钱，传的越广越好，这样广告费才收得起来。

6. “分答”模式。有人提问，有人回答，有人偷听，问答双方和平台分成，偷听的人知道了传播的内容。

三、域名——互联网上的商标

奇虎360斥资一个多亿从移动通信运营商沃达丰手中买来了360. com这个域名，创造了域名交易金额的新纪录，此前媒体报道京东的jd. com，万达的wanda. com等域名都是几千万元的对价。域名之所以如此值钱，是因为有人形象地把域名称为互联网上的商标。

商标是啥，是品牌吗。其实域名除了具有品牌的作用，还是网络上为数稀少的入口之一。我们已经习惯了在地址栏输入baidu. com、tmall. com、jd. com，这年月找一个简短好记的域名做入口，立马就能省一大笔广告费。（见表1）

表 1　各国公司 Logo 和域名的设计与取得成本

公司	名称或域名	价格	取得方式
新浪	Weibo. com	800 万元	收购
京东	3. cn	300 万 ~ 500 万元	收购
天猫	Tianmao. com	12 万元	收购
谷歌	G. com	千万美元	收购
微软	Microsoft 名称	0 元	自行设计
Twitter	小鸟标志	15 美元	购买
耐克	勾型标志	35 美元	购买
思杰系统公司	Cloud. com	2 亿美元	购买
亚马逊	kindlefire. cn	80 万元	收购
苹果	iCloud. com	450 万美元	购买

注：以上数据均来自互联网，由于未见到官方发布的数据或交易合同，因此数据真实性难以考证。

围绕域名，曾经发生过很多有意思的故事，比较著名的有两个，情节近似但结果相反。第一个发生在 1998 年年底，马云苦思冥想得出了公司名字“阿里巴巴”，可惜已经被一位加拿大人捷足先登了，马云咬咬牙在 50 万元启动资金里拿出了 1 万美元，换回了 alibaba. com。

时间来到 2008 年，偷菜游戏网站“开心网”火遍全国，当时开心网的创办者程炳皓先生也碰到了一个外国友人（美国人），抢先注册了 kaixin. com 域名，于是一个同马云一样的“买还是不买”的困境出现了，但程总最终决定不买。后来 kaixin. com 域名被一位手头非常宽裕的互联网大佬陈一舟先生买下，并配以一个外形和内容酷似程版开心网的网站上线运行，结果可想而知，程版开心网的流量损失严重，于是两家开心网很不开心地对簿公堂。最终程版开心网赢了官司，但失去用户的局面已经难以挽回。

虽然这几年移动互联网崛起，APP 对域名的冲击很大，但其价值仍然不容小觑。对于实际经营中会用到域名的互联网公司，律师可以给他提供这样几条建议：

1. 域名的选定应该尽量具有显著性和区别性，避免跟他人已有的权利构成相似或混淆。

2. 尽早注册，对于重要的域名最好将类似的域名一并进行防御性注册，有条件的情况下还包括将不同的后缀也注册掉，比如 . com、. cn 以及 . net 等。

3. 鉴于域名与商标的共同性特点以及商标的法律保护上的稳定性，应及早将域名申请商标保护。

4. 一旦发现需要启用的域名已经被注册，应尽早考虑通过转让等形式进行获取，避免事先围绕该域名投入大量资源和商业运作，之后只能接受域名持有人的苛刻转让条件。

四、电子商务方法专利——合法的垄断

最新修改的《专利审查指南》已于 2017 年 4 月 1 日起施行，指南中明确了既含有商业特征又含有技术特征的权利要求不属于智力活动的规则，具有可专利性。其向社会公众进一步明确：利用计算机和/或网络技术实现的、涉及商业内容的发明专利申请，如果其权利要求含有技术特征，不认为其属于我国《专利法》第 25 条第 1 款第 2 项所述的“智力活动的规则和方法”而予以排除。

自此，商业方法专利将以更加通畅的方式获得专利保护，显然有创新的商业方法几乎就集中在互联网领域。

2011 年，一家叫电通的日本企业拿了自己注册的支付方法专利将支付宝一纸诉状告到法院。这个专利我研究了一下，保护的技术通俗表达就是买家通过网络支付系统将货款付给卖家，唯一不同的是电通的专利省去了支付宝作为中间环节。电通的专利是电子支付中最为核心的步骤，专业上叫作基础性专利，只要做相关的行业，就很难绕过去。

电通也是大手笔，除了支付宝，财付通（腾讯旗下支付企业）也在被告之列，不仅如此，电通公司还向有可能构成侵权的 6 家第三方支付领域的其他公司发出了侵权警告函，一场电子支付领域的专利屠宰开始了。电通在起诉书中不要求被告赔偿一分钱，但要求被告停止侵权，这个法律术语用白话说跟“关门大吉”也差不太多。（见图 17）

管理交易和清算的方法，通知关于消费动向的信息的方法

申请号：200310118825.5
申请日：2001-04-25

申请(专利权)人	电通应用股份有限公司
地址	日本东京
发明(设计)人	上原刚 村上雅春
主分类号	G06F17/60
分类号	G06F17/60
公开(公告)号	1510623
公开(公告)日	2004-07-07
专利代理机构	中国国际贸易促进委员会专利商标事务所
代理人	吴丽丽

注：日本电通起诉支付宝、财付通所使用的电子支付方法专利。

图 17

类似的情况比比皆是，就在今年最引人关注的专利大战发生在搜狗和百度之间，双方各用自己的输入法专利互相起诉，各自索赔 1 亿元以上，号称“互联网专利诉讼第一案”。

这告诉我们一个事实，专利在某种程度上等同于市场份额，从事互联网创新的企业在商业模式上破旧立新的同时，一定要考虑有无获得专利保护的可能性，一旦有则意味着拿到了法定的垄断许可，在这方面，各互联网公司大佬可是做出了表率。我们整理了一个表格，你可以看到这些大佬亲自参与的专利申请，大部分都是公司最核心的产品和商业模式所在，甚至连纯文科背景出身的马云，竟然都参与了一个方法专利。我看了专利全文，保护的技术方案就是支付宝的核心商业模式。（见表 2）

表 2 互联网大佬专利一览

序号	发明人	所在公司	发明专利数量（件）	涉及领域	备注
1	李彦宏	百度	36	搜索方法、排序、网络广告	1. 数据来源于 soopat； 2. 关键字搜索，不能体现全貌； 3. 发明人可能不止一个
2	周鸿祎	雅虎、奇虎、因特国风	25	网络名片、恶意程序清除方法、云安全、隐私保护方法、团购方法	
3	马化腾	腾讯	17	即时通讯方法；浏览器；输入法；邮件系统；播放器等	
4	张朝阳	搜狐	2	搜索导航、竞价广告	
5	李开复	苹果、创新方	2	普通话识别、社区网络	
6	马云	阿里巴巴	1	电子支付	

五、GUI 专利

GUI 是在产品显示装置上以图形方式显示的界面，应用的是计算机图形技术。GUI 涉及用户体验和用户对于产品的识别和认知，影响着用户对于软件和硬件产品的选择使用和购买，因而成为企业之间相互竞争的重要工具。

2014 年 5 月 1 日开始，图形界面专利化保护得到法律认可，最典型的应用场景就是手机 APP 和其他程序界面的外观保护，像奇虎 360 手机安全 APP 即在第一时间申请了外观专利（见图 18）：

此后的 2016 年 4 月，360 公司向法院提起 GUI 外观设计专利侵权诉讼，5 月，该案被告江民公司针对涉案专利向专利复审委员会提出专利权无效宣告请求。

界面变化状态图 1　　界面变化状态图 2

界面变化状态图 3　　界面变化状态图 4

图 18

GUI 专利的出现有效地弥补了著作权在保护应用界面设计方面的不足，但是要切记，GUI 专利并非通电界面就可以保护，这些界面除了设计上具有新颖性以外，还需要有人机交互性，最终实现一定的产品功能，否则纯粹的美术设计是得不到专利保护的。

六、声音商标

传统商标是由文字（包括数字、字母）、图形、颜色以及三者的组合所构成的标识，这是《商标法》的要求。这些由传统元素所构成的商标有一个共同之处，那就是消费者都只能通过视觉来认识和识别它们，所以统称为视觉商标。

随着 2014 年 5 月 1 日修订后的《商标法》的正式实施，一种全新的商标组成元素得到了法律认可——声音。所谓声音商标，顾名思义，就是以声音为载体形成的商标标识。跟传统商标相比，声音商标最大的特点在于消费者是用听觉来辨识这类商标的。（见图 19、图 20）

注：狮吼声音商标已经成了米高梅电影公司影片质量的标志和保证。

图 19

注：英特尔的“等灯”声音。

图 20

消费者对品牌的感知能力是有一定限度的，在网络上海量的可视化商品标识已经很难再从视觉上渗透进消费者的心智中，声音商标的出现无疑成了“及时雨”，它为品牌开辟了一个全新的展示维度，将消费者尚未开发的“听觉处女地”利用起来，从而把品牌变得更加立体和生动，这就是声音商标的价值。试想一下，QQ 里“滴滴滴”的信息提示音、苹果手机“倏”的一声之后就完成了解锁操作、Windows 启动音乐之后开始进入工作状态等，这些无一不在强化着用户的产品体验，传达着企业特有的文化和品质。

在文字商标已经基本枯竭的今天，声音商标再次成为一个可以抢占的心智资源，企业对这个领域的态度怎么样呢？我们注意到一个细节，2014 年 5 月 1 日，修订后的《商标法》刚一实施，位于北京的国家商标局门口就已经车水马龙，来自全国各地的企业和商标代理公司各显神通提前了解到了申请标准，并准备好了材料，他们都有一个共同的目标：拿下全国首个声音商标。

网络世界中最值钱的一项著作权

一、两条“神龙”

时下大热的美剧《权力的游戏》中，“龙母”是最为核心的角色之一，她走入熊熊烈火，不但毫发无损，反而让三条火龙破壳而出，助自己走向权力巅峰，人称“龙母”。

互联网法律领域，也有这样一位站在“权利之巅”的“龙母”，她就是信息网络传播权，如果你对它不够熟悉，它召唤出的两条“神龙”你应该听过：

1. 避风港原则

避风港原则是法律规定的网络服务提供者接到权利人投诉通知后及时删除侵权信息即可免责的机制，可以形象地理解为，网络信息服务商就像网络大潮中的一叶扁舟，而网络上的海量侵权信息则像是惊涛骇浪，要想不被吞噬，只有接到权利人的一纸通知后及时采取措施，方可及时驶入风平浪静的港湾。

既然接到权利人通知是进入避风港的前提，那么权利人到底享有什么权利，他才可以发出这样的通知呢，没错，就是信息网络传播权。

2. 红旗原则

红旗原则是避风港的例外。如果网络服务提供者发现自己平台上的侵权信息非常明显，像一面红旗一样挂在那里，就不能被动地等权利人来投诉了。

说白了，如果一面红旗（侵权信息）传到你手上，你有义务不能再传下去——还是信息网络传播权。

可见，“避风港”和“红旗”都是基于信息网络传播权而生的，称为“龙母”实不为过，接下来就带你领略一下这位“龙母”的真正实力：

二、认准“龙母”的两个特征

说了这么多，还没有看过法律对信息网络传播权的定义呢。《著作权法》第10条规定，信息网络传播权，即以有线或者无线方式向公众提供作品，使公众可以在其个人选定的时间和地点获得作品的权利。这个定义给出了两个重要特征：提供和选定。

所谓提供，是指你要把作品放到网络上去。我们都知道，一个信息只要上了网，公众就能接触到了，这个动作非同小可，就相当于线下的复制和发行，也可以理解为“出版”。所以，提供就是线上的出版发行。在越来越多的内容都在线上化的今天，作品线上化的权利当然是最重要的那一个了，谁拿到谁才有网络上的“发言权”嘛。

所谓选定，是指用户有接触作品的自主权，用户自己决定什么时候在哪里去看这个已经提供到网络上的作品。这个特征就更加是为互联网量身定制的了，因为只有网络才能赋予用户如此高的自由度，电视、广播这类传统媒体也可以做到“提供”，但用户却只能在规定时间规定地点“双规”式地接收内容，这也是传统媒体渐趋式微的原因所在。

所以，当你分不清楚一项权利究竟是不是信息网络传播权的时候，只要把握住“通过网络提供”和“用户自主接受”这两个特征，就能第一时间发现“龙母”的身影。

三、“龙母”——网络世界中最值钱的权利之一

我们为几家互联网内容公司做法律顾问，他们融资之后最大的花销就是去采购版权，结果一大堆的采购合同看下来，这些公司只要一项权利就是：信息网络传播权。

“著作权可是一共有十七项权利呢，”我提醒公司CEO。

“其他那些有什么用啊，”他脱口而出回了我这一句。

不难理解，在网络作为核心传播渠道的时代，著作权里面的复制权、发行权等适用于传统纸质媒体时代的权利已经不再具有多高的商业价值了，只要拿到信息网络传播权，就等于拿到了畅行网络世界的“通行证”，看

看下面这些应用，全部建立在信息网络传播权这位“龙母”的首肯之下：（见图 21）

图 21

再说一个数据，2018 年笔者去参加国家版权局举办的“国际版权博览会”，其中参展方中国音乐著作权协会的站台里，有一个权利类型与维权收益关联圆饼图，这张图显示信息网络传播权维权收益占到协会整体收益的近一半，可见其商业价值。

四、“龙母”的变现方式

如果手上有信息网络传播权，那么到市场上变现（赚钱）的花样可就多了：

（1）分平台变现：把权力授权给不同的网络平台，在不同的平台上获得授权费用；

（2）分时段变现：不要一次性授权，很多时候，内容要在一段时间后才能被用户接受，所以按照年度或者一个时间段去授权，是聪明的做法；

（3）二次创作变现：内容是书面的，但有些时候需要转化成语音甚至再做其他深加工，二次创作需要原作者授权，变现的好场景；

（4）用户付费分成：有些平台很大牌，又或者谁也说不好变现的效果，干脆放到平台上，按照实际付费双方分成；

（5）广告变现：“羊毛出在狗身上”的套路，信息网络传播本身不要钱，传的越广越好，这样广告费才收得起来；

（6）“分答”模式：有人提问，有人回答，有人偷听，问答双方和平台分成，偷听的人知道了传播的内容。

写这一篇，是想告诉大家，网络时代来临，一批新型的权利类型将替代传统权利成为人们的“新宠”，甚至包括这次民法典的编纂。已经有学者提出在网络时代，所有权已经被淡化，人们更加重视使用权。最明显的例证就是“宝马”和“奔驰”都把自己的汽车扔到街上扫码共享了，今后谁还买车呢？

还有哪些权利在网络时代里值得研究？法律人怎样升级自己的专业技能，把工作重点转到这些有发展前途的“龙母”身上，以便跟上时代步伐？可以做的事情还有很多。

“钢铁侠”开放专利的真相

笔者把《硅谷钢铁侠——埃隆·马斯克的冒险人生》读完了，是一本很不错的传记，比《乔布斯传》读来更有趣味，而且还有个意外收获，书中谈到了埃隆决定开放所有电动车专利的真正原因。

在揭晓谜底之前，咱们先作些铺垫。

一、何为开放专利

互联网和科技界近些年非常喜欢谈开放，人们耳熟能详的就有开放平台、开放数据、开源软件、开放专利等。

从专业角度来看，要理解所谓的专利开放，你需要先知道以下两点：

1. 开放不等于放弃

专利权免费开放是指你可以免费使用这些专利技术，但这些技术的专利权从法律上仍然是归属于特斯拉的，就好像一座房子可以开放给大家免费来住，但房屋的所有权还是归房主的，理论上讲，房主可以在某一天突然宣布不再免费，把大家扫地出门。

2. 开放是有条件的

埃隆在宣布开放的博文“All Our Patents Are Belong to You”中提道：“Tesla will not initiate patent lawsuits against anyone who, in good faith, wants to use our technology.”阿来律师译为：“特斯拉不会对善意使用者提起专利诉讼。”

可见，开放给大家使用的前提是“善意”，至于“善意”如何判断，就不得而知了。如果笔者在特斯拉开放专利的基础上加以改进形成新的专利，然后阻止其他人使用，不知会不会被认定为“恶意”。

二、“不怀好意”的推测

早在2014年埃隆·马斯克宣布开放专利的消息时，笔者就曾发了一段语音，对这种“情怀”做法表示怀疑，因为从经济学常识出发，一个商业机构是不可能单纯地出于共享精神抑或是慈善性目的开放某种资源的。

下面是笔者当时对埃隆这一决策“不怀好意”的分析和推测：

1. 特斯拉本来就没多少专利

2014年，特斯拉可以在美国专利网站上查到的专利大约有249项，这个数字跟传统汽车厂商所持有的专利数量相比就显得有些微不足道了。在特斯拉开放专利的半年后，丰田汽车宣布在全球范围内开放5680项有关氢燃料电池技术的专利，其中包括Mirai的1970项关键技术，这家底厚实的程度一看便知。

所以，初创企业在专利积累相对不多的情况下，开放的成本也比较可控，如果换了几十年甚至上百年的大厂就难了。

2. 噱头营销

这个很好理解，宣布开放本身就是自带光环的一件事，这使埃隆和他的特斯拉看上去比苹果还酷一点，后者每天挥舞着专利的棒子打来打去。

3. 占领舆论高地

宣布开放就好像在战争年代宣布中立一样，这时候没人好意思再来打他了，否则“国际舆论上讲不清楚”。这一招主要是用在传统厂商身上，你看我都开放了，你即便不开放，也不至于来进攻我吧。

4. 拉更多人下水

这一点很重要。造出一种新能源汽车需要一条庞大完整的产业链，光靠特斯拉自己是完不成的，在电动车前景不明朗、配套厂商游移不定的时刻，开放专利无疑是一针催化剂，让更多的人一起下水游泳。

5. 以专利标准号令群雄

专利这东西作用是有限的，受到国别、期限、保护范围等方面的制约，所以如果用专利逼别人就范，人家很可能另辟蹊径，自立门派。而开放之后，特斯拉的专利会因为广泛的使用而一跃成为事实上的标准，大家不会再有“非分之想”，一心一意跟着埃隆打天下。

三、开放的积极作用

当然，法律人就喜欢没事找事，不开放说人家是“专利流氓”，开放了又腹黑一通。

事实上，无论基于什么样的目的，开放从整体上都是值得大大颂扬的，回到经济学原理上，开放专利的行为是用降低交易成本（免费）的方式换取更多人的协同工作，最终完成更大的事业。毕竟，像电动车、火箭、超级高铁这些高级货，真的需要很多人，很多牛人。

四、谜底揭晓

那么说，到底书中记载的埃隆决定开放专利的真实原因是什么呢?

以下节选自该书第 306 页第 2 段：

“当马斯克在 2014 年宣布特斯拉将公开其所有专利时，分析师们试图确定他是不是在作秀或者其中是否隐藏了不明动机或者圈套。但马斯克的决定就是这么坦率，他希望人们制造并购买电动车。马斯克认为，人类的未来取决于此。如果公开特斯拉的专利意味着其他公司能够更容易地制造出电动车，那么这对人类来说是有利的，这些理念应该是免费的。愤世嫉俗的人一定会嘲笑他的观点，但马斯克已经计划好这么做，他在解释自己的想法时是真诚的，而且极为真诚。”

反不正当竞争法大修后的“网络专条”

我国《反不正当竞争法》大修前的版本是在1993年由第八届全国人大常委会第三次会议通过的，那个时候的互联网经济恐怕连萌芽都谈不上。

转眼24年过去了，网络经济突飞猛进，市场竞争也日益激烈。尤其是线上的竞争，手段新颖，花样翻新，其中不乏大量非法的不正当竞争行为，据笔者不完全统计，在新法实施前，法院判例认定的新型网络不正当竞争行为就有26种之多。

表3　不正当竞争行为汇总

序号	不正当竞争行为
1	将他人驰名商标恶意抢注为域名
2	针对同行的网络虚假宣传
3	擅自使用对方网页表达方式造成两个网站服务内容混淆
4	设置进程阻碍用户使用同类产品
5	强行修改他人搜索页面
6	网络散布虚假事实诋毁商誉
7	通过软件在第三方网站嵌入广告栏、搜索栏、标签链接等并引导用户跳转到其他页面
8	未经许可在己方产品中嵌入第三方产品及服务
9	通过近似域名及网站页面造成用户混淆
10	针对同类产品不恰当软件冲突提示和警告设置进程阻碍用户使用同类产品
11	知名网站特有名称混淆
12	安装时诱导用户不选择或删除同类输入法产品
13	在第三方搜索引擎结果页面强行弹出广告

续表

序号	不正当竞争行为
14	安全软件对第三方产品给予无根据负面评价
15	购买对手关键字用于竞价排名
16	安全软件对第三方搜索结果插标并劫持流量
17	违反了 Robots 协议擅自抓取、复制第三方搜索网站内容并生成快照向用户提供
18	深度链接：绕过被链网站首页等页面直接链接到被链接网站分页
19	故意仿冒搜索框和搜索结果以劫持流量
20	通过平台规则恶意投诉
21	浏览器对视频广告快进及更改限制下载的视频
22	从游戏客户端截取比赛画面进行直播
23	通过技术手段抓取对手用户数据或信息
24	冒用第三方企业名称开展网络拍卖
25	浏览器屏蔽视频广告
26	框架链接

遗憾的是，新法实施前的不正当竞争判例都是基于 1993 年的法律规定作出的，当时不可能考虑到现今网络时代的情况，所以法官大多按照诚实信用原则，再结合自身的认知和判断作出裁决。这使网络竞争过程中，哪些行为被法律所禁止是有相当程度的不确定性的，不少从业者认为既然法律没有规定那就乱来吧，于是便有了种种“劣币驱逐良币”的乱象发生。

《反不正当竞争法》的这次大修，也许会是结束这些乱象的重要里程碑。综观新修订后的《反不正当竞争法》，我们不难发现大部分的重点修订内容都集中在与网络相关的行为上，要点梳理如下：

一、新增了经营者不得进行虚假交易的内容，刷单的末日临近

显然这一条，针对的是刷单、炒信等虚假交易行为，条文实施后，商家或者平台的这种行为都会构成违法。目前的实践中，刷单已经严重影响到电商信用体系的根基，而参与者的法律责任在新法实施前的司法判例中仍处在摸索阶段。

二、删除了“禁止低于成本价销售”的规定，终于可以名正言顺的“免费”了

一直以来互联网企业多以免费作为一种竞争策略，用户也早已习惯了使用免费的各种互联网产品，经济学上这是基于注意力作为一种资源的稀缺性而产生的必然结果。但却有为数不少的法律人士引用当时适用的《反不正当竞争法》中的低价倾销规定指责“免费策略”构成违法，此次修订删除了这一条款，无疑是立法更加尊重经济规律、更加与时俱进的体现。

三、有奖销售最高奖金大幅度提升

旧法规定，电商搞有奖促销，最高奖金不得超过5000元，导致iPhone手机一类的促销利器很难发挥作用。新法将最高奖限额提高到50 000元，新法实施后，商家在促销奖品的设置上就可以有更大的发挥空间了，想必今后的“双十一”“6·18”，商家和网民会玩得更嗨。

四、列举式禁止技术滥用

新法第12条专门规定了互联网领域不得出现的几种技术滥用行为，以影响用户选择，干扰其他经营者正常经营为特征，包括：

- 未经其他经营者同意，在其合法提供的网络产品或者服务中，插入链接、强制进行目标跳转；
- 误导、欺骗、强迫用户修改、关闭、卸载其他经营者合法提供的网络产品或者服务；
- 恶意对其他经营者合法提供的网络产品或者服务实施不兼容；
- 其他妨碍、破坏其他经营者合法提供的网络产品或者服务正常运行的行为。

上面前三种描述的是三种具体的技术滥用行为，均为常见的互联网不正当竞争手段，此前也有较多的法院判例，最后一种是对这类行为的兜底描述条款，此次立法明确之后，将使全体从业者更加了解法律的禁区所在。

五、高额罚款外加信用记录，违法成本将大于收益

新法对于各类违法行为规定了高额的行政处罚金额，高到何种程度呢？

基本上旧法规定中罚款的上限，到了新法中对应的也就是个起步的水平，例如，违反有奖销售有关规定的行为，旧法罚则是一万元到十万元罚金，新法中则规定了五万元到五十万元；侵犯商业秘密的，旧法罚则是一万元到二十万元罚金，新法中则规定了十万元到五十万元，情节严重的，五十万元到三百万元。

更加值得注意的是，新法新增第 26 条规定，从事不正当竞争受到行政处罚的，记入信用记录并依法公示。也就是说，行政监管不再像以往似的单纯靠罚款，而是双管齐下，在信用越来越被看重的互联网时代，直接跟行为人的信用记录挂钩，进而长远地影响到其商业信誉、融资、上市等一系列事项。这一做法非常值得肯定，从笔者办理相关案件的经验来看，不少经营者已经通过不正当竞争手段攫取了可观的非法收益，再高的罚金也无法起到惩戒作用，这个时候信用记录和公示的威力可以很好地加以弥补。

六、总结

可以肯定的是，此次反不正当竞争法的增删修改，总体上是围绕着互联网竞争新形势和新问题来完成的，进步非常明显，惩治力度也空前加强，对于网络经济新秩序的形成，必将起到至关重要的作用。

但同时也不得不提，对于“未经授权的数据抓取”“流量劫持”等典型且频发的网络不正当竞争行为，修订后的法律并未给出明确规定。

此外，更值得一提的是，对于司法实践中已经广为认可的“非公益必要不干扰”等法律原则，新法也未提及。事实上列举式的规定各种不正当竞争行为表现总是有局限的，毕竟网络的发展太快了，新的玩法层出不穷，尤其是很多情况下，不正当竞争行为表现多种侵权行为综合体，不是单独某一条具体规定能够覆盖的，这个时候同时引用专门规定和《反不正当竞争法》第 2 条“诚信原则”又不合适（原则通常是法律没有明确规定时引用），所以还是应该将一些经过实践检验的法律原则纳入其中，以便提高法律适用的弹性空间。

网络不正当竞争案件背后的终极规律

人们越来越发现，线上的市场竞争其实远远要比线下的实体市场里面的竞争更加激烈，尤其是进入移动互联网时代，移动互联网的主要载体就是手机，而手机其实就是巴掌大的一块屏幕，方寸之间要有上百万元甚至上千万元的应用和服务去竞争，所以激烈程度是可见一斑呀。这样惨烈的竞争当中一定就会有人想到用一些非常规的、甚至是不合法的手段，也就是通常我们所谓的不正当竞争。笔者做过一些网络不正当竞争案件，也研究过一些别人做过的不正当竞争案件，据笔者的不完全统计，跟网络相关的不正当竞争类型有30多种，而且随着网络的不断的进展还在花样翻新，不断地有新类型的不正当竞争出现。

遇到网络不正当竞争对于企业来讲自然是非常头疼的事，企业的维权意愿是远远要比一般的侵权高得多、迫切得多。可是如果一旦启动了维权诉讼，那么恭喜你了，作为一个不正当竞争案件的原告，你可是要做好脱掉一层皮的准备的。原因有以下几点：

第一，网络不正当竞争案件的手法都非常隐蔽，取证非常地难，而且很多不正当竞争行为都是具有很强的技术含量的，所以要想找到相关的证据非常困难。

第二，即便找到了相关的证据，也很难找到正确的法律适用。我们国家的《反不正当竞争法》虽然经过了一次大的修订，里面加入了很多跟网络相关的不正当竞争的规定，但是现实生活当中，由于不正当竞争行为的种类一直花样翻新，现有的《反不正当竞争法》根本无法完全覆盖，所以要找到精准的法律适用也非常非常困难。

第三，就算找到了正确的法律适用，那么由于不正当竞争行为所造成的损失如何计算也是非常困难的。不正当竞争侵权的损失跟一般的侵权行为所造成的损失有很大的区别，不像销售侵权产品所造成的损失，只需要把产品的销量乘以产品的正常市场价格就可以算出来。网络不正当竞争所带来的损失通常是丧失掉了竞争优势，或者是商誉受到了损害，这些损失的无形程度是非常高的，很难精准的计算出来。

第四，就算计算出来赔偿的具体金额，法院也支持了赔偿请求，但执行也非常地困难，虽说执行难是诸多诉讼案件中的常态，但是不正当竞争执行的是要求对方停止侵权行为，而对方的侵权行为五花八门，实践中当事人申请关闭侵权网站，结果当事人随便换一个网站域名（甚至在原来的域名里加入几个字符）就规避了执行，法院也只好让原告另行起诉。

第五，就算执行到位了，从起诉到审理到判决到执行，这中间至少要持续一到两年的时间，在这么长的时间里，侵权行为人的钱早就赚够了，侵权行为也早就蔓延的到处都是，原告的损失并不是那一点点赔偿款所能够挽回的。

所以，以上五点共同导致做一个不正当竞争案件的原告实在是太难了。那么如果想办好这类案件，作为原告是不是有一些重要的规律可循或者说有一些基本的原理需要掌握呢？对于这个问题，笔者做过一个较长时间的摸索，下面分享一下笔者的实践心得：

首先，笔者想到的是证据收集方面，因为通常来讲打官司就是打证据，但是后来发现不是这样的，因为一个案件收集哪些证据是有讲究、有目的的，是要达到证明效果的，并不是什么都可以拿来作为证据。有些证据拿到法庭上是一把“双刃剑”，而有些证据拿到法庭上干脆就是对自己不利。

其次，笔者就想到了是不是先要找到正确的法律依据，因为法律依据如果清楚了，那就可以按照这个依据去组织相关的证据来证明对方确实存在侵权行为。结果又发现这个法律依据确实很难找到，原因前面也提到了，《反不正当竞争法》对于各种类型的不正当竞争行为很难全面覆盖，所以通常我们只能去寻求该法第 2 条“诚信原则”的帮助。但是诚信原则的适用哪有什么标准可言呢，凭什么来说服法官对方的这种行为就是不诚信的行为？

最后，笔者又想到了向法官来证明原告商业模式是合法的、正当的、站得住脚的，对方的这种行为因为破坏了原告的商业模式、侵害了其基于商业模式的合法收益所以构成了不诚信的行为。这个思路似乎是没错，比如说在反不正当竞争领域里面最典型的案件之一就是360跟腾讯的“3Q大战”，在这个案件当中，最高人民法院在判决书里面明确表示了虽然商业模式本身不能受到法律保护，但是当事人所确立的一个合法的、正当的商业模式应该不受到破坏，而且基于这种商业模式所获得的合法收益也不应该受到侵害。这可以说给《反不正当竞争法》第2条“诚信原则”的适用提供了一个非常好的指引，接下来很多原告当事人就开始集中精力向法院来证明自己的商业模式的正当性、合理性。

但是一旦进入这个环节，我们就会发现商业模式正当性最大的问题就在于绝大部分的互联网商业模式都是创新出来的，都是之前很少有人做过的，创新商业模式的合理性、正当性在行业里通常还没有一个定论和标准，所以你向法官去阐述的时候法官也一般是犹疑不定，内心是很难确认的。

比如说笔者代理过云计算平台相关的不正当竞争案件，我们需要向法官去解释这个云计算服务的整个商业模式是什么，到底给用户提供的是什么样的服务、靠什么来赚钱以及为什么这个服务和赚钱的行为是正当的，进而基于这个正当的商业模式所获得的收益是应该被保护的，最后延伸到基于这样的一个商业模式在法律上应该具备哪些法定的义务、应该承担什么样的责任等。但是笔者一番阐述之后，法官似乎仍然对于这种模式的正当性采取一个怀疑的态度，因为毕竟云计算行业里面能够做到云计算的公司实际上是不多的，大家并没有对这种商业形成一个定论和共识。

再比如说之前有法院判过的视频网站植入广告这样的商业模式，它的合法性正当性到底何在也是很难定论的，而且在这种时候也往往给不正当竞争案件的被告留下了很大的发挥空间，通常他们会引用所谓的用户体验等作为自己的挡箭牌。比如说，他们就认为我采取技术手段把你这个视频网站里面的广告过滤掉之后，实际上提升了用户体验，这是对用户有好处的一个行为，怎么会构成不正当竞争呢。于是法官就会越来越犹豫，越拿不定主意。

最终，在经历了以上各种角度的尝试和摸索之后，笔者发现作为不正当竞争案件原告来讲，最重要的并不是去解释这个商业模式本身，而是去解释这个商业模式为什么是符合经济规律的，经济规律才是不正当竞争案件当中的终极规律。

为什么这么讲，因为经济规律本身是有着极大的科学性跟合理性，它自身特有的规则和模型可以为争议提供确定性的指引。比如说，前文提到的浏览器过滤视频网站广告的案件，视频网站的商业模式是其先向用户提供免费的优质视频内容，用户可以看到这些视频而且不需要为此付费，视频网站在用户看这些内容的时候植入了广告，借此可以收取广告费，与此同时广告主的商品和服务也可以销售出去，视频网站拿到了广告费，可以去采购更多的优质视频内容提供给用户。所以在这个过程当中你会发现用户、广告主、视频网站以及视频内容的制作者这四方全部都是有收益的，这个在经济学上讲叫作“帕雷托最优”，就是这件事情对于大家全部都有好处，是双赢或者是多赢的一种局面。“帕雷托最优”指的是增进一部分人的福利同时其他人的福利不会因此减少。所以视频网站植入广告的商业模式就能够达到、至少接近“帕累托最优”，是符合经济规律的。

反过来，采取技术手段把视频网站广告过滤掉的行为为什么是侵权的呢？因为它不符合经济规律。继续用帕累托原理进行分析，去掉视频网站的广告虽然看上去是提升了用户体验，也就是增进了其中一部分人（用户）的福利，但是随之而来的结果是什么呢，是视频网站没有了收益，所以视频网站的福利下降了，视频网站没有了收益之后，视频网站就没钱去采购更多优质视频内容，所以视频制作者的收入福利也下降了，而广告被去掉之后，这些广告主背后的商品和服务也没有了推广的途径，也没有后续的成交，所以广告主的收入福利也下降。所以，总体上看，过滤广告导致只有用户的福利在提高，另外三方的福利全部在下降，而且进一步分析，如果视频网站没钱去采购视频的话，到最后的结果用户是没有视频可看，所以从长远角度来讲，用户的福利也下降，“帕雷托最优”在这种情况下是完全落空的。

如果原告能够给法院从经济学的角度来阐述其商业模式符合经济规律，而对方的行为恰恰破坏了你的商业模式从而违背了经济规律，最后造成了所有人都是双输或者多输的局面的话，那么法官就可以非常笃定地来判定这个侵权行为的成立，这种行为违背了诚信原则，这个思路笔者认为可以套用到几乎所有的反不正当竞争案件当中去。

事实上，法经济学作为一个用经济学原理指导法律实践的学科，在互联网时代必然大放异彩，当法律在纷繁复杂、极速变化的社会中缺乏精细的判断尺度时，不妨把目光转向经济学规律，你一定会有意外的收获。

当前电子存证三种形态和未来趋势

几年前笔者写过一篇《证据的未来》，谈了笔者当时对电子存证的一些看法，到今天已有些“未来已来”的味道了，因为在短短两三年间，电子存证行业开始呈现出惊人的发展势头。

一大批第三方电子存证机构涌现出来，其中不乏“国家队”以及亿元级融资规模的公司。资本市场的追捧，背后反映出的是社会整体向网络世界迁移的进程中人们对虚拟环境真实性的追求。

前几天，笔者接到知产力和清华大学法学院举办的“电子数据存证与实务研讨会”邀请，在会上作了《互联网环境下取证难题与尝试》的主题发言，重点介绍了几个笔者亲历的电子存证案例以及效力认定相关的问题。由于发言时间有限，今天把当时想说但来不及说的内容补充一下，权当站在已知的未来，再次展望未知。

一、第三方电子存证的三种形态

传统的证据固定主要依赖公证处，但公证处在时间响应、应用场景、成本等多个方面都难以满足电子化数据存证的需求，于是出现了一批第三方电子存证机构，总的原理就是把取证存证的工作从公证员那里转移到当事人手上自行完成。

这些机构给出的解决方案是开发出一些特定场景下的取证应用，借助这些应用，当事人可以以低廉的价格实时地对电子类、网络信息类数据进行证据固定。

当然，作为法律人，我们最关注的是这种工具所取得的证据效力是否有保障，否则产品体验再好也是空谈。

从证据效力保障机制这个维度上看，当前的第三方存证工具可分为三种形态：

1. “前端存证”应用 + 后端权威机构背书

这种比较普遍，通常是一家存证公司开发出存证应用，然后与公证处、鉴定中心等合作，一旦当事人使用存证应用取得的证据需要进入司法程序，则由公证处、鉴定中心等出具公证书、鉴定报告。

这种形态的好处是证据效力比较有保障，但问题也很明显，就是在出证阶段存在“瓶颈”，相当于公证处作为传统企业的转型升级而已，本质上还是传统企业。

2. “前端存证”应用 + 第三方存证机构自行验证

这种模式是脱离公证处等传统出证机构，完全依靠自身产品的技术原理等对取证的真实性进行验证，这种形态更加互联网化，也能够更大程度上实现低成本高效率的存证效果，但毕竟脱离了权威机构背书，需要司法实践逐步的认可和接受。

3. 去中心化算法存证形态

这种形态其实就是区块链存证，也就是说不再借助一个中心化的机构完成证据的存证验证（无论是公证处还是第三方电子存证机构），而是通过区块链算法本身的技术特性（信息去中心化分布式存储，伪造在技术上几乎不可能实现），达到存证信息具备法律效力的结果。

二、司法实践接受度

那么司法实践对这三种形态的电子存证接受度如何呢？

第一种基本上没太大问题，毕竟最后拿到法院去的还是一本公证书或者鉴定报告，关键问题在于公证处是否敢于对前端存证工具的可靠性进行背书，毕竟从前端存证到公证处出证，期间隔了一段时间，存证工具本身是否有漏洞、证据传输和存储方式是否有漏洞等问题，都需要权威机构背书解决。

至于第二种，法院需要了解存证机构的产品原理，如技术层面是否可篡改、时间源的取得、是否可自我验证等，像笔者2014年代理的“七匹狼诉电商网店商标侵权案”（2014 浙温知民初字 70 号），以及 2015 年温州法院判决的“七匹狼公司与陈国珍侵害商标权纠纷案”（2015 浙温知民初字第 17 号）都是比较有代表性的案例。法院对于当事人所使用的第三方存证工具进行了审慎地了解，而且很多情况下还是不敢贸然凭借单一的电子存证认定待证事实，需要集合其他线索和证据综合认定。

当然，我们也注意到北京知识产权法院（2016）京 73 民终 147 号判决书对于完全采用第三方电子存证工具取得的证据给予了单独认定的判例，法官对此类证据的效力进行了充分论述，具有相当大的借鉴意义，希望这样的判例越来越多。

至于第三种区块链存证，目前只是出现了相关的存证产品，但还没有发现法院的判决，这当然是由于新技术尚未普遍应用以及产品形态仍然还没有定型所导致的，不久的将来，区块链存证以及与此相关的判例一定会出现。

三、整体评价和电子存证的未来

整体评价之前有必要先交代清楚我所依赖的评价逻辑：所有行业都遵循成本低效率高的发展趋势，这是经济发展规律决定的，互联网行业常常在讲“降维打击”，无非就是把能砍掉的中间环节都省去，最大限度地节约成本提高效率。

电子存证也不例外，存证的目的无非是“用”，公证处也好鉴定中心也罢，无非是通过引入第三方权威机构来达到证据可用的目的。当互联网出现之后，如果有了更高效的第三方固证形态，“降维打击”当然会发生，而技术发展到一定阶段，当第三方都可以省掉之后，电子存证也必然再次“降维”。

从这个逻辑出发，前文所说的三种形态中，第一种虽然当下比较流行，但只能是过渡性质的产品，最终摆脱传统出证机构的“瓶颈”是必然路径，如把前端应用取得的存证数据直接跟法院打通，获得法院认可；第二种是纯粹的互联网存证产品，随着法院判例的增加，其优势将会越来越明显；前两种都已经是我们正在亲身经历的变革，第三种则是真正的未来，因为那时候只有当事人，没有第三方，一切第三方都被技术和算法所取代，证据在按照既定的算法形成之时自然具备了证明效力，到最后甚至连法院（也是第三方）都没有了。

首家互联网公证处

——公证行业的华丽转身

2018 年 12 月 28 日，全国首家互联网公证处在杭州正式挂牌成立，其前身是杭州市钱塘公证处，说来也巧，笔者跟这个公证处打交道颇多，甚至在他们变身成互联网公证处之前的一个月还在那里做了一个互联网案件的取证，交了五万多元公证费（替当事人心疼），现在他们转型互联网，想必费用要大幅度下降了吧。不过确实这个公证处常年接触跟互联网相关的公证业务，很多公证员非常专业，甚至可以帮助律师指出其网络取证中的不足，所以由他们转型成为国内第一家互联网公证处，笔者并不觉得意外。

那么这个公证处究竟是干啥的呢？杭州互联网公证处负责人跟媒体介绍说他们“将会运用互联网的方式，让公证服务 24 小时在线；同时专注于与互联网有关的公证业务”，这个说法听上去是不是有些熟悉，运用互联网让公证服务 24 小时在线，是不是跟互联网法院在线审判如出一辙，而专注于与互联网有关的公证业务是不是也跟互联网法院集中管辖涉网类诉讼案件异曲同工呢。

笔者浏览了杭州互联网公证处的官方网站，并且注册了其电子存证保管平台，发现平台可以支持电子确权、网页快照、录屏、电脑操作过程取证等当下互联网存证需求频率最高的应用场景。平台自称使用了金融级云存储、司法联盟链两种技术实现证据存储安全，同时引入国家授时中心和北斗卫星的授时来确保时间源的权威性，当然最终还可以出具公证书作为背书，可以说很好地把现代互联网技术嫁接到了公证处的传统强项上面，很有新意。

图 22

事实上，公证处开发出在线公证工具已经不是第一次了，据笔者所知，北京、杭州、上海、厦门等地都不乏公证处开展过类似的实践，这次杭州出现的首家“互联网公证处”似乎更加体现了公证处彻底互联网化的决心，笔者认为这是互联网作为基础设施对法律服务行业改造的必然结果。

公证处互联网化就像是传统企业转型互联网，在原有优势的基础上加入互联网基因，所以是“公证处 + 互联网”的模式，而市面上诸多第三方电子存证机构则是先开展在线存证业务，然后寻求公证处的背书支持，所以是“互联网 + 公证处”的模式，这两者各有优势，但从最高人民法院《关于互联网法院审理案件若干问题的规定》中可见，区块链、时间戳、哈希算法等技术存证手段正在得到认可，保障证据效力的措施正在向着“纯技术流”“去公证化”转变，所以互联网公证处如果要跟第三方电子存证机构竞争，最重要的战场仍然是产品力和用户体验，而不是公证书这个“尚方宝剑”。

必须认识到，首家互联网公证处的出现可并不仅仅是个噱头，对公证业务熟悉的朋友应该知道，司法部 2006 年颁布的《公证程序规则》第三章对“公证执业区域”做了细致的规定，其中第 13 条就明确了“公证执业区域”是由司法行政机关依法划定的公证机构受理公证业务的地域范围，要求公证机构应当在核定的执业区域内受理公证业务，而第 14 条同时规定："公证事项由当事人住所地、经常居住地、行为地或者事实发生地的公证机构受理。"

也就是说，公证是受到地域限制的，公证处不可以随便跨区域接业务，办理公证的当事人也不可以跨区域选择公证机构办理公证。笔者早年办理案件，就因为找了外地公证处做公证，结果被对方当事人质证的时候提出异议，认为证据违反《公证程序规则》不满足合法性要求，当然法官没有接受这个意见，法官把公证程序行政管理和公证证明效力还是分得很清楚的。不过这也确实说明公证处传统的业务格局就是大家各守一地，不要互相踩过界，这是不是有点像大品牌的经销商管理呢，为了避免同业竞争划分各自"势力范围"在当时看来颇具合理性。

然而，互联网公证处的出现恐怕要打破这个持续已久的公证地域化限制了，在线化的公证取证手段，使全国各地的当事人都可以随时使用公证服务，地域的因素在互联网面前不值一提，《公证程序规则》里"公证执业区域"这个概念就算是名存实亡了，笔者预判下一个版本的《公证程序规则》一定会删除或这修改这条规定。对于其他还没有线上化转型的公证处而言，显然局面是比较被动的，相当于人家有了空军，你还一直是陆军，这仗怎么打，所以笔者的第二个预判是接下来会出现越来越多的互联网公证处，届时当事人可以在线上随意选择自己认为合适的存证工具，如果从更远的时间跨度推断，当越来越多的互联网公证处出现后，势必会因为产品力和用户体验的高低而优胜劣汰，最终合并或者淘汰成少数几家甚至一家，还是那句话，不管什么行业最终都要符合经济规律。

互联网公证处引发的第二个法律问题在于，"侵权行为地"这个法律概念恐怕也会加速退出历史舞台，以往办理线上侵权案件通常要根据公证处的公证行为来确认一个侵权行为地，进而找到法院的管辖连接点，但公证线上化一旦普及，公证处在哪里还有意义吗？对于线上的侵权行为，当事人可以随意选择目标法院所在地的公证处进行线上公证，从而顺利锁定管辖，既然这样还不如索性把侵权行为地的要求取消掉，所以在可见的将来，诉讼法在互联网浪潮推动下做出颠覆性调整是笔者的第三个预判。

无论是互联网法院还是互联网公证处，还是接下来可能出现的更多互联网法律机构，一个大的方向一定是司法管辖突破地域限制，所有机构都被拉到线上，最终只留下少数最有竞争力的，也许这就是互联网在实现司法公平上的另一种体现了。

温馨提示其他司法机构尽快转型，在趋势面前，抢跑才有生存机会，慢人家一步恐怕就没你什么事了。

第三方电子存证效力司法认定评述

以数据电文形式呈现的证据叫作电子证据。数据电文根据《电子签名法》的定义，是指以电子、光学、磁或者类似手段生成、发送、接收或者储存的信息。

第三方电子存证是指通过诉讼当事人以外的独立第三方提供的存证工具保存的电子证据，提供电子存证工具的第三方机构叫作第三方电子存证机构。

随着互联网实践的逐步深入，大量的信息和证据以电子形式呈现，当事人越来越多地采用第三方电子存证工具将这些数据固定下来，使之具备证据效力，在此笔者结合自身电子证据固化司法实践经验，总结如下电子存证在司法认定中需要重点考察的维度以及标准，供实务参考。

一、电子证据司法认定法律依据

1. 关于证据资格

《电子签名法》第7条规定，数据电文不得仅因为其是以电子、光学、磁或者类似手段生成、发送、接收或者储存的而被拒绝作为证据使用。

2. 关于证据真实性

《电子签名法》第8条规定，审查数据电文作为证据的真实性，应当考虑以下因素：

（1）生成、储存或者传递数据电文方法的可靠性；

（2）保持内容完整性方法的可靠性；

（3）用以鉴别发件人方法的可靠性；

（4）其他相关因素。

3. 关于证据原件

《电子签名法》第5条规定，符合下列条件的数据电文，视为满足法律、法规规定的原件形式要求：

（1）能够有效地表现所载内容并可供随时调取查用；

（2）能够可靠地保证自最终形成时起，内容保持完整、未被更改。但是，在数据电文上增加背书以及数据交换、储存和显示过程中发生的形式变化不影响数据电文的完整性。

二、认定第三方电子存证效力的基本原则

1. 技术中立（非歧视）原则

不因具体存证技术而否定证据效力，不因具体技术服务提供者资质而否定存证效力。

目前主流的第三方电子存证通常会用到哈希算法、非对称加密等技术，具体技术的实施细节也有所不同，而且随着技术进步保持更新状态。未来，还将出现包括区块链在内的更多技术被用于第三方电子存证。

司法在认定证据效力过程中，应当保持对各种技术的无差异化审查，不因具体技术的种类、原理、提供者资质等给予歧视性待遇，仍然应当结合具体存证技术对证据本身真实性、合法性、关联性的影响进行独立评价。

2. 相对难度原则

不追求第三方电子存证在技术层面的绝对不可伪造，而是从案件本身涉及的标的、性质、利益出发，衡量当事人所采用的存证方式是否足以与证明对象（目的）匹配，以及如若造假，所付出的成本和技术难度与其所期待的诉讼利益相比是否值得。

在这方面，对方当事人的反证也应当成为重要的考量因素。如果对方当事人以较为直观并有针对性的（而非仅口头质疑）方式呈现出所在案件第三方存证具有较大的伪造可行性，此时应当要求举证方给予更高的证明义务。

3. 完整证据生命周期原则

即对于证据的认定，应从证据生成、取证、保存、呈现等各个环节所组成的一个完整的生命周期进行，其中没有第三方存证介入的环节，仍然应当作为审查的重点。

另外需要关注的是，部分第三方存证工具是公证处或者鉴定机构为存

证做最后的背书，这一做法对于存证效力真实性的影响主要看背书能力与背书的具体内容。例如，公证处是没有能力和资质为第三方存证机构的产品技术原理进行背书的，对于第三方存证产品流程中不在背书机构直接控制范围内的部分，通常也不能背书。

4. 线上线下同等强度原则

考虑到线下公证处存证已经形成了较为规范和有效的标准，并在司法实践中被普遍认同，可以以此要求线上的第三方存证在相同存证场景下采取同等水平和强度的存证措施，例如，存证客户端清洁、联网检查、身份验证等。

三、第三方电子存证三性审查尺度

1. 关联性尺度

关联性通常与第三方电子存证是否被采用并无直接关系，证据与待证事实之间是否有关联性，更主要从证据本身体现的内容来考察。

例如，通过第三方电子存证工具去到了一个侵害文字作品作者信息网络传播权的证据，这份证据上记载了侵权页面发表的时间，这个时间本身的客观真实性是通过例如页面所在的信息发布平台系统时间（如微信公众号所体现的时间）、其他媒体转载时间等互相印证得到确认的，第三方存证只能用于证明这个被存证的页面本身没有经过篡改以及存证动作进行的时间是否真实。

2. 合法性尺度

合法性评价跟第三方电子存证相关的，主要是第三方电子存证服务商主体资质问题。根据现行法律规定，除了对电子签名进行认证需要由依法设立的电子认证服务机构来完成以外，其他电子存证行为均不需要法定资质。司法实践中不应当以第三方电子存证服务商不具备存证主体资格为由，不采纳其提供的电子证据。

3. 真实性尺度

（1）存证人身份真实性（实名认证）

对于涉及证明存证人身份的电子证据（如电子合同），需要对存证人的身份进行实名认证。司法实践和商业实践中，信息表面一致认证法已经普遍采用，并且应该到手持身份证的程度。对于机构而言，通常还应当在信息表面一致的基础上采取零钱认证法，即向机构对公账号随机支付零钱，要求机构提供准确的收款金额以便确认机构的真实身份。

（2）存证环境清洁度与联网检查

在当事人自己的电脑客户端存证，需要对电脑客户端进行清洁度和联网检查，核心步骤应包括杀毒、浏览器清洁、进程查看、联网检查四大核心步骤，未有效完成以上步骤的，应当对该客户端上形成的联网证据真实性给予较高程度的质疑，除非有其他证据可以关联印证，否则仅凭该证据无法充分证明待证事实。

另外一种情况是，第三方存证工具在当事人客户端模拟出公证处的取证环境，当事人进入存证系统后，即脱离了自己的电脑客户端环境（如百事通），此时需要重点考察两个方面：

①当事人打开电脑端到进入第三方存证系统模拟环境的过程是否有存证和体现；

②第三方存证系统模拟环境的具体原理以及可靠性如何保证。这方面通常需要模拟环境的背书机构在公证书或鉴定报告中给予单独的说明。

（3）存证环境可重现度

构建受第三方监管的存证环境；存证软硬件工具封存待查（脱壳工具、录屏工具、杀毒工具等）；存证环境全部处于公证处模拟环境下。

（4）存证数据有无篡改可验证

验证应当由第三方电子存证机构提供的官方通道完成，并确保验证方式多采用的算法在数学上达到一定的强度，破解需要付出远超过诉讼标的计算成本。

（5）时间源取得

第一种是与国家授时中心正式合作，时间源方面的权威性较高。

第二种是通过接入国家授时中心开放的时间校准产品获取时间。国家授时中心提供了官方的时间校准产品——时间精灵，免费提供客户端以便使用国家授时中心提供的时间校准服务，网址为 http：//www. time. ac. cn/

times/timefairy - help. htm。通过接入授时中心产品获取时间的真实性需要证明实际接入行为。

第三种是通过电子认证机构接入时间源。部分第三方电子存证机构（主要是电子合同存证）使用电子认证机构的电子签名或时间戳服务，由于电子认证机构是具有法定资质的机构，因此这一时间源也具备较高的权威性，但仍需证明电子存证机构确实接入了电子存证机构的产品从而获得时间源。

第四种是通过公证处、鉴定机构的背书确认时间源，真实性也较高。

（6）质证方的反证

如果质证方针对电子存证真实性，能够提出较为充分的反证，证明其在可篡改、环境不清洁、时间不权威等维度上存在瑕疵，则应当要求举证方给出更高强度的证据，否则对其电子存证真实性可以考虑不予认可。

平台合规

“避风港”还是“逼疯港”

——基础性网络服务提供者的特征与责任

在网络侵权领域，《侵权责任法》第36条可以说是最为重要的一条立法规定，被誉为“网络侵权专条”，该条中规定了“网络服务提供者”的侵权处理义务，成为“避风港”制度的重要依据，从民法典分编草案内容上看，也依然会围绕这一条构建更详尽的“避风港”制度，“网络服务提供者”这一概念也将继续沿用。与之相匹配的《信息网络传播权保护条例》中也同样使用了“网络服务提供者”的概念来界定“避风港”权利和义务，包括相关司法解释（最高人民法院《关于审理涉及计算机网络著作权纠纷案件适用法律若干问题的解释》）等都使用了同样的概念。

遗憾的是，《侵权责任法》对“网络服务提供者”没有给出明确的界定，从概念本身的表面意思理解，基本上所有互联网有关服务提供商都可以归入“网络服务提供者”的范畴，但显然这种理解是不科学的，试想如果把提供公共网络基础设施、公共数据传送的电信运营商也纳入“网络服务提供者”范围，那几乎网络上所有侵权的投诉都可以向电信公司主张了，这是一个荒谬的结论。

司法实践中也似乎开始有了这方面的倾向，无论具体服务的技术特征和商业属性，也不考虑服务商对侵权内容的实际管控能力，一味地援引《侵权责任法》，要求所有类型网络服务提供者都按照“避风港”做出处理，导致法律适用上跟立法的原意以及社会实践发生严重背离。

一、回到“避风港”制度的起源

“避风港”制度起源于美国《千禧年数字版权法》（DMCA），该法第二章第512条，规定了四种对网络服务商网上版权侵权责任的限制，这些限制以及对应的网络服务提供者类型如下：

表4　网络服务商网上版权侵权责任的限制

网络服务类型	具体服务内容	提供者免责条件	DMCA条文
1. 暂时传播①	在用户指定的点之间，为用户选择材料提供数字网上传播的传输、引导，或链接服务，而且对发出或接收的材料内容不做任何改变的单位。	传输行为必须是由他人发起。 传输、引导、提供链接或复制行为必须是由一个自动过程进行，没有经过服务商的选取。 服务商不能决定材料的接收人。 任何中间形成的复制件除能被预期的接收人得到外，通常不能被其他任何人获得。 材料在传输过程中不能有任何改变。	512（a）

① 该法条原文见链接https：//www.congress.gov/105/plaws/publ304/PLAW-105publ304.pdf的第19~20页：

（a）Transitory Digital Network Communications. —A service provider shall not be liable for monetary relief, or, except as provided in subsection (j), for injunctive or other equitable relief, for infringement of copyright by reason of the provider's transmitting, routing, or providing connections for, material through a system or network controlled or operated by or for the service provider, or by reason of the intermediate and transient storage of that material in the course of such transmitting, routing, or providing connections, if—

（1）the transmission of the material was initiated by or at the direction of a person other than the service provider;

…

续表

网络服务类型	具体服务内容	提供者免责条件	DMCA条文
2. 系统缓存①	材料是由他人而不是服务商提供到网上，并在其指示下传输给用户。服务商保存这些材料，以便通过传输保存的复制件来满足后续的对相同材料的需求，而不需再从网上资料中重新取得。	不得改变所保存的材料的内容。 如果有特别规定，服务商必须遵从关于“刷新”的规则，即将保存的复制件用源内容替换。 服务商不得干预将“点击”信息反馈给材料提供者的技术手段。 服务商必须根据材料提供者附加的访问条件限制用户对材料的访问。 一旦服务商被告知任何未经版权所有人许可而上网的材料已在原地址被删除、屏蔽，或被勒令删除、屏蔽，这些材料必须立即删除、屏蔽。	512（b）
3. 根据用户指示在系统或网络中存储信息②		服务商不具备识别侵权行为所需要的认知水平。 如果服务商有权利和能力对侵权行为进行控制，它不得直接从侵权行为中获得经济利益。 在收到侵权告知后，服务商必须迅速撤下或屏蔽材料的访问入口。	512（c）

① 该法条原文见链接 https：//www. congress. gov/105/plaws/publ304/PLAW－105publ304. pdf 的第 20～21 页：

（b）System Caching. —（1）Limitation on liability. —A service provider shall not be liable for monetary relief, or, except as provided in subsection（j）, for injunctive or other equitable relief, for infringement of copyright by reason of the intermediate and temporary storage of material on a system or network controlled or operated by or for the service provider in a case in which—

（A）the material is made available online by a person other than the service provider;

…

② 该法条原文见链接 https：//www. congress. gov/105/plaws/publ304/PLAW－105publ304. pdf 的第 21～23 页：

（c）Information Residing on Systems or Networks At Direction of Users. —（1）In general. —A service provider shall not be liable for monetary relief, or, except as provided in subsection（j）, for injunctive or other equitable relief, for infringement of copyright by reason of the storage at the direction of a user of material that resides on a system or network controlled or operated by or for the service provider, if the service provider—

（A）（i）does not have actual knowledge that the material or an activity using the material on the system or network is infringing;

…

续表

网络服务类型	具体服务内容	提供者免责条件	DMCA条文
4. 信息搜索工具①	关于超级链接、网上索引、搜索引擎及类似问题的规定。它对通过信息搜索工具，将用户引向或链接到载有侵权材料网址。	服务商必须不具备识别侵权所必需的知识水平。 如果服务商有权或有能力控制侵权行为，该服务商不得直接从侵权行为中得到经济利益。 在接到侵权告知，服务商必须迅速撤下或屏蔽材料的访问入口。	512（d）

可见，“避风港”制度设计之初就是对网络服务提供者进行区别对待的，对于第1、2两种数据传输管道性质的服务，DMCA并不要求其提供者承担投诉处理义务，而是直接规定其不承担法律责任，只有后面两种空间存储和信息搜索服务，才要求提供者按照避风港承担投诉处理义务。

2006年我国国务院颁布的《信息网络传播权保护条例》，沿袭了美国的《千禧年数字版权法》，同样为网络接入服务提供商、缓存服务提供商、信息存储空间服务提供商、搜索或链接服务提供商四类网络服务提供商设定了免责情形，免责条件与DMCA如出一辙，而且《信息网络传播权保护条例》中对不同类型的提供者义务和责任也同样做了区别处理，只针对信息存储空间服务提供商和搜索或链接服务提供商要求满足投诉处理义务：

① 该法条原文见链接 https://www.congress.gov/105/plaws/publ304/PLAW-105publ304.pdf 的第23页：

(d) Information Location Tools. —A service provider shall not be liable for monetary relief, or, except as provided in subsection (j), for injunctive or other equitable relief, for infringement of copyright by reason of the provider referring or linking users to an online location containing infringing material or infringing activity, by using information location tools, including a directory, index, reference, pointer, or hypertext link, if the service provider—

(1) (A) does not have actual knowledge that the material or activity is infringing;

…

表 5 《信息网络传播权保护条例》的相关规定

网络服务类型	具体服务内容	提供者免责条件	条文
网络接入服务提供商	根据服务对象的指令提供网络自动接入服务，或者对服务对象提供的作品、表演、录音录像制品提供自动传输服务	（一）未选择并且未改变所传输的作品、表演、录音录像制品；（二）向指定的服务对象提供该作品、表演、录音录像制品，并防止指定的服务对象以外的其他人获得。	《信息网络传播权保护条例》第20条
缓存服务提供商	网络服务提供者为提高网络传输效率，自动存储从其他网络服务提供者获得的作品、表演、录音录像制品，根据技术安排自动向服务对象提供	（一）未改变自动存储的作品、表演、录音录像制品；（二）不影响提供作品、表演、录音录像制品的原网络服务提供者掌握服务对象获取该作品、表演、录音录像制品的情况；（三）在原网络服务提供者修改、删除或者屏蔽该作品、表演、录音录像制品时，根据技术安排自动予以修改、删除或者屏蔽。	《信息网络传播权保护条例》第21条
信息存储空间服务提供商	为服务对象提供信息存储空间，供服务对象通过信息网络向公众提供作品、表演、录音录像制品	（一）明确标示该信息存储空间是为服务对象所提供，并公开网络服务提供者的名称、联系人、网络地址；（二）未改变服务对象所提供的作品、表演、录音录像制品；（三）不知道也没有合理的理由应当知道服务对象提供的作品、表演、录音录像制品侵权；（四）未从服务对象提供作品、表演、录音录像制品中直接获得经济利益；（五）在接到权利人的通知书后，根据本条例规定删除权利人认为侵权的作品、表演、录音录像制品。	《信息网络传播权保护条例》第22条

续表

网络服务类型	具体服务内容	提供者免责条件	条文
搜索或链接服务提供商		在接到权利人的通知书后，根据本条例规定断开与侵权的作品、表演、录音录像制品的链接的，不承担赔偿责任；但是，明知或者应知所链接的作品、表演、录音录像制品侵权的，应当承担共同侵权责任。	《信息网络传播权保护条例》第23条

可见《侵权责任法》从美国《千禧年数字版权法》和《信息网络传播权保护条例》中沿袭的“网络服务提供者”在网络侵权注意义务以及免责条件上是有区别的，并非对所有类型网络服务提供者均一视同仁的要求接受权利人的投诉并采取处理措施，对于网络接入和缓存服务这两种，不需要承担投诉处理义务。

事实上，这两种不需要承担投诉处理义务的网络服务就属于本书想专门讨论的“基础性网络服务”，随着网络实践的不断深入，基础性网络服务已经在所有网络服务中占据相当高的比重，并且在网络生态中起到至关重要的作用，法律层面有必要对这类服务提供者的侵权责任给予认真对待。

二、基础性网络服务的三大特征

所谓的“基础性网络服务”，其特点在于服务的“基础性”，笔者认为总体上表现在三个方面：

1. 针对不特定用户或场景提供无差别技术服务

一般的网络服务总是能够辨识出特定的用户群体以及应用场景的，如视频聚合网站，服务的对象都是视频制作者和上传者，业务场景也是围绕视频的在线传播。而基础性网络服务面向不特定的用户和不特定的场景，如立法中规定的接入服务和缓存服务，不会因为接入或者缓存的是视频还是其他信息而有所区别，用户可以基于这些服务开展其他任何类型的互联网增值业务，所以“一般网络服务”和“基础性网络服务”之间是一种“上下级”关系：

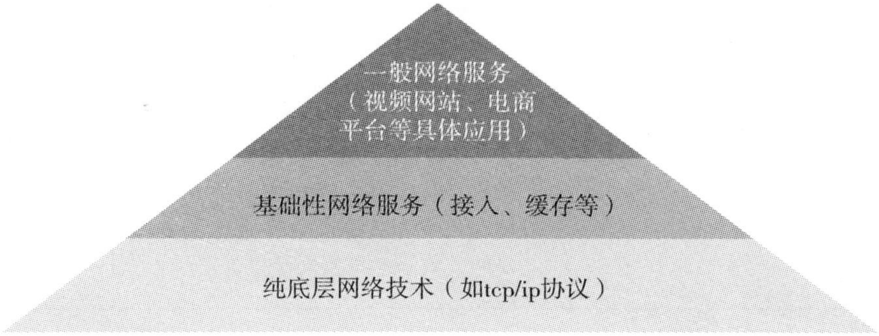

图23

典型的基础性网络服务包括云计算（云服务器）服务、域名注册解析服务、数据传输通道服务、模块化编程服务、区块链构建服务等。这些服务本身具有高度的技术中立属性，不做区分的向各类一般网络服务提供基础支撑。

有人会问，那么像tcp/ip协议这一类的网络技术跟基础性网络服务之间有何区别呢，笔者认为，底层网络技术是网络世界得以存在的基本要素，它们不属于服务，而只是单纯的技术方案。可以把底层网络技术理解为钢筋水泥，基础性网络服务理解为道路、桥梁、电网和煤气管道，前者是基本要素，后者是基础性服务。

2. 不直接接触第三方信息（内容）

基础性网络服务不直接接触第三方信息，这里所谓的“不直接接触”并非指看不到，而是指基于技术或者商业上的原因，无法通过基础性网络服务本身直接控制、排查、处理第三方内容，如区块链就是典型的由于技术原因无法接触内容的基础性网络服务，如果第三方将侵权内容放到某一条区块链上，区块链运营者无法对这些内容进行处理，因为内容一旦上链就会分布式存储在各个节点上，必须经过共识机制才能处理，无法由某一个中心化的主体单独进行处理。

再如云计算（云服务器）服务，就是典型的基于商业模式要求使得其不能接触第三方内容。尽管第三方以付费的形式“租用”了云服务器空间，但这个空间的目的不是单纯地用于存储，而是作为服务器向终端用户提供内容（服务），因此云服务器在商业上具有极高的私密性要求，必须只能由第三方自行支配，其才敢于放心地把各种利益攸关的信息和服务搭建在云服务器上，就像在银行里租用了保险箱一样，银行虽然有能力打开保险箱但却不能这么做，否则就失去了保险箱的商业价值，云计算服务提供者同样如此，如果去查看租用的云服务器里的内容，则第三方宁肯自行购买设备和技术搭建服务器，云计算领域的信任基础将荡然无存，整个行业也就消亡了（试想一下一个P2P公司能允许自己的云计算服务提供者查看自己的业务数据吗?）。

3. 无法定点清除侵权信息（内容）

由于上述技术或者商业原因，导致基础性网络服务提供者无法直接接触第三方内容，这同时也带来侵权责任意义上的一个处理能力问题，就是网络服务提供者无法针对侵权内容做“定点清除”“精准打击”。

无论是《侵权责任法》《信息网络传播权保护条例》《电子商务法》还是相关司法解释，所有跟避风港有关的规定，其中最核心的处理措施都是删除或者屏蔽侵权内容（链接），只有严重情况下才可以考虑停止服务，为此立法还要求权利人在投诉时提供侵权内容的精确位置，以便网络服务提供者处理，否则可能视为“不合格通知”，而这个要求对于基础性网络服务提供者而言是无法做到的。

如前所述，云计算公司不能查看和处理第三方租用的云服务器里的内容，怎样屏蔽和删除链接呢，区块链运营公司如果想删除某一条信息，恐怕要攻破51%的节点或者做到等同效果才有可能。

再如微信小程序也是一种典型的基础性网络服务，小程序服务是一套移动页面架构技术加信息通道服务，小程序页面接受终端用户的指令（如一个点击请求），将指令通过小程序开发者指定的域名传送到开发者服务器，开发者服务器接收指令后向小程序页面返回相应的内容，在这个过程中小程序本身不存储开发者的内容，并且只通过域名与开发者服务器进行通信，在技术上不可能进入开发者服务去对侵权内容进行删除处理。

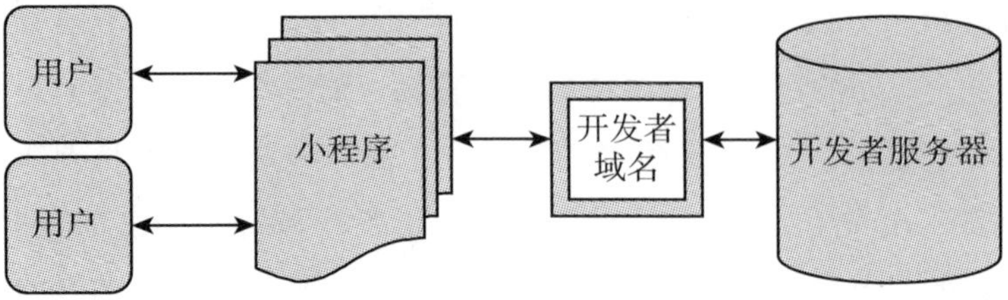

图 24

三、基础性网络服务提供者责任认定

基础网络服务的三个特征决定了其不能机械套用避风港原则来处理侵权信息。

首先，服务商提供的无差别技术服务使得其并不直接面对终端用户，而是给其上层的一般网络服务提供者提供基础性技术支撑，所以从“用户感知”角度出发，用户感知不到基础网络服务提供者的存在，他们之间隔着一个一般网络服务提供者，一般服务提供者直接面对终端用户，应该是避风港义务的主体。

其次，基础网络服务提供者不直接接触第三方信息也无法对其中的侵权内容定点清除，他们所能做的只是停止服务，以微信小程序为例，停止服务意味着彻底断开第三方小程序域名的指向，跟 PC 端的屏蔽整个网站是同样的效果，这样做是典型的“化疗式治理”，好坏通杀，如果某个小程序商城里出现了一条侵权信息，就要把整个小程序关闭，这显然是极其不合理的。云计算行业也是如此，云计算无法进入第三方租用的服务器处理具体侵权信息，如果一定要采取屏蔽措施，则只能关闭整个服务器，显然也是“因噎废食”的效果，避风港之所以强调针对侵权内容采取必要措施，目的就在于让处理措施限制在必要程度，使之与侵权行为之间相互匹配，动辄“整体移除”显然不是立法的目的所在。

当然，基础网络服务提供者并非没有任何法定义务，根据其服务特性，应该做到以下几点：

1. 违法信息过滤和线索举报

本书通篇讨论的是侵权信息的处理义务，对于色情、涉赌、涉恐、涉暴等明显违法的信息，基础性网络服务提供者应当在能力范围内采取技术措施提前过滤，尤其是这些违法信息通常不会由违法行为人直观地以自身名义对外提供，所以依赖基础性网络服务提供者在技术环节加以控制，发现违法线索及时向有关部门举报。

2. 附条件披露侵权主体信息

实际侵权主体身份是制止侵权行为的重要线索，实践中有部分基础性网络服务提供者提供前台实名机制，如微信小程序等会将小程序开发者信息强制披露在小程序页面，域名也可以在工信部网站查到注册人的身份信息，这种情况下不存在侵权主体信息披露的问题。

另外一些情况，如云计算这类基础性网络服务提供者负有对用户信息（包括主体身份信息）的高度保密义务，因此，不宜按照避风港原则接到权利人投诉即提供涉嫌侵权用户主体信息，美国的《千禧年数字版权法》第二章第512条就规定保证服务商不被陷入必须在适用责任限制和保护用户隐私之间作出选择的境地。第512条（m）款①明确规定，绝不要求服务商为了符合任何一种责任限制的条件，在违反法律（如电子通信隐私法）的情况下监控其服务或获取材料。可见，DMCA在服务商的侵权制止义务和用户私密信息保护之间选择了后者，两个法益相比，显然后者对行业具有更重要的意义，这种跳出孤立的侵权场景，以一个更宏观的视角看待问题的思路值得我国司法实践借鉴。

那么，云计算这类基础性网络服务提供者应该在何种情况下披露用户主体信息呢，笔者认为应该满足如下条件：

1. 权利人能初步证明其无法借助其他方式锁定侵权主体

法经济学原理告诉我们，举证义务应该分配给能够举证成本最低的一

---

① 该法条原文见链接 https：//www. congress. gov/105/plaws/publ304/PLAW－105publ304. pdf 的第28页：

（m）PROTECTION OF PRIVACY. —Nothing in this section shall be construed to condition the applicability of subsections（a）through（d）on—

（1）a service provider monitoring its service or affirmatively seeking facts indicating infringing activity, except to the extent consistent with a standard technical measure complying with the provisions of subsection（i）；or

（2）a service provider gaining access to, removing, or disabling access to material in cases in which such conduct is prohibited by law.

方，正常情况下，使用基础性网络服务的用户都会直接对外展示信息，如页面中的自我介绍、域名注册信息、工商登记信息、客服信息、软件产品著作权人信息等，通过这些渠道多数情况下能够以较低调查成本锁定实际侵权人，而不需要向基础性网络服务提供者索取。

因此，要求权利人遍历上述常见的调查手段未果之后，再行向基础性网络服务提供者索取，是符合法经济学原理的。

2. 权利人有初步证据证明侵权行为存在

这个是向一般网络服务提供者投诉应该满足的前提条件。

3. 在云计算服务商向涉嫌侵权用户转通知后未获得响应

权利人的投诉经过云计算服务商转通知到涉嫌侵权用户后，如果用户主动现身与权利人协商或者抗辩，则无须再由云计算公司披露身份，如果用户不作响应，则云计算服务商就有了充分的理由对权利人披露其主体信息了，如此做法一方面可以有效防止权利人滥用投诉权，另一方面也为披露用户主体信息创造出足够的依据，不会引起其他云计算用户的反弹。

在披露信息方面，DMCA 第 512 条还确立了一套程序，使得版权所有人可以从联邦法院取得传票，要求服务商提供某个涉嫌从事侵权行为的用户的身份［第 512 条（h）款①］。这种做法其实也可以借鉴，能否由权利人直接向法院申请调查，由法院审核同意后向基础性网络服务提供者出具调查令，权力机关的调查要求是任何企业都需要配合的，这一点包括云计算在内的网络服务提供者都能够接受。

必须看到，随着网络上的侵权行为日益增多，权利人开始倾向于选择做容易识别和锁定的目标发起维权行动，基础性网络服务由于技术上的普

---

① 该法条原文见链接 https://www.congress.gov/105/plaws/publ304/PLAW-105publ304.pdf 的第 25 页：

(h) SUBPOENA TO IDENTIFY INFRINGER. —

(1) REQUEST. —A copyright owner or a person authorizedto act on the owner's behalf may request the clerk of any United States district court to issue a subpoena to a service provider for identification of an alleged infringer in accordancewith this subsection.

(2) CONTENTS OF REQUEST. —The request may be made by filing with the clerk—

…

遍适用性，使其更容易被列为权利人的维权对象。实践中，权利人已经开始尝试跳过一般网络服务提供者直接向基础性网络服务提供者索取用户信息、发起投诉甚至向法院起诉，如果司法上对基础性网络服务提供者的责任没有进一步的了解，一概适用避风港原则，结果必将造成基础性网络服务提供者承担超出自身能力范围的注意义务，并且进一步面临客户信任危机。对于基础性网络服务的使用者而言，他们也将时刻面临着被“一剑封喉”的风险，权利人也不会再积极地去寻找实际侵权人，只需要把问题丢给基础性网络服务提供者和法院就好了，而实际上权利人在日常经营过程中用到基础性网络服务的机会也很大，届时将没有一方能从中受益。

总之，应当对网络服务提供者进行科学分层，“避风港”义务的准星需要抬高一厘米，让基础性网络服务回归“基层”真正发挥其应有的价值。

《电子商务法》平台压力最大条款

如果我问你，《电子商务法》里面哪一条给电商平台的压力最大，你会认为是哪一条呢？是关于平台配合主管机关完成商家主体和税务信息报送，还是平台核查商家主体身份及经营许可信息，抑或是平台处理侵权投诉时的15天等候期。不可否认，这些规定都会增加平台经营的显性和隐性成本，但却都不是“杀伤力”最大的，而且这些规定从行政监管和知识产权保护等方面来看，也都有比较充分的理由，但是有一条规定笔者看到之后着实替平台捏了一把汗，这条所规定的内容，显然可能给平台造成相当高的经营成本和不确定性，那就是《电子商务法》第35条：“电子商务平台经营者不得利用服务协议、交易规则及技术手段，对平台内经营者在平台内的交易、交易价格，以及其他经营者的交易等进行不合理限制或者附加不合理条件，或者向平台内经营者收取不合理费用。”

不少人知道这一条规定，在电商法审议阶段就有媒体进行过报道，披露了这一条款的制定背景，即在电商大促时段部分平台要求商家“二选一”，导致很多商家被迫站队，无法跨平台经营。所以不少人还是为这一条规定拍手称快的，把其作为电子商务法的亮点对待。但是，看问题不能流于表面，应该从不同角度深入探究本质，如此才能客观评估立法对行业的影响。

所以我们从原理上来拆解一下这个条文，这个条款在专业上叫作“滥用相对优势地位”条款，不要把她跟《反垄断法》中的“滥用市场支配地位”相混淆，因为其的适用不以经营者（平台）具有市场支配地位为前提，只要与交易相对方相比具有优势地位就可以了，所以理论上认为是对“滥用市场支配地位”的有效补充，专门规制那些未必具有垄断地位，但又有着较强议价能力和话语权的公司。

笔者的上述理解在电子商务法起草组编写的《电子商务法条文释义》中也得到了印证，书中指出“网络平台具有了类似于其他市场规制主体的‘立法权’、‘执法权’与‘司法权’，并创制了各种新型的规制措施。但是当平台在市场规制中的作用越来越明显，规制的力量越来越强大的时候，其也可能会滥用此种地位，对平台内经营者课以不公平的义务，影响市场正常的竞争秩序。因此，需要对电子商务平台的权利予以严格的限制”。

可见，这一条规定已经将电商平台默认为具有相对优势地位，进而需要给出限制，以便平衡与平台交易相对方的权利义务，实践中这个“相对方”显然主要是指平台内的商家了。那么平衡是怎样实现的呢，就是法条中规定的三个“不合理”，这三个不合理即将成为商家对抗平台的三把利器，而且使用门槛非常低，随时可以拿出来挥舞一下。

根据《电子商务法条文释义》中的解读，“三个不合理”具体体现在“就商品或服务的价格、销售对象、销售地区等进行不合理的限制”，“迫使签订独家销售协议、接受不合理入驻条件等，或者增加特定的不利条件，如削减活动资源、搜索降权、屏蔽等”，“收取不合理费用”等方面。

对商业活动略有了解的人都知道，这些具体“不合理”行为表现都是商业竞争中维系自身竞争优势的常见做法，是市场竞争规律作用下的必然结果，根本谈不上所谓的“合理”还是“不合理”。这里必须说明一个基本的经济学观点：“自愿达成的交易一定是对双方都有利”，经济学上强调的是双方自愿，这与《合同法》中的“意思自治”原则完全吻合。自愿但绝不意味着需要在交易中谋求双方的地位平等或者实力均衡，实践中甲方当然会比乙方强势，当然会利用强势地位谋取更多对己方有利的合同条款，但只要乙方是自愿（而非出于非法强迫措施）接受，就应该获得法律的认可和尊重，不应该再引入一个“裁判”来判断这个交易合不合理。

要知道“合理”是一个充满了主观和立场色彩的概念，站在甲方看所有条款都是合理的，站在乙方看又可能都不合理，而且由于立法已经预设了平台的相对优势地位，所以给执法者天然造成“店大欺客”的主观印象，做出不合理认定的概率显然非常之高。

违反这一条的后果是非常严重的，《电子商务法》明确了要“由市场监督管理部门责令限期改正，可以处五万元以上五十万元以下的罚款；情节严重的，处五十万元以上二百万元以下的罚款”，如此严厉的处罚，导致一定会有很多商家以此作为与平台谈判或者逃避合同义务的筹码，平台在制定各项合同和规则过程中也要束手束脚的先行评估所谓的“合理性”，但这个哪是可以预先评估出来的呢？所以理论上讲，接下来大量的平台协议、规则以及采取的技术管控措施都将面对极大的不确定性，合同的相对性原则恐怕要被突破了，由此带来的交易不确定性将始终成为平台提心吊胆的压力之源。

事实上，《反不正当竞争法》在修订过程中，就有关于“滥用相对优势地位”的条款加入的草案中，并且引发了剧烈的争论，最终成文后的法律有关内容全部删除，显然这样做是充分考虑到了市场规律和执法实际情况的，但不走运的电商平台还是在《电子商务法》里与这一规定“狭路相逢”。

有人会问，难道像是“二选一”这种行为也不该禁止吗？商家如果遇到这种情况，完全可以通过《合同法》中的“显失公平”“无效格式合同”等制度予以救济，由法院在个案中给予认定，而不是在通过在契约自由原则上豁开一条如此之大的缺口，看上去追求了局部的公平，最终失去的却是整体上的效率。

无论如何，立法已然成文，唯愿执法机关对这一条从严掌握吧。

围攻中生存：平台的宿命

2011 年，当时笔者所在的律所位于杭州西湖区的西湖国际大厦，与淘宝网在同一个园区比邻而居。某天早上，笔者像往常一样来到事务所楼下，就看到了这样一幕：

近百名淘宝商家围住淘宝门口高喊口号，数十名警察出动如临大敌。中间那个拿着喇叭喊话的人叫“佐伦”，之后不久便被公安机关立案侦查，因为他的网店里发现了大量的名牌假货。据了解，当时来聚集的商家是因为淘宝出台了新的搜索排序规则等一系列措施，导致他们的店铺受到了影响，调查发现，商家中为数不少都是像这位“佐伦”一样的售假商户。

此后，我又目睹过几次平台被“围攻”的场景，印象比较深的一次，一位商家直接把年迈的老母亲留在淘宝前台拂袖而去。

转眼 7 年过去，笔者的新事务所搬到西溪首座，前两天就在我下班的时候，又在楼下的专车平台公司——滴滴的门口看到了似曾相识的一幕：这次聚集的人群是滴滴司机。（见图 25）

无独有偶，上海的电商平台拼多多也出现商家聚集事件，现场视频显示这次的商家比较激动，还动了手。拼多多也很快在官方微博发声，表示：“现场聚集的 14 名问题商家中，7 家存在售假情况，6 家存在商品描述不符情况，1 家存在虚假发货情况。”（见图 26）

当然，这些事件笔者都没有做过完整的调查，不了解真实的情况，也不在这里就是非曲直做结论，只是想对这些始终伴随平台的聚集事件谈谈自己的看法。

图 25

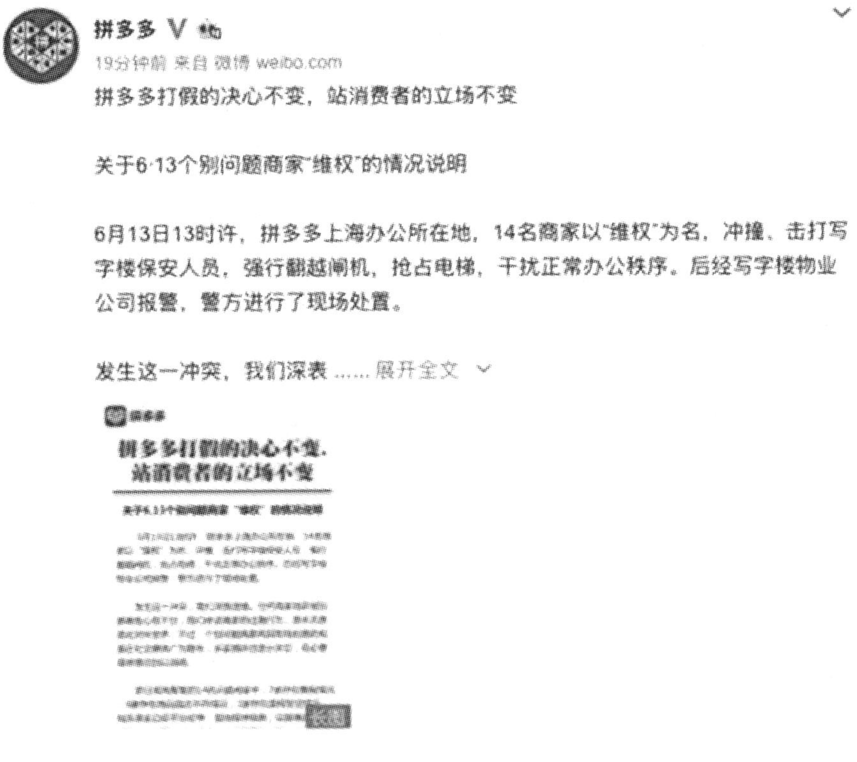

拼多多

19分钟前 来自 微博 weibo.com

拼多多打假的决心不变，站消费者的立场不变

关于6·13个别问题商家"维权"的情况说明

6月13日13时许，拼多多上海办公所在地，14名商家以"维权"为名，冲撞、击打写字楼保安人员，强行翻越闸机，抢占电梯，干扰正常办公秩序。后经写字楼物业公司报警，警方进行了现场处置。

发生这一冲突，我们深表 ……展开全文

图 26

一、平台为什么会跟自己的商家“过不去”

很多人从直觉出发会产生一个疑问：平台和商家的利益不是一致的吗？商家赚了钱，平台才有收益，怎么会弄得跟仇人似的。

这个问题要回到经济规律中找答案。首先明确一点，平台只是跟极少数问题商家过不去，而这些问题商家的违规和违约行为（如售假、刷单）虽然也能给平台带来收益，但却对平台整体的营商环境和消费者造成了伤害，此时如果平台放任不管，结果当然是“劣币驱逐良币”，优质商家和广大消费者会用脚投票，最终埋单的仍然是平台。所以，从这个角度来讲，一定不用怀疑平台自我规范的积极性和原动力——有经济规律管着呢。

笔者早年代理淘宝客作弊第一案，那个淘宝客通过作弊方式拿到了近300万元的推广佣金，结果被平台的反作弊系统发现之后，直接冻结了佣金返还给商家，导致淘宝客将平台诉到法院。按理说，平台如果不管这样的行为，不但不用到法院做被告，还能从那300万元里分一杯羹，但如果所有的淘客都作弊而不用担心后果，那恐怕淘宝客这个庞大的行业也就会因为失去用户信任基础而不复存在了。

当然，笔者不是说平台就永远是对的，平台也经常犯错，但一家能够在激烈竞争中生存下来的平台，闲着没事去恶搞自己商家的可能性是微乎其微的，哪个平台不希望自己的商家赚得盆满钵满——有经济规律管着呢。

二、“店大”就敢“欺客”？

无论是在聚集事件中，还是在法庭上，抑或是其他的场合，平台总给人一种“店大欺客”的感觉。必须承认，平台通过聚集大量用户和商家积累了知名度，并逐步形成了有更多主体参与的生态圈，“店大”那是一定的。但与此同时，这么多参与者的利益诉求都要通过平台来实现，一个照不顾到，平台就成了被“围攻”“围剿”的对象。

很多问题，如果孤立地看这个问题本身，一定会觉得平台和相对方的力量对比非常悬殊，如某个品牌方起诉平台面对仿冒的假货总是处置不力，在法官看来，你这么大的平台，怎么连几个店铺卖假货都管不好呢，该罚！

但是，如果你深入平台，去看一个更全面和完整的图景，就会有不一样的认知。曾经有法院到平台调研之后，感慨平台接收到的权利人投诉，无论是复杂程度还是数量都远超出法院受理的侵权案件。

《孙子兵法》上说："不谋全局者，不足谋一域。"这句话对于解决很多平台相关的问题非常重要，如果有条件，一定要去了解单个问题背后更广阔的背景。

再举一个笔者亲历的案例，笔者的一个品牌公司客户，发现平台上的一些商家伪造他们的销售授权书，于是向平台投诉，平台竟然要求把这些伪造的授权书拿去做鉴定才能处理，当时笔者就大为不解：难道说有没有给一个店铺授权，品牌方自己还不清楚吗？后来了解到，之前平台也是接到这样的投诉就处理，结果竟然有权利人用这个理由针对有真实授权的商家发起恶意投诉，以此打击那些不听话的下游代理商。

所以说，平台上发生的很多纠纷和争端，都是多维度利益交织在一起导致的，平台要从中小心翼翼地找到一个平衡点，稍不留神就要面对"猪八戒照镜子里外不是人"的窘境。

三、"跑了和尚跑不了庙"

笔者者仔细梳理过平台相关的法律规定，非常严密和细致，大量的义务和责任，主体资质审查、侵权处置、先行赔付、违法报告、禁限售、信息保护……总体上看，立法者似乎把平台当成了管理网络经济的最重要抓手，如果这个推断没错，接下来的立法恐怕还有更大篇幅会针对平台。其实，这背后还反映出一个逻辑，就是法律很难接受出了问题没人负责的局面，互联网上出了问题，最容易找到的、目标最大的自然是平台，"跑了和尚跑不了庙"，平台就是那个"庙"。

但这样真的科学吗？优质平台也需要合适的生长土壤，也有自己的承受极限，阿里之所以在浙江，跟当地政府开放和服务意识有密切的关系，包括备受瞩目的杭州互联网法院，也在积极寻求更高效、更创新的网络纠纷解决途径。所以，务必明确一点，平台上出现的问题不一定等于平台的问题，平台是网络经济发展的"晴雨表"。

四、“你有理你怕什么”

宋小宝有个经典的小品《吃面》，里面有句台词说得好：“你有理你怕什么。”

无论是平台，还是商家、消费者、服务商，大家都有自己的难言之隐和利益诉求，但最终要彻底解决问题，还要看谁有理、谁合法。

在这方面，权利人和消费者都做得很好，他们把依法表达诉求（如起诉平台）已经发展成为一种常态，相比较而言，商家和平台在这方面的做法还有改进的空间。

对商家而言，围攻和聚集不解决问题，明智的平台不会对这样的事件妥协，否则“会哭的孩子有奶吃”，那这家平台楼下只会上演越来越多的“全武行”。

对平台而言，如果手握着问题商家、问题权利人、问题用户的违规证据，就不用太过忍耐了，主动出击，平台也可以做原告，“你有理你怕什么”。

笔者不是在这里鼓吹滥诉，很多问题只有启动正规的救济途径，才能还原问题的全貌，让更多的人了解和重视。事实上近几年我们确实看到了这样的趋势，我们应该为那些有勇气主动为自己维权的平台报以掌声，不论在商业环境中多么长袖善舞，还是要相信法律所确立的游戏规则，还有背后那些不可抗拒的经济规律。

网络“避风港”合规实务指引

一、“避风港”的基本常识

在电商和互联网行业，如果不知道所谓的避风港原则，好像都不太好意思跟人家打招呼。

1. 源头和依据

避风港条款来自美国1998年制定的《数字千年版权法》（DMCA），最早适用于著作权领域，后来被我国立法所借鉴。简单理解，避风港原则是法律给第三方网络平台（只提供存储空间、搜索链接，自身不参与信息的提供或交易的网络服务提供者）的一种特殊规定，这种规定广泛适用于平台上出现各种侵权行为的场景。一旦有权利人就平台上的侵权信息向平台发出通知，平台须采取必要措施，否则与实际侵权人构成共同侵权并承担连带责任，当然，采取必要措施的也就不承担责任了。

避风港原则反映到我国目前的立法上，最细致的规定是在《信息网络传播权保护条例》里，其中确立了通知—删除—反通知—恢复的一个完整的操作流程。

举个例子，微信公众号平台上有人未经许可发布笔者的文章，笔者就可以向微信投诉，微信初步审查认为投诉成立，就要对这个文章链接进行删除处理，同时通知到发布文章的人，此人也可以向微信平台举证申诉其发布行为不侵权。平台初步审查之后，如果认为申诉成立，可以将之前删除的链接再重新恢复。这时，笔者和发文章的人如果还有争议，我们两个到法院去解决。总之，微信平台已经不需要为此承担法律责任了，它已经进入安全的“避风港”中。

《信息网络传播权保护条例》的规定虽然细致，但可惜终究只能适用于著作权领域，那么专利权、商标权、名誉权、肖像权等各种在平台上交织的权利又如何适用“避风港”原则呢？于是《侵权责任法》第36条作为网络专条出现了，该条对权利类型不做区分，只要构成侵权，平台都要在接到通知后处理，借此，“避风港”原则开始“流行”开来。

2. 例外，“红旗”原则

值得一提的是，《侵权责任法》第36条还规定了平台如果明知或者应知侵权行为而未采取必要措施的应当承担侵权责任，也就是所谓的“红旗”原则。一个侵权事实如果像一面红旗那么明显地摆在那里，平台就不能被动地等别人来投诉了。

在司法实践中，“红旗”原则常见于视频网站首页出现当下热映的影视剧供人免费观赏、应用市场首页出现知名收费应用供人免费下载等情形。

二、“避风港”在网络侵权场景中的应用

1. 有啥用

网络世界中侵权行为普遍存在，卖假货侵害商标权、造谣侵害名誉权、泄漏个人信息侵害隐私权等，这些行为一旦发生在某个网络平台上，就需要动用“避风港”原则来认定各方的责任以及及时对侵权行为加以制止。

2. 给谁用

“避风港”原则作为一项特殊法律制度，对两类主体的作用最大，一是平台运营者，二是权利人。前者用来当自己运营的平台上出现侵权信息时，有效防止平台自身承担连带责任，后者用来通过投诉的方式更快捷、更低成本地保护自身权利。

3. 怎么用

用好“避风港”是平台生存的关键，同时也是权利人维权的高效武器。下面我们分别介绍他们应该怎样启动这个法律机制。

（1）平台怎么用“避风港”

想引用“避风港”原则主张自己并非直接侵权人，必须先证明自己是平台，并且已经对权利人的投诉采取了必要措施，包括如下动作：

①用户协议及网站中明示第三方技术服务提供者身份；

②取得ICP等可以证明网络服务商的身份证明；

③对侵权信息的实际提供者身份进行验证和信息披露；

④设置侵权投诉处理通道并对投诉处理记录予以保存；

⑤设置相应的投诉处理规则（最好提供格式文本）；

⑥排查网站首页的显著页面是否存在明显侵权信息；

⑦对平台参与的分类、推荐、广告等信息进行重点管控；

⑧权利人投诉后，提供包括删除链在内的多种侵权处理措施（如淘宝的扣分节点处罚）；

⑨对同一权利人基于相同理由的多次投诉给予重点关注和特殊处理；

⑩在平台收益的处理上尽可能避免与信息提供者直接分润。

值得一提的是，其中的“侵权信息实际提供者身份验证”非常关键，这是在具体案件中最为直接的可以证明平台身份的证据。对于一般的信息分发平台而言，注册信息不必然要求实名制，但法院通常要求有可验证的邮箱或者电话，否则会怀疑用户是被平台伪造出来的。从“中国大百科全书诉苹果 APP Store”一案中，就可以看出，法院因为苹果公司无法提供侵权用户注册名以外的有效信息，判决苹果直接承担侵权责任。

但是，在侵害人身权益的场景下（如侵害名誉权），平台要做到提供能够确定涉嫌侵权的网络用户的姓名（名称）、联系方式、网络地址等信息，法律依据是最高人民法院《关于审理利用信息网络侵害人身权益民事纠纷案件适用法律若干问题的规定》（法释〔2014〕11 号）第 4 条，从现有的案例来看，新浪微博等网络服务提供者就因为无法提供侵权用户的该等信息，而被判直接承担侵权责任。

还有一个特殊的场景就是交易平台。工商总局 60 号令《网络交易管理办法》本来就要求交易平台要审核卖家的身份信息，加之 2015 年新修订的《消费者权益保护法》第 44 条规定：“网络交易平台提供者不能提供销售者或者服务者的真实名称、地址和有效联系方式的，消费者也可以向网络交易平台提供者要求赔偿”，在这样的压力之下，交易平台是要掌握卖家用户的真实身份信息的（实名认证），即便在知识产权侵权案件中，通常交易平台也会应权利人要求提供实际侵权人的真实身份，以免自己承担直接侵权责任。

第二个值得平台关注的问题，《侵权责任法》第 36 条规定：“网络服务提供者接到通知后未及时采取必要措施的，对损害的扩大部分与该网络用户承担连带责任”，那么怎么做才算“及时”和“必要”呢？

我们先来看权威的文件和规定，关于“及时性”，最高人民法院《关于审理侵害信息网络传播权民事纠纷案件适用法律若干问题的规定》第 14 条规定：“人民法院认定网络服务提供者采取的删除、屏蔽、断开链接等必要措施是否及时，应当根据权利人提交通知的形式，通知的准确程度，采取措施的难易程度，网络服务的性质，所涉作品、表演、录音录像制品的类型、知名度、数量等因素综合判断。”关于必要程度，最高人民法院 2012 年第 1 期出版的《法院公报》中指出：“网络交易平台经营者是否采取了必要的避免侵权行为发生的措施，应当根据网络交易平台经营者对侵权警告的反应、避免侵权行为发生的能力、侵权行为发生的几率大小等因素综合判定。”

所以不难发现，其实这些指导性文件中所提及的标准依然是原则性的，赋予了法官比较大的自由裁量空间。而实践中也确实如此，如在“衣念公司诉杜国发、淘宝公司”一案中，法院认为衣念公司有多次投诉的记录，但平台仅仅是删除了链接，不足以有效制止侵权行为，但是怎样做才算是足以制止侵权行为，法院在判决中也没讲。

目前看来，像阿里这种较为成熟的平台已经设置了除删除链接以外的其他措施，如扣分、节点处罚、保证金、关闭店铺等，相对而言还是能够得到法院的认可和支持的。另外，淘宝目前的投诉规则是在接到投诉后的 7 ~ 14 天进行处理，这一处理时效也并没有看到法院给出否定性评价。

（2）权利人怎么用

说完了平台对避风港的用法，再说权利人。其实每个人、每个公司都可能需要借助“避风港”来实现网络平台上自身权益保护。

一旦你发现某个平台上有侵权你自身权益的信息或商品，你就是权利人，这个时候直接诉诸法院通常是成本高但低效的维权方式，通过向平台投诉，要求其按照“避风港”法定要求删除侵权信息可能是更好的做法。

当然，法律对于合格的侵权投诉通知有明确的要求，不符合条件的视为没有通知，平台可以不处理，这些条件包括四个方面：

①证明你是谁，要有身份证明材料、联系方式、地址；

②证明你的权利依据，比如你主张有人在平台上卖你品牌的假货，你首先要向平台提供你对这个品牌的商标注册证明；

③侵权信息所在的位置，比如你发现百度文库有人上传了你原创的文章，你投诉的时候，就不能跟百度说在你文库里有人盗版我文章，你需要向平台提供具体侵权信息所在的链接或者至少是可以精准定位的地址；

④对方信息对你构成侵权的理由和证据，如主张对方卖假货，那可能要先买一件过来鉴定一下；主张对方侵犯你专利权，要把对方产品当中使用了你的专利指出来。

所以，作出有效投诉的法律要求就四点：主体身份、权利依据、侵权信息位置、构成侵权的证据和理由。这几个条件在投诉时不具备的，原则上平台可以不做处理。当然如果条件都满足，平台必须要处理，否则就构成共同侵权了。

根据我们过去在淘宝、苹果 APP Store 等平台上的投诉经验来看，大一点的规范的平台都会按照法律的要求对投诉进行处理，不同的平台对于投诉的要求也基本都是按照前面所说的四个方面来执行。

最后一个重要知识点，投诉的同时可以向平台索要实际侵权人的身份信息，一旦投诉成立，平台必须依法提供这些信息，以便你日后用于法院进一步起诉，如果平台不提供，就可以直接起诉平台了。

从子弹短信下架看避风港的大“漏洞”

笔者发现现有的避风港制度存在一个很大的漏洞。

这个事情要从一款叫作子弹短信的应用说起。子弹短信是一款类似于微信的社交应用，子弹短信发布的短短几天就冲到了 APP Store 排行榜的榜首，一时之间风头无量。但是很可惜，没过多久子弹短信就被 APP Store 下架了，子弹短信官方说明是因为他们的内容合作方所提供的两条资讯被投诉涉及图片版权问题，导致整个应用暂时下架。

两张图片竟然使一个排名第一每天数万用户下载的 APP 下架，你觉得这样合理吗？这样的事件绝对不是个案，笔者几年前就亲自遇到过。笔者的客户开发一个服装类的 APP，被某字体版权公司投诉，说里面用到了他们的几款字体，导致整个应用下架，苹果公司的邮件说除非我们双方达成合意否则不予恢复上架。无奈之下我们只好接受字体公司的狮子大开口，支付了十几万元的和解费，才重新回到了应用商店。

实际上，版权公司这几年已经摸出了套路，他们知道移动互联网公司最担心的就是应用下架，因此就频频向应用商店、内容分发平台投诉，迫使这些应用公司接受高额许可费，另外，作为苹果等应用商店和平台运营者，按照避风港原则的要求对侵权信息进行下架处理又是法律的明文规定，否则也要一起承担连带责任，所以他们的做法笔者是完全理解的。

但是这却暴露出一个很大的问题，APP Store 以及微信小程序等平台他们跟一般的平台是不一样的，这些平台很难接触到平台里面的具体内容，比如 APP Store 就很难去看子弹短信里面的内容，因为子弹短信里面的通信是涉及高度的保密和敏感信息的。再包括小程序，很多公司通过小程序又开发了一个综合性的平台，这里面的交易和数据等信息都是具有保密性质的，这就导致微信和 APP Store 很难看到这些信息，一旦里面的内容出现侵权，APP Store 和微信就无法像电商平台那样去精准地锁定这些侵权内容，所以他们只好把程序里面涉及侵权的整个应用和程序一起下架，这就像医疗里面的化疗一样，好坏通杀，很多时候杀掉的健康细胞是远远多过癌细胞的。

子弹短信就是很好的例子。内容合作方发出的信息里的图片出现了版权问题，就导致一个现象级的应用就这样没了，从经济学的角度讲这显然是一个巨大的资源浪费。这说明现有的避风港制度存在了很严重的失灵和漏洞。在移动互联网时代，避风港原则显得很僵硬，因为它一味强调平台在收到侵权通知后要及时采取处置措施，这个时候如果平台无法对于侵权内容实施精准的打击，就只能选择“宁可错杀一千也不放过一个”。这样下去结果势必就跟化疗一样，很多时候是想着治病的，结果却把命都搭上了。

您可能问我这种情况要怎么完善呢？这当然是一个非常复杂的问题，笔者认为现有的避风港制度应当从强调平台的直接处置逐步向平台转通知和要求内容提供方提供保证金这样的方式去过渡。简单来说，就是平台在收到侵权通知后，应当把侵权通知及时转发给内容的实际提供方，然后让内容的实际提供方跟权利人进行协商并且缴纳相应的保证金，缴纳保证金可以使自己的应用在应用商店里继续保存下去，这样就给了权利人和内容提供方之间充分协商和制衡的空间。如此一来，平台的地位就可以尽量超脱一些，不要把平台弄成一个两边费力但是却两边不讨好的裁判角色，否则势必会导致资源的巨大浪费，而且整个的权利就慢慢向权利人一方倾斜，最后导致双方的态势明显失衡。当然，这只是我的初步想法，因为实际中的情况非常复杂，要想解决这个问题，肯定不是那么简单的。

十五天“等待期”让“避风港”不再安宁

《电子商务法》实施之后的一大亮点就是对原有的“避风港”制度作了大幅度更新，其中尤其值得关注的一条就是第43条第2款：“电子商务平台经营者接到声明后，应当将该声明转送发出通知的知识产权权利人，并告知其可以向有关主管部门投诉或者向人民法院起诉。电子商务平台经营者在转送声明到达知识产权权利人后十五日内，未收到权利人已经投诉或者起诉通知的，应当及时终止所采取的措施。”

这一条规定意味着平台在收到商家的申诉之后，需要把申诉转通知给权利人并且告知权利人向主管部门投诉或向法院起诉，如果转通知送达权利人15天之内权利人没有投诉和起诉的动作，电商平台方可采取恢复的措施。

这个15天的“等待期”在之前的避风港规则里面是没有的，根据《信息网络传播权保护条例》，权利人投诉后平台初步审核成立即删除侵权作品，被投诉方申诉初步审核成立以后即可以恢复被删除链接，也就是说双方的投诉和申诉机会是对等的、实力对比态势是均衡的。

但是《电子商务法》出台之后突然之间多出一个15天“等待期”，也就是说权利人的投诉经过平台审核成立的话，平台是要第一时间进行处理的，但是商家的申诉即便经过平台的审核初步成立也要等至少15天，在权利人没有投诉或者起诉之后才能够终止处理措施，把已经删除的商品上架，而如果一旦权利人向主管机关进行了投诉或者向法院起诉，那恐怕只能等到主管机关或者法院有了处理结果之后平台才能采取相应的措施了，在这个过程中商家的被投诉商品（信息）将始终处于被屏蔽和删除的状态。

这个15天的“等待期”似乎是在《电子商务法》草案进行到最后的

审议阶段才出现的，很多人都很诧异这15天怎么会突然冒出来，对这个问题感兴趣的话可以看一下民法典分编之侵权责任编草案第971条第2款："网络服务提供者接到声明后，应当将该声明转送发出通知的权利人，并告知其可以向有关部门投诉或者向人民法院起诉。网络服务提供者在转送声明到达权利人后十五日内，未收到关于权利人已经投诉或者起诉通知的，应当及时终止所采取的措施"，可以说跟《电子商务法》的规定高度一致，所以最大的可能性就是《电子商务法》为了跟将来的民法典保持同步，直接将这15天的等待期从民法典草案移植过来了，笔者跟《电子商务法》参与这一章节的专家求证，也基本上得到了证实。

那么这15天的"等待期"到底会产生什么影响呢？

首先，权利人当然会欢欣鼓舞，因为他们只要提起一个适格的投诉，理论上就可以做到让对方的产品至少15天被下架，要知道15天在电商经营实践中可是非常宝贵的，尤其是在"双十一""6·18"等电商大促的时间段如果提前发起一个投诉，即便15天之后平台采取了恢复措施，但是商家已然错过了最宝贵的促销时机，很多商家备的货在"双十一"这一天如果卖不出去，恐怕要在接下来的一年时间才能消化掉，这种机会成本非常之高昂。

实践中，并不是所有的权利人都是真正出于维权的目的来向平台投诉的，有为数相当多的所谓"权利人"，是基于各种不正当的商业目的发起恶意投诉，例如，抢注竞争对手的商标或者专利后进行投诉，再如，为了清理渠道或者管控经销商而针对自己的正品商家进行投诉。《电子商务法》实施之前这种恶意投诉还可能因为商家的积极申诉而在较短时间被化解掉，但新法实施之后，这15天静候期是实打实必然会发生的结果，在这段时间里商家的自我救济能力约等于零。

此外还要考虑到一个现实的因素，如果一个权利人真的想给一个商家实施毁灭性的打击，他完全可以去法院起诉获得一个诉状，要知道北京、杭州和广州都有了互联网法院，这三个地方恰好是国内电子商务平台最集中的地区，互联网法院的线上诉讼流程非常便利，发起一个诉讼的成本既快又低，所以权利人可以在最短的时间拿到一个案件受理通知书，在这15

天的“等待期”即将结束的时候提交给平台，接下来商家被删除的商品信息恐怕就要等上个一年半载才有可能恢复了，从商业生命周期角度，这相当于判了这个商品甚至商家的“死刑”。实际上笔者跟市场监督管理部门和互联网法院的部分领导交流过，他们已经做好心理准备，接受由这个15天的“等待期”所带来的更多投诉或起诉了。

可以说，《电子商务法》确立的15天“等待期”制度造成了权利人与商家之间在投诉和申诉地位上的不对等，看上去是更加倾向于保障知识产权权利人的利益，但一旦实施起来，很有可能造成越来越多的权利滥用，因为知识产权本身就有极强的商业属性。

有人可能会说，电商法同时也确立了“恶意投诉双倍赔偿”的制度，也就是第42条第3款规定的：“因通知错误造成平台内经营者损害的，依法承担民事责任。恶意发出错误通知，造成平台内经营者损失的，加倍承担赔偿责任”，即商家因为恶意投诉导致损失的话是可以依法向权利人双倍索赔的。的确，“恶意投诉双倍赔偿”也称得上是《电子商务法》确立的新“避风港”制度的又一创新，但实践当中这个制度好不好用，我们要打一个大大的问号，笔者应该是代理过最早的一起商家起诉权利人恶意投诉的案件，在那个案件中，被恶意投诉的商家保留了所有历史进货凭证，同时我们还委托公证处进行了相关的证据固定，如此才做到了在法院面前“自证清白”，试问现实当中有多少商家能够保存自己过往的所有交易凭证呢？绝大部分商家被权利人投诉以后，都只能“哑巴吃黄连，有苦说不出”。

双倍赔偿制度的另外一个问题在于赔偿额度的计算依据缺乏标准，需要法院在个案当中认定，而因为投诉造成的损失实际上是很难量化的，比如错过了“双十一”这个营销节点带来的损失，商家根本拿不出确定性的证据来证明这次促销活动自己能够有多少盈利，因为它实际上还没有发生。另外恶意投诉还会导致用户评价的下降、被下架的爆款商品之前投入的广告和营销费用损失等，这些损失能不能够都被法院所认可，难度非常之高可以想象，而且双倍索赔是需要通过法院来实现的，等到商家走完整个诉讼流程拿到赔偿，这期间又要消耗掉多少的时间和人力成本呢。

在15天“等待期”制度面前，一边是权利人欢欣鼓舞，另一边是商家胆战心惊，这个时候平台的态度就非常关键了，因为平台手上有一个相对自由裁量权，也就是说平台可以来判断权利人的投诉是不是符合法定的要求，如果平台适当地提高投诉的门槛，理论上可以杜绝掉一些恶意投诉，但届时平台相当于把压力转移到了自己身上，在权利人的强大攻势面前能不能撑得住就是个问题。

当然，平台也可以给权利人进行分层，对于有过错误或者恶意投诉记录的权利人，提高其后续的投诉门槛，但此类措施也仍然属于事后救济，并且取决于平台是否愿意承担由此引发的法律风险，毕竟法律没有规定说犯过错的权利人下次投诉的时候要接受平台的限制。

无论如何，“避风港”的天平已经开始向权利人倾斜，这是需要商家和平台格外关注的问题，当然，如果这样的新规定能够迫使电子商务经营者对知识产权提起更高的重视，尽量不给恶意权利人留下把柄，那这也算电子商务法新“避风港”规则的积极意义吧。

互联网法院线上诉讼流程体验

笔者早在杭州互联网法院正式成立的半年前，就受邀与负责筹备的两位杭州铁路法院副院长一起座谈，当时聊的内容是未来互联网法院的定位、特色、管辖范围等，所以我算是最早对互联网法院满怀期待，并且充满信心的法律人。

互联网法院成立后，笔者也很快代理了几个案件，但是由于案情比较复杂，还是申请了线下审理，很多人不太了解互联网法院是允许当事人自行选择审理方式的，最高人民法院《关于互联网法院审理案件若干问题的规定》第 1 条第 2 款也明确规定：“根据当事人申请或者案件审理需要，互联网法院可以决定在线下完成部分诉讼环节”。但无论如何，线上审理是互联网法院最大的特色之一，再加上后来又推出了“线上异步审理模式”，不由得更加好奇，好在没过多久案件又来了，于是我开始有机会真正体验互联网时代的线上诉讼流程。

杭州互联网法院的线上诉讼流程是依托于 PC 端的诉讼平台和移动端的微信小程序完成的，符合人们平时的工作习惯。

图 27

图 28

首次使用平台可以通过支付宝等多种途径进行注册和实名认证，非常接地气。

图 29

注册完成后，用户分别可以担任两个角色“原告”和“被告”，如果是原告想发起诉讼，在提交材料之前需要阅读受案范围、民事诉讼须知、诉讼风险告知书、廉政监督卡等并确认以上内容，这些材料在线下立案时是以纸质方式呈现的，现在直接电子化展示在一个页面上，非常简洁环保。

图 30

下一步就是选择案由然后上传电子版起诉材料，移动端小程序也可以实现同样的功能，并且跟 PC 端是同步的。

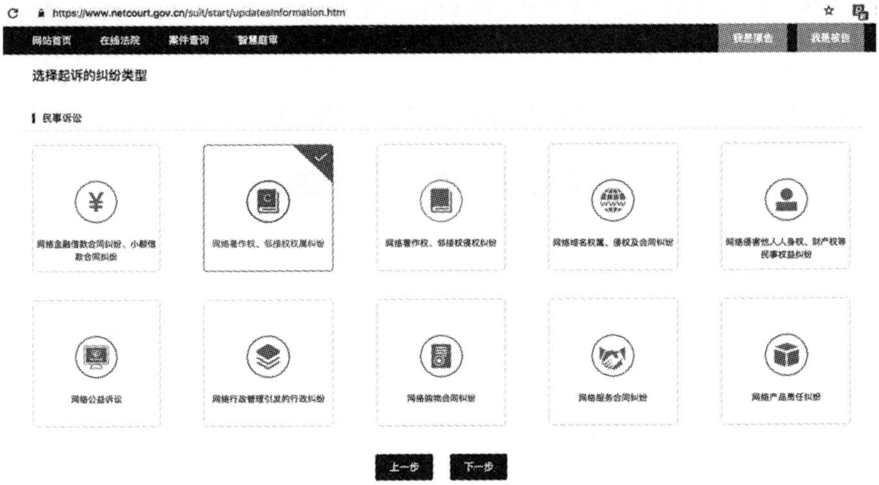

图 31

由于笔者代理的案件是担任被告方代理人，所以从被告身份接着给大家介绍，作为被告显然是已经被原告起诉并且法院已经立案，因此承办法官会发给你一个案件关联码，在系统中填写正确的关联码之后，案件的信息就会全部显示出来，包括原告提交的诉状、证据等，你也可以对应地在这个案件中提交管辖权异议、答辩状、证据、质证意见等。

图 32

质证是关键环节，围绕证据真实性、合法性、关联性和证明内容展开，可以分别选择“认可”或“不认可”，如果不认可还需要填写相关的理由或者上传对应的佐证资料，可以说最大限度还原了线下质证的过程，需要注意的是，应该是基于严谨以及便于对方掌握质证意见等考量，质证意见一旦提交无法修改，所以要慎重填写。

图 33

比较遗憾的是，因为案件比较复杂而且证据较多，这次没有体验到杭州互联网法院首创的“异步审理”模式（各方当事人及法官非同时完成发问、辩论、最后陈述等庭审环节），还是在法官的主持下，各方当事人同时连线进行了开庭。即便如此，在线庭审的优势已经非常明显，我们的案件中两个当事人分别位于长沙和深圳，他们的代理人都只在自己所在地，打开电脑参加庭审，省去了外地奔波的时间和经济成本。

开庭前，需要对网络环境进行测试，根据系统给出的指引逐步进行就好，主要是测试网络速度和语音清晰度，建议务必准备好 Wi－Fi 和移动热点两个网络来源，避免出现断线的问题。因为庭审纪律要求和当事人隐私，这里只贴出了庭审前的等待画面，实际庭审过程中各方各就各位，跟线下庭审基本一样。

图 34

另外，如果仔细看，会发现在庭审系统最右侧有“语音识别”和“笔录”两项功能，这个是法官和当事人庭审中的发言都由系统自动识别成文字，生成庭审笔录（识别率非常高，完全可以取代书记员的现场打字），全场庭审录音录像，所以也不需要过分纠结笔录的瑕疵，点击“同意”即可，终于不需要再像线下庭审动辄几十页庭审笔录一页一页的签署了。

最后，法官会征求大家意见，是否同意线上宣判和电子送达判决文书，并释明电子文书与纸质文书具有同等法律效力，可以说能节省的司法成本全都节省掉了。

以上就是一个线上诉讼的大致流程，若干年后想必人们一定会对此习以为常，但站在司法从线下走到线上的转折点上，体验到这些创新带来的便利还是非常兴奋的。

有人可能会疑惑，难道这就是互联网法院的优势吗，一旦这套庭审系统使用成熟，岂不是所有法院都可以用？没错，我个人非常同意这个看法，不久前杭州中院领导邀请我参与互联网法院运行效果的调研，我也提出了同样的看法和建议，笔者认为互联网法院如果想继续在司法系统中保持创新，光有技术优势是不够的，后续更能体现互联网法院价值的是涉网案件的专属管辖和专业审判，互联网深入社会经济生活方方面面，一定会涌现大量的新型涉网类争议，需要专业的了解互联网生态的法官给出标杆判例，发挥司法的指引价值，在这方面互联网法院责无旁贷。以杭州互联网法院为例，成立一年多就办理了大量新型涉网案件，为行业提供了重要参考，随着时间的推移和技术门槛的降低，互联网法院一定会回归到审判本身，把法官智慧用于审理和裁判的创新之中，非常期待看到来自杭州、北京和广州三家互联网法院的更多精彩判决。

一个禁令的诞生

苹果手机被福州市中级人民法院发布了禁令，要求其停止销售多款手机型号的消息一时间成为法律界的热门话题，不少媒体直接就贴出了法院禁令的全文。

而巧的是就在同一天，由笔者本人代理的 OPPO 手机品牌起诉侵权人不正当竞争的案件也拿到了法院的禁令，所以我借此谈一下这个禁令到底是怎么一回事儿，以及怎样才能拿到这张令大公司也会闻风丧胆的法律文件。

首先，禁令是一个民间的说法，法律上把这个叫“行为保全裁定”，法律依据是《民事诉讼法》第 100 条：“人民法院对于可能因为当事人一方的行为或者其他原因使判决难以执行，或者造成当事人其他损害的案件，根据对方当事人的申请，可以裁定对其财产进行保全，责令其作出一定行为或者禁止其作出一定行为”，其中“责令其作出一定行为或者禁止其作出一定行为”就是所谓的“禁令”。

这个禁令可不是闹着玩的，苹果的多个型号的热销机型就被这一纸禁令给停售了，而笔者手上的禁令也基本上能让对方的业务陷入瘫痪状态。所以在专业人士看来，行为保全禁令在很大程度上就相当于未审先判，法院是轻易不会发这东西的。通常行为保全只是用于海事类案件、知识产权类案件以及不正当竞争案件，在其他的案件当中目前还很少使用。

如果想拿到一张禁令，需要满足哪些条件呢？想解决这个问题，必须了解两个非常重要的法律依据，一个是最高人民法院《关于审查知识产权与竞争纠纷行为保全案件适用法律若干问题的规定》，另一个是最高人民法院《对诉前停止侵犯专利权纠纷行为适用法律问题的若干规定》。结合这两个规定的内容以及笔者个人的实际操作经验来看，申请一个禁令需要有以下几个关键性的问题需要认真对待：

第一个关键问题就是听证会，听证会虽然不是禁令所必须的前置程序，但是通常法院会选择召开一次听证会听取双方当事人的意见，以便禁令发出之后能够经得起推敲。所以对于申请禁令的一方来讲，一定要对听证会高度重视，因为事实上听证会就相当于开庭审理了，听证会的结果不但会影响到禁令的下达，还会影响到后续案件的审理结果。所以禁令申请人通过听证会要把所有可能的证据和主张全部呈现给法官，最好一上来就打光所有子弹，毕竟这一战会奠定日后案件的胜败走向。

第二个关键点是申请人需要说清楚申请保全的行为具体有哪些？也就是具体要禁止对方哪些行为，以及这些被禁止的行为跟你的诉讼请求之间存在哪些必然的关系。高通针对苹果的禁令就非常具体地指出了针对哪些手机型号要求停止销售，因为这些型号的苹果手机所实现的功能侵害了其专利权，而在笔者代理的案件当中，我们也非常具体地给出了请求法院禁止下载的手机 rom 型号，一共有 140 多款逐一列明。

法院在裁定当中也将这些型号一一给予了记录，并且指明了禁止这些 rom 的下载行为是停止侵权的必然要求。

第三个关键点是必须要有充分的证据来证明禁令申请所依据的权利是稳定的、侵权行为是高度概然成立的、禁令的下达是非常紧迫的，这三点缺一不可。

高通向法院申请的鉴定当中就给出了自己的专利权证书，并且提供了专利无效审查决定书，说明专利是经过无效程序后依然维持了全部有效的结果，这个权利非常稳定。然后又给出了司法鉴定机构对于是否侵害专利权的鉴定意见，明确了苹果的多部手机所采用的技术方案落入了高通专利的保护范围，所以侵权是成立的。

在证明紧迫性方面高通也做足了文章，主张苹果的新机刚刚上市，如果不禁止销售会导致侵权快速蔓延，此外高通跟其他品牌手机的合作也将因此受到破坏和不利影响等。在此特别强调，紧迫性是必须在禁令申请当中重点说明的部分，否则就算是侵权行为成立。法官也会认为等到审理完毕通过执行判决的方式来制止侵权更加稳妥，没必要现在就发禁令。

在笔者代理 OPPO 手机拿到的禁令当中，我们还从用户安全的角度向法院主张如果不发出禁令将导致众多 OPPO 用户的手机系统安全无法保障，相信这个理由给了法官很大的动力。

最后一个关键点就是禁令必须要提供相应的担保，因为禁令是带有一定风险的，如果搞错了的话会给对方带来非常大的损失。所以按照规定申请人必须提供担保，高通通过中国银行提供了三个亿的担保，而我代理的案件则是通过保险公司提供了 3000 万元的担保，担保金额通常是跟诉讼标的相持平的。

以上就是拿到一个禁令的一些重要的关键的节点，也基本上算是一个禁令诞生的全过程了，“唯快不破”的法则在互联网侵权领域一样适用，法律人需要更加熟练地运用法律给予的“禁令”救济途径帮助客户更好地达成所愿，把侵权行为消灭在最短时间内，止损效果方可显现。

怎样把疑难复杂案件办成想要的结果

进入互联网时代，越来越多的案件具有了网络属性，侵权行为、违约行为、损害结果等，都有可能跟互联网密切关联。而互联网因素的介入，使案件在事实证明和法律适用上都很难跟传统案件相一致，两者会产生巨大的差异。法官如果习惯于审理线下的实体争议，一旦遇到线上的涉网新型案件就会有些水土不服。作为这类案件的代理人怎样做才能够最大限度地争取到一个好的审判结果呢？笔者多年来的心得体会就是首先要完成从身份到心态上的一个转变，不要把自己当成是当事人的代理律师，而是应该当自己是法官的助理或者秘书。

律师或者法务在案件中的价值绝不仅是站在代理人的角度去说服法官，而更应该是站在助理角度去协助法官最简单最高效的来理解和处理案件。因为从最基本的人性角度出发，法官跟普通人一样，也喜欢更轻松更舒服的工作状态，他们每天都要处理很多案件，无暇像律师或法务那样就一个案件花费很多时间精力去研究。所以怎样才能够把他们从烦琐的业务工作当中来解脱出来，就是案件代理人最应该完成的任务，这个任务在办理涉网类疑难复杂案件的时候，可以拆解成以下几个方面来完成：

第一，给法官提供与案件相关的商业模式或者行业现状的说明文件。很多涉网案件如果让法官单刀直入地去看案件本身是不够的，法官必须要了解案件发生的具体背景，如流量劫持导致的不正当竞争案件，首先必须让法官了解流量在当事人所在的互联网细分领域为什么如此重要，行业里又是怎样合法的来获取流量、合法的使用流量的，对此就应当单独给法官提交一份简明扼要的背景报告。

第二，给法官提供必要的技术说明。如果你的证据或者观点涉及一些网络技术问题，一定要先从公司技术人员那里搞清楚技术的细节和原理，然后转化成为法官最容易理解的说明材料交给他。

例如说你主张云计算是一种基础性网络服务，不应当承担对侵权内容的投诉处理义务，那就必须把云计算的技术特征跟法官讲清楚，包括技术实现的原理以及云计算技术与其他应用层技术之间的区别。再如，如果提交的证据使用到了第三方电子存证，那么电子存证用到了哪些技术可以确保证据没有经过篡改，这些都是需要给法官进行解释。第三个例子，如果你用到了抓包技术、脱壳技术等来探测网络侵权行为背后的主体，显然也需要对这些技术给出有说服力的解释。

所以，切记不要把技术问题留给法官自行解决，因为这是他最不熟悉的领域，陌生感和畏难情绪此时会让他对这个案件心生排斥。同时反过来讲，这也就成了法官最依赖你的领域，你提供的技术说明越直观易懂，被法官倾听的可能性就越大，你的意见就越容易被法官所倾听和认可。

第三，帮助法官制作《证据使用说明书》。通常代理人习惯于把证据清单编写好之后，按照清单中的顺序把证据汇编起来交给法院就算完成了。之后在举证质证阶段给法官指出证据当中的关键性信息，让法官来了解证据。但是一旦开庭完毕之后，法官就只能依赖庭审笔录来审查这个证据了，这是一件很痛苦的事情。

所以你要做的是提供一份详细的证据使用说明，把每一份证据中的关键内容截图，甚至是使用文本框、高亮标记等方式把最需要法官留意的部分提示出来，并且对应的附上这个证据可以用来证明你的那些核心观点，争取可以让法官拿到这个使用说明后可以脱离证据本身对你的举证有一个总体把握，坚决不能让法官自己去翻厚厚的公证书，或者从头到尾的去浏览视频录像。

第四，帮助法官寻找精准的参考判例、第三方研究报告、业内知名专家学者的观点、行业公约惯例等，给他提供一切可以作为案件参考或者思路的材料。

法官办理疑难复杂案件心理上是有压力的，他通常不想供孤军奋战，他希望行业里面有一些可以参考的素材，这个时候必须给他输送弹药，让他对自己的判决思路更有信心。如此一来，法官敢于对新问题给出法律上的定性，更愿意接受你提出的“另类主张”。

最后一点，给出有针对性的代理意见。代理意见不是对答辩意见的机械重复，一定要针对法庭总结的争议焦点，同时要结合庭审当中呈现出来的各种新问题，包括对于关键证据的质证意见、对于对方漏洞的指出、对于法官思路的梳理和总结等。所以有经验的诉讼律师都知道，写代理词在很大程度上就是帮法官在写判决书，尤其是判决书当中的“法院认为部分”，最好的效果是法官可以大段的引用你的代理意见到判决书里，这恐怕是对代理人工作最大的认可了。

总而言之，不要总是想赢得诉讼，而是更应该想想怎样去赢得法官的心，这个思路在办理互联网新型案件当中尤其的重要。

四种典型虚拟财产法院怎么看

全国人大最新表决通过的《民法总则》第127条规定："法律对数据、网络虚拟财产的保护有规定的，依照其规定。"这是网络虚拟财产的概念第一次写入民事基本法律，而且是规定在《民法总则》的"民事权利"一章，显然意义非同寻常，这想必跟虚拟财产在社会生活中日趋重要有直接的关系，毕竟一个游戏装备动辄几万元几十万元，一个公众号更加可以在资本市场拿到上亿元的估值，虚拟财产大有超越实体财产的势头。

事实上，与虚拟财产有关的纷争在法院早已屡见不鲜，而翻遍了现有法律规定，都找不到任何明确的依据。那么，在现有法律没有明确规定，且《民法总则》也只是提了个概念的情况下，法院是如何解决虚拟财产相关的纠纷的？今天我就给大家做一个系统梳理，看看法院怎样解决这些新型纠纷案件，他们又遇到了哪些问题，也许你可以从中发现虚拟财产未来的立法走向以及案件的代理思路。

我们主要从网络账号、游戏装备、虚拟货币、网络店铺等几种典型的虚拟财产入手。（见图35）

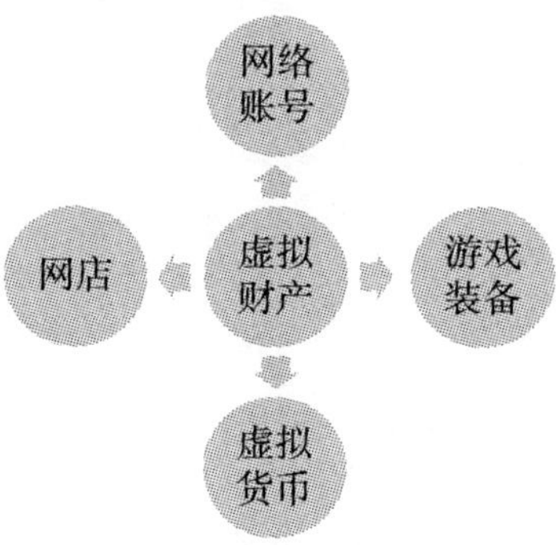

图35

一、法院对虚拟货币的认定

关于虚拟货币，最值得参考的一个案例是 2006 年第 11 期最高人民法院公报所载的“上海市黄浦区人民检察院诉孟动、何立康网络盗窃”案。该案中，犯罪嫌疑人盗窃了腾讯 QQ 的 Q 币和网易的游戏点卡，那么这种典型的虚拟货币是否具有财产属性？如果是，如何评估其实际价值？咱们一起看一下法院在判决书中的表述：

“Q 币和游戏点卡是腾讯公司、网易公司在网上发行的虚拟货币和票证，是网络环境中的虚拟财产。用户以支付真实货币的方式购买 Q 币和游戏点卡后，就能得到发行 Q 币和游戏点卡的网络公司提供的等值网上服务，因此 Q 币和游戏点卡体现着网络公司提供网络服务的劳动价值……被害单位茂立公司付出对价后得到的 Q 币和游戏点卡，不仅是网络环境中的虚拟财产，也代表着茂立公司在现实生活中实际享有的财产，应当受刑法保护。”

关于虚拟货币的市场价值评估，判决书的表述是：“在目前对 Q 币和游戏点卡的盗窃数额如何计算没有明确规定的情形下，起诉书没有按网上公认的 Q 币和游戏点卡销价计算，而是按照茂立公司购进时实际支付的价格认定盗窃数额，不仅有其合理性，而且也有充分的证据，应予认定。”也就是说，法院是按照受害人购买这些虚拟货币时支付的对价认定其市场价值的。此外，判决书还提道：“对本案被盗 Q 币和游戏点卡在现实生活中对应的财产数额，无需经权威机构作价格鉴定。”看来在虚拟财产价值评估的问题上，第三方鉴定机构恐怕没多少话语权了，毕竟虚拟财产值多少钱还是要市场说了算。总结起来，上海黄浦区法院认为非法窃取虚拟货币构成盗窃罪，这一看法应该也得到了最高人民法院的认可，具有很高的参考价值。

尽管有最高人民法院公报的案例在先，但并非所有法院都按照这个思路把虚拟货币当作财产来处理。一个典型案例是北京市朝阳区人民法院 2014 年判决的一起案件，犯罪嫌疑人利用游戏充值平台漏洞，窃取该公司运营的“神仙道”游戏虚拟货币“元宝”110 余万个（价值人民币 11 万余元）。对此，北京市朝阳区检察院认为应当以盗窃罪追究刑事责任，但法院认为被告人的犯罪对象为“游戏虚拟财产”，该对象缺乏现实财物的一般属性，不符合公众认知的一般意义上的公私财物，而“游戏虚拟财产”的法律属性实为计算机信息系统数据，被告人通过侵入计算机信息系统而获取“游戏虚拟财产”，实质上属于非法获取计算机信息系统数据行为，因此，公诉机关指控罪名有误，予以纠正。

这两个案例代表了法院对虚拟货币的两种典型的态度。第一种从经济学角度出发，承认虚拟货币具有劳动成果的经济属性；第二种从法律规定出发，认为在法律没有明确规定虚拟货币具有财产属性之前，不应该界定为财产。从趋势上看，第一种观点应该更加符合时代要求，从《民法总则》明确提出虚拟财产概念就可见一斑了。

二、游戏装备

游戏装备也是一种典型的网络财产，它的所有权归属、安全保障义务主体、损害赔偿方式都值得研究，这方面有两个典型案例给大家参考。

第一个案例是游戏玩家的游戏装备丢失，游戏运营商是否承担责任以及如何承担的案例［（2003）朝民初字第 17848 号“李宏晨诉北京北极冰科技发展有限公司娱乐服务合同纠纷”案］。北京朝阳法院在判决书中提道：“虽然虚拟装备是无形的，且存在于特殊的网络游戏环境中，但并不影响虚拟物品作为无形财产的一种获得法律上的适当评价和救济。”把游戏装备看作无形财产的确道出了其本质特征。那么游戏装备值多少钱呢？法院认为，不宜将购买游戏卡的费用直接确定为装备的价值，游戏网站上公布的产品售价与原告购买游戏卡的实际花费不完全一致，而且虚拟装备无法获得现实生活中同类产品的价值参照，亦无法衡量不同装备之间的价值差别。游戏装备丢了，谁来承担责任？法院的态度很明确：运营商应当承担保障不利的责任。但具体的承担方式，法院没有支持玩家提出的“双倍赔偿宠物卡和大礼包”的诉讼请求，因为前面所说的游戏装备的价值评定没有公认的标准，最终法院选择了要求游戏公司通过技术操作对已查实的物品进行回档，也就相当于找回了这个装备，显然这是一种比较科学的做法。

第二个案例是由于游戏装备被盗引发的［（2006）穗中法刑二终字第68号］，广州中院对被盗窃的游戏装备在法律上的属性作了详细的阐述，很值得借鉴。判决提道："本案中，涉案的财物虽是网络游戏中的虚拟财产，但该虚拟财产具有价值和使用价值，并根据现实社会的供求关系于交易过程中体现其经济价值……是游戏者投入了时间、精力和金钱后获取的劳动成果。该劳动成果可通过售卖的形式来换取现实生活中的货币，因此……具备了商品的一般属性，既有价值又有使用价值，理应得到与现实生活中的财产同等的保护，属于刑法的调整范围。"更重要的是，判决对游戏装备的权利归属也作出了明确，即"虚拟财产也属于私人财产，能为人们控制和占有。虚拟财产不是游戏系统本身就存在的，它是游戏者通过脑力劳动并伴随着金钱和时间的投入而取得，是游戏者通过脑力劳动触发游戏程序创造出来的，因此，游戏者理应对其创造出来的虚拟财富享有所有权"。

最终，法院以盗窃罪作出了终审判决。

三、网店

网红经济的出现，使网店作为虚拟财产的一种变得越来越有价值。不少淘宝店、微店每年都能做到过千万元甚至过亿元的销售额，那么这些虚拟店铺的所有权该归谁，法院的态度又如何呢？

我们注意到2015年上海一中院审理的一则淘宝网店所有权纠纷［"彭铁凡诉朱铃所有权纠纷"一案二审民事判决书，（2015）沪一中民一民终字第2090号］，争议的起因来自借用他人身份证开设的淘宝店，实际经营者和出借身份证的名义店主之间发生了争议，对此法院站在了实际经营者一方。判决书显示："本案系争淘宝网店为虚拟财产，其所有人的合法权益应受法律保护。系争淘宝网店由彭铁凡用朱铃的身份证注册而成立，彭铁凡为设立及经营该淘宝网店花费了人力及物力，该网店由彭铁凡长期负责经营管理，并已达到一定的信用度，而其间，朱铃并未就彭铁凡用其身份证开淘宝网店向彭铁凡提出过任何异议，但其也未参与对该淘宝网店投资及经营，故现应认定该淘宝网店的实际所有人为彭铁凡。"

根据司法判决，淘宝店的实际经营者拿到了所有权，但实际操作中还有一个问题，就是淘宝规则尚不认可网店持有人的随意过户，尤其是自行转让网店等情况，平台认可的可以过户的情况只有两种：继承和离婚。本案中，法院尊重了平台在这方面的自主经营权，判决书指出："在确认系争淘宝网店为彭轶凡所有后，是否能将该网店的注册名变更为彭轶凡，应由彭轶凡与相关部门按淘宝网的相关规定处理。"

事实上，我亲自承办过完全类似的案例。实践证明，如果有法院的判决作为依据，向淘宝提出过户请求，要求将店铺持有人变更登记到实际经营者名下，淘宝是会按照司法判决做变更登记的。

四、网络账号

跟前面三种虚拟财产相比，网络账号的最大特点是具有人身依附属性，我们通常所说的某个大 V、某个公众号都是跟特定的人相关联的，因此在认定这类虚拟财产的归属的问题上，法院需要进行特殊处理。

一个典型的案例是，2016 年沈阳中院判决的"殷某、王某离婚纠纷案"［（2016）辽 01 民终 13122 号］，夫妻双方争夺得是王某名下八个微信公众号。对此，一审和二审法院作出了相同的判决，但在具体问题的看法上略有不同，一审法院认为："诉争得公众号是互联网网络平台根据当事人自身的个人信息等相关情况给予注册并开通，具备一定的人身权属性，不应作为夫妻共同财产予以分割。但该微信公众号在夫妻关系存续期间的盈利应当作为共同财产予以分割。"

二审法院则认为："公众号实质是注册人基于与腾讯公司的协议获得在微信公众平台上发布信息的服务，并非属于注册人享有所有权的财产，在夫妻关系存续期间，基于运营该微信公众号所得收益，属于夫妻共同财产，离婚时可予以分割，但微信公众号本身，不属于夫妻共同财产，其在使用上，亦与注册人有较密切的联系，具备一定的人身属性，一审法院未支持上诉人殷某某分割微信公众号的诉请并无不当。"

可见法院特别注意到了网络账号在财产属性之外的人身属性，今后对于网络账号的继承、分割恐怕都有必要从这两个维度分开进行了。

五、总结

关于网络虚拟财产的判例还有很多，通过以上几则典型案例的梳理，我们会发现一方面法院也在摸索过程中，甚至出现同一个问题不同结论的判决；另一方面，一些共同性的结论也正在形成，如倾向于将虚拟财产进行保护，认可其独立的财产和人身价值，尤其是有了《民法总则》的新规定，大的方向更加明确。

相信随着人类社会整体向虚拟世界迁移，围绕虚拟财产的争夺一定会成为常态，如何把这其中的诉讼和非诉讼问题解决好，需要大家早了解、早实践，很有可能一个新的法律服务细分领域就在不远处向你招手了。

涉网诉讼案件的特点和胜诉关键技巧

在代理电商及互联网纠纷案件过程中，笔者碰到了诸多传统案件里未曾遇到的问题，这些新问题的出现和解决着实考验着律师对新型诉讼业务的适应能力，现在我们就谈一下涉网案件的特点和胜诉的特殊技巧。

一、涉网案件的特点

1. 法律问题的解决依赖于阐明所在的业务场景和商业模式

无论是对当事人还是法院而言，涉网案件的一个最大难点来自法官短时间内（即便有过三次以上开庭）难以建立起对涉案电商经营模式和背景的全面了解，可一旦脱离了这个大背景单刀直入地分析案件就难免会有偏差。

例如，笔者代理的一则淘宝客作弊引起的网络合同纠纷案件，为了弄清淘宝客的业务流程，笔者到当事人公司里待了整整两天，分别向技术团队及运营团队请教，才弄懂了大致情况。很显然，这些情况很难在开庭时全部有效地传递给法官，即便如本案的主审法官有充分的耐心（及好奇心），庭审程序上也没有给你那么多可以展开的环节，即便可以展开，法官原有的知识背景和对互联网的了解程度也都会影响他对案件背景的认识。当然，对于对方当事人而言，情况也是一样的，于是双方为了抢夺有限时间内的话语权进行各种对抗和相互否定，这样做更加有可能打乱法官的认知过程。

更加让笔者始料未及的是另一个网络公司融资纠纷案件。这家公司的创业团队脱胎于一家非常知名的互联网企业，有着丰富的从业经验，所以广受投资人追捧，所以很快就拿到了天使投资。但后来市场的变化导致公司业务发展遭受一些暂时的障碍，投资人为了撤回投资竟然到法院起诉说创始人在融资过程中有欺诈行为，要求解除投资协议。庭审过程中，主审法官提出一个问题，他认为这个协议有点显失公平的味道，理由是投资人投了几百万元的真金白银竟然只获得了几个点的股权，而从公司融资时的资产状况来看，这些股权“根本不值这么多钱”。这个观点甚至连对方当事人（投资人）都大吃一惊，我相信稍稍了解当前互联网融资现状的朋友都会有同样的感受，天使投资和风险投资本来就是这种操作方式，他们看中的是创业公司未来的发展潜力，并且在投资协议中已经明确给出了估值，业内用更多投资换取更少比例股权的案例比比皆是。只可惜，这位法官不了解这个行业常识，把一个溢价增资看成了等价的股权转让，所以这个看似不是问题的问题却有可能影响到案件的走向。

事实上，并非笔者过分强调涉网案件的特殊性，稍微对电商和互联网有些了解的人都知道，跟传统商业相比，电商的“玩法变了”（参考胖胡斐著《玩法变了》一书）。所谓的商业模式和互联网思维不再是一些空洞概念，而是经过实战检验的更优商业策略。对这些不了解的话，就经常会出现诸如不少法律人动辄批评互联网免费模式（参考克里斯·安德森编著《免费：商业的未来》一书）是低于成本价搞不正当竞争的情况。

从这个角度上看，笔者要给杭州的互联网法院点个赞，这是与时俱进的做法。只有主审法官愿意在庭审之外主动、全面地了解这个领域，进而做到专业化，才不至于因为信息不对称而做出经不起推敲的裁判。正如在“腾讯诉奇虎不正当竞争案”中（QQ v. 扣扣保镖），广东高院的判决并没有随意引用《中华人民共和国反垄断法》第 2 条的诚信原则（不少法院喜欢用这种“偷懒”的方式），而是从权利边界的角度展开丝丝入扣的分析说理，使最终的判决内容有照顾到网络经济的内在规律，进而对日后的类似案件具有普遍参考价值。

2. 证据形式电子化、线上化

涉网案件的证据多为电子形式、数字形式的，用户协议和规则、用户行为数据、交易记录、软件系统都是如此，而且这些证据随着电商行为的演变实时发生着变动，那么问题来了：如何固定和呈现这些证据呢？

传统的做法是公证，但网络环境下，难不成数据每一次发生变化都把公证处找来公证吗?(试想一下,每次我们注册一个网络账号,点击同意一份电子合同的时候,网络服务提供者都要把公证处找来做个公证,这将是怎样的场景?)可见,引入新型的证据固化手段是电商发展的必然要求。

2014 年笔者代理了七匹狼公司诉网络卖家销售侵害商标权(假货)的案件,与传统的公证购买取得侵权产品不同,我们直接采用了时间戳作为取得侵权产品的第三方见证工具,可惜的是,被告在庭审中承认了自己的侵权行为,因此法院回避了对我们取证方式是否合法的认定,直接支持了我们的诉讼请求。

另一则案例的效果更好一些,笔者代理了一个网络卖家的专利无效案件,我们用这款产品在淘宝上的交易记录——宝贝快照作为提出专利无效的主要证据,最终专利复审委员会对于这种经过正规第三方平台留存的电子记录给予了充分认可并宣告对方专利全部无效。

随着互联网经济的深入,电子证据固化工具的使用必然成为趋势,而市面上已经有多种可以用来做电子证据固化的产品,每一种多有不同的应用场景和产品特性,能否熟练掌握和正确运用这些工具到诉讼中,是办理涉网案件的一个必备技能。

3. 当事人诉求和争议焦点开始转移

传统案件中,当事人的诉求主要集中在实体的财产或者赔偿,但涉网案件当事人更多的诉求集中在对虚拟财产(尽管这不是一个专业术语)、数据信息、网络资源的争夺,争议焦点也从索赔转移到权利冲突的是非对错上面。出现这种情况的原因也要放到网络环境中去分析,网络纠纷当事人很清楚一点,个案中所得到的赔偿是有限的,能否通过个案确认其对网络资源的独占才是关键。例如,日本电通起诉财付通、支付宝电子支付方法专利侵权的案件,电通公司在诉讼请求中并未主张任何赔偿,而是要求停止侵权,一旦成功则有可能迫使对手退出竞争市场。再如,"3Q 大战"中腾讯要求用户二选一导致的奇虎起诉腾讯滥用市场支配地位纠纷一案,就正是基于两个公司争夺用户所引发的;再举一例,"大众点评网诉爱帮网不正当竞争"一案,爱帮网将大众点评收集到的各种本地服务信息"拿来主义"被法院认定为不正当竞争,反映的正是电商当事人对数据信息控制权的争夺。在这样的趋势下，涉网案件通过调解结案将可能变得越来越难，都说“能用钱解决的都不是问题”，但涉网案件当事人不是完全冲着钱去的，他们想要的是判决，是判决背后所划分出的市场机会，可能这样的趋势会为惯于调解的法官所不喜，但却给善于思考、敢于创新的法官提供了大量的机会。笔者个人也更倾向于判决，毕竟在网络时代，诸多规则都还在推倒重来的过程中，而且立法的滞后性在飞速发展的网络经济面前显得更加突出，这时候如何让电商活动有章可循，案例无疑是解决问题最直接而有效的方式，比起调解这种逐个击破的方式，判决则可让更多未来有可能的争议消失于无形。

二、胜诉的特殊技巧

1. 做好法官的商业模式宣导

一个平台的侵权案件，如果法官对平台都没有基本的认知，你很难想象他能把避风港原则准确应用到裁判中；一个互联网不正当竞争的案件，如果法官对原告的盈利模式都不了解，他对于被告的行为是否具有正当性很可能出现偏差；一个网络营销合同违约纠纷，如果法官对于网络营销的渠道和方式都不清楚，他又从何知晓违约行为是否存在。

所以，对于涉网案件，一定不要以为法官对你所在的领域非常了解，多数情况下刚好相反，如果这些法律事实以外的情况没有跟法官充分沟通，常常会让你陷入被动。

商业模式的宣导一定不能等到开庭的时候再做，前面已经说了开庭时间有限，不可能充分展开，而是应该提前准备，围绕案件和法官最有可能关注的问题，把最直观的材料呈现给他，在开庭之前或者之后，用单独的一份材料提交，要做到节省法官检索工作量，这个效果就达成了。

2. 数据和逻辑胜过口若悬河

传统案件中，我们经常见到双方代理人侃侃而谈的情景，口才好的律师甚至可以结合时事、政策、情理把庭审中的陈述和辩论变成脱口秀。在涉网案件中，这样文科化甚至文艺化的思维和表达方式似乎收效甚微，反倒是理科中常见的数据分析、科学实验、技术比对等更有说服力。笔者代理的平台避风港类型案件，为了帮助法官认识到电商平台和线下交易市场、商场的区别，曾列举了平台的用户数量、商家数量、日发布商品数量等多项数据，对比之下，法官很快了解到电商平台的体量远非实体市场可比的事实。

再比如前文提到的奇虎诉腾讯滥用市场支配地位的案件，双方均提供了大量的数据、专业机构的分析报告、专家证人等证明各自的主张，这种实证化的表达方式在传统案件中并不多见。相信今后律师办理涉网案件过程中，需要花费更多的时间研究如何把这些技术性的信息在法庭上更直观地呈现出来，包括呈现角度的选择、呈现方法的应用、呈现主体的合作等。

此外就是逻辑，整个的证据组织和诉讼策略应当体现出完整的逻辑，尽量不留漏洞，在某个具体问题上争夺而忽略了大的逻辑是得不偿失的。例如，在起诉对方抓取我方用户数据构成不正当竞争的案件中，我方给予采集行为从而享有数据权利、哪些数据被对方抓取、抓取之后对我方的业务造成哪些负面影响，这些构成一个完整的逻辑，缺少任何一个环节的证明都会输掉官司。

3. 纯技术问题要引入第三方背书

在很多情况下，案件涉及一些纯技术问题，不少代理人陷入一个误区，就是试图向法官解释技术原理，找大量的理论和数据做证据支持，这属于方向性错误，且不论大部分法官没有理工科背景，很难理解技术问题，即便能够理解，法官也不是这方面的专家，他不敢对这个问题给出结论。所以，正确的做法就是引入专业机构的背书，如专家证人、司法鉴定意见等，相当于给法官一颗“定心丸”，让他可以没有顾虑地引用第三方意见解决技术问题。

当前很多互联网公司都有自己的防火墙系统、反作弊系统、对账系统、敏感数据存储系统等，一旦这些系统作出的结论对案件产生重大影响，就应该找第三方机构对这个系统的有效性做出背书，切勿试图说服法官直接认可这些系统。包括那些网络攻击、网络侵权等，都最好让第三方背书，说白了，就是把是非问题交给法官而不是技术问题。

4. 自建软硬件环境

对于涉网案件，如果要还原案件的诸多事实，除了公证，最常见的做法是当庭联网查验。很多时候法院没有完善的网络环境，尤其是有些需要用到特殊软件或者搭建服务器的情况，所以应当提前自带相关的软硬件，以便需要的时候马上在法庭现场查验。有人担心在自己的电脑上查验的公信力问题，不必过虑，即便有些形式上的瑕疵，其给法官带来的心理印象是难以磨灭的。

网络不正当竞争案件原告四大“痛点”及对策

网络市场环境下的竞争远比传统市场来得激烈和残酷，因为人们的注意力太稀缺了，由此必然导致一些竞争者采取非常规的手段，所以互联网时代，不正当竞争行为更加普遍和严重，由此引发的维权诉讼正在呈现高发的趋势。

然而，网络不正当竞争案原告不好当，这应该是业内的共识。作为原告一方，至少面对着如下四个方面的困难需要突破。

一、取证“痛点”

网络不正当竞争行为不像一般的侵权行为（例如，销售假货）那样直接明了，而是由一系列的动作组成，我把它归类为“损人”和“利己”两大环节。典型的像过滤视频网站广告行为，需要先有获取权利人视频和过滤广告两个动作——“损人”环节，然后还要在视频页面放置其他形式的广告、跳转页面等——“利己”环节。这些不同的环节动作共同构成了侵权行为，所以需要在每一个动作上做好取证，彼此之间有明确的侵权主体指向（侵权行为来自谁，针对谁）和相互关联关系（证据链），以此清晰地向法官展示侵权事实的全貌。

除此之外，还需要考虑侵权行为发生的具体场景，有些发生在移动端，有些发生在网吧，有些在第三方平台，有些发生在特定的城市，甚至有些发生在特定的时间段，都需要在取证时尽量予以还原，否则可能导致被告方主张取证脱离实际环境，真实性存疑。克服取证难，需要注意几点：

1. 必要时通过公证处和实地两端同时取证

对一些有实际运行环境要求的行为取证，最好在公证处和实地同时进行取证，如有些侵权软件有IP地址的限制，所以要到IP地址范围内的电脑上取证，如果通过破解然后在公证处取证，会干扰到证据本身的客观性和真实性。

2. 合理选取第三方电子存证工具

对于实时性、动态性或者大批量的取证，例如，获取整个侵权视频网站的所有页面和视频、在发现侵权软件的第一时间下载等，很多时候公证处并不能够满足要求，此时可以考虑选择一些电子存证工具，当然尽量选实力比较强、产品功能跟你的需求相匹配而且指导案例认可过的工具最好。

3. 技术结论让专业机构背书

很多不正当竞争行为都是通过一些现代信息网络技术完成的，如通过木马劫持流量、通过破解获取系统数据等，类似的行为很难直观地通过演示向法院举证，技术上更难说服法官理解，所以要将这类行为公证之后，交由鉴定机构出具鉴定结论，此时法官只需依照结论进行判断即可，以减少其判断成本。

二、技术“痛点”

网络不正当竞争中，不仅仅是侵权行为会涉及技术，双方的产品形态、商业模式、侵权信息获取手段等都有大量的技术因素，对于这些技术问题不可能全部出具鉴定意见，律师来谈这些问题也不合适，且不论律师自己能否消化理解，仅从专业身份上看，律师毕竟不是技术专家，就技术问题侃侃而谈，法官很难信服。再者就是，法官大部分没有专业技术背景，如何让法官理解技术层面的问题，也是个难点。关于技术层面的问题，原告需要注意以下几点：

尽可能让公司技术人员与律师共同代理案件，让技术人员来讲技术问题，法官更容易接受。

律师负责技术人员的意见形象化总结，便于法官理解，并且将其案件进行关联，引导法官支持己方立场。譬如，我代理的某个网络不正当竞争案，对方（被告）采用技术手段对我方（原告）应该软件应用程序进行替换和遮挡，我们公司技术负责人讲了具体这个替换是怎样实现的，用了什么工具和技术原理，达到了怎样的效果。他讲完之后，我作为律师用一个形象化的例子对这个技术原理给予解释，我讲对方的替换行为就好像在我们的软件图标上覆盖了一层透明的薄膜，用户点击我们的图标，但实际上却点击的是这层薄膜，导致我们的软件我无法打开。如此一来，法官既容易理解又愿意相信。

三、法律适用“痛点”

综观我国《反不正当竞争法》的现有规定，不正当竞争行为大体有八类：

（1）欺诈性交易方法（包括假冒注册商标等四种行为）；（2）商业贿赂；（3）虚假广告；（4）侵犯商业秘密；（5）低价倾销；（6）掠夺定价；（7）违规有奖销售；（8）诋毁商誉。

这其中跟互联网相关的规定几乎没有（反法修订和电子商务法草案有新的规定，但都尚未生效），只剩下第 2 条诚信原则的规定，实践中也多是法官根据诚信原则在个案中进行认定以解决纠纷，一定程度上就是法官造法，但是这个原则非常模糊，怎样才算诚信，具体标准在哪里，很难把握。

尽管如此，司法实践中还是形成了更细致的审判原则，包括“非公益必要不干扰”、“最小特权”和“多重角色独立”，可以在这些原则所适用的典型案例中找到应用场景，对照自身情况来决定是否可以引用。（见图 36）

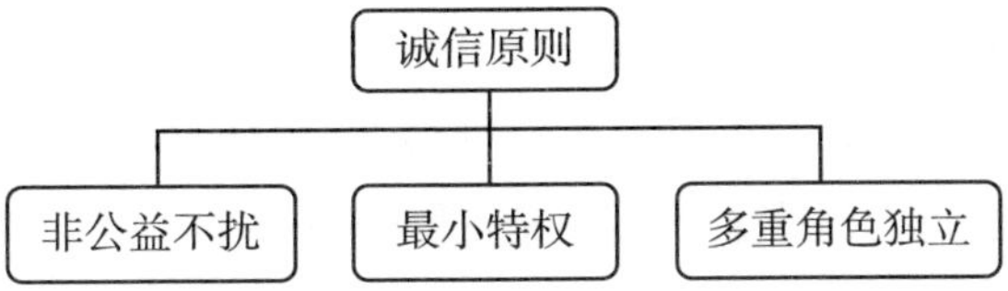

图 36

1. 非公益必要不干扰原则

由北京市高级人民法院在百度与奇虎 360 不正当竞争纠纷案中确立，该案起因于奇虎的 360 安全卫士在百度搜索结果页面上有选择地插入感叹号图标作为警告标识，以警示用户该搜索结果对应的网站存在风险。

北京市高级人民法院在二审判决中指出，互联网产品或服务之间原则上不得相互干扰。确实出于保护公众利益的需要，特定情况下不经网络用户知情并主动选择，也可干扰他人互联网产品或服务的运行，但是，应当确保并证明干扰手段的必要性和合理性。最终，奇虎的插标行为因不满足上述原则，导致构成不正当竞争。

2. 最小特权原则

最小特权原则是非公益必要不干扰原则最直接的体现，最高人民法院在“360 插标案”再审裁定书中指出安全软件应适用最小特权原则，即安全软件由于在系统中拥有优先权限，应当审慎运用这种“特权”，如果确实有必要对用户以及其他网络服务提供者进行干预，也必须以“实现其功能所必要”为前提，限制在最小的权利范围内。

3. 多重角色独立原则

由北京市第二中级人民法院在“搜狗诉360 不正当竞争”一案中确立，法院经审理认为，奇虎公司作为安全服务企业，同时经营非安全类终端浏览器软件，此类跨领域经营的互联网企业有义务确保其在各领域内的角色相互独立，不得借助其在一些领域（如网络安全）的特殊地位干涉其他领域（如浏览器）内的正当商业竞争，即所谓多重角色独立原则，旨在遏制类似“裁判兼选手”式的不正当竞争行为。奇虎公司即因不满足该原则的要求，被判赔偿搜狗 510 万元。

四、赔偿金额“痛点”

在很多法官看来，不正当竞争是知识产权侵权的兜底性法律，在直接的知识产权侵权行为判赔金额都普遍较低的情况下，不正当竞争更难获得较高的赔偿额度。

此外，被告的不正当竞争行为到底获得多少收益，原告因此承担了多少损失，通常也不像其他直接侵权行为（如售假）那样容易通过量化的指标来判断，这也为提升赔偿额度增加了困难。在索赔方面，有几点可以参考：

1. 提升诉讼请求标的

这个是简单粗暴式的做法，法官面对 500 万元的诉讼请求跟 50 万元的诉讼请求，判赔结果通常是不一样的。

2. 获取相关信息

取证时，注意获取对方自己发布的一些能够证明侵权程度的信息，如侵权产品市场占有率、侵权行为相关的合作伙伴（客户）、侵权（产品）行为的上线时间、下载量、点击率、成交量、第三方评估机构的数据统计等，这些对法官而言是很好的赔偿金额计算参考。

3. 尽可能找到一个锚点

也就是说，找到一个最直观最可量化的维度，计算出具体的金额，让法官以此为锚点和标尺考虑最终的判赔。例如，以对方过滤广告后的视频点击量乘以我方同等点击量的广告收费标准得出的广告费作为锚点，无论如何，设置的锚点要尽可能的合理，不要给法官留下“狮子大开口”的印象。

五、小结

反不正当竞争法被称为“市场经济宪法”，而我们目前的市场经济在相当大的程度上已经演变为网络经济。作为法律从业者，把网络环境下的竞争规则研究清楚是非常重要的技能升级，相信随着网络经济的深入，更多问题将涌现出来，这里会是一个新的垂直法律领域蓝海。

涉网案件第一战：争夺管辖权

作为一个诉讼案件的原告方代理人，不论您是公司法务还是律师，首先我们要面对的一个问题都是去哪个法院管辖。管辖法院在很大程度上决定了案件的实际走向和效果，因为法院不同，其专业度、倾向性、审判效率、判决的影响力等都有很大的差异，尤其是涉网类的诉讼案件，那差别就更大了。

比如，笔者几年前代理平台类的诉讼案件，如果是放到杭州的余杭法院，那基本上就是“短平快”迅速解决战斗。但是有一次笔者到外地的某一个中级人民法院，法官就很吃不准，他说他们头一次碰到这种案件。好在笔者早有准备，把几个成熟的判决书拿给他看，法官就很开心地借鉴了过去。

笔者有一次跟一位大型的科技公司的副总聊天，他介绍说他们由于在全国范围内都普遍性地碰到了专利侵权，所以他们在启动维权之前会先通过专业的第三方公司做数据分析，以此来确定对自己最有利的管辖法院，然后拿到标杆式的判决，再到其他法院去复制。

这些都说明了法院管辖的重要性。你可能会有一个疑问就是诉讼法不都已经把管辖的问题确定好了吗，只能到被告住所地、侵权行为地、合同签订地这三个地方去管，又不是说想去哪里都可以的。没错儿，但是笔者想说的是涉网类的诉讼其实有很大的弹性空间，因为网络上发生的行为通常是模糊不定的，再加上法律又针对这些问题做了很多特殊性的跟管辖有关的规定，这使我们实务工作者有很大的可以自主操作的可能性。

在此跟您分享几个涉网案件主动设置管辖连接点的思路吧。

第一个就是找平台借力。我们出于各种原因不想去侵权人住所地起诉，这个时候就看侵权人有没有把侵权信息发布到一些第三方平台。其实多数都会发布的，因为平台才有扩散这些信息的能力，如此一来就可以把平台跟其一起塑造成所在地了。

你可能会说如果没有发到平台怎么办呢，我觉得可以考虑想办法帮他一下，相信你一定能想到一些办法的。所以一旦把侵权信息关联到平台，就可以到这个平台的所在地法院把这个诉讼完结掉。

第二个思路是通过一些技术手段来设立管辖连接点。线上侵权行为的服务器所在地是可以作为侵权行为发生地的。但是随着网络技术的发展，大量的服务器都是部署在云端，并没有统一的或者说唯一的一个服务器所在地，而且为了确保用户快速浏览信息，这些侵权信息在网络传输过程中还会在很多中间节点进行镜像、复制和加速等一系列的技术处理，这些处理都会导致同一个 IP 地址在不同地区的终端去查看时服务器所在地是不一样的。

笔者就亲自碰到过这样的情况，并且跟技术人员核实过，技术人员确定这种情况确实客观存在，所以这也使得从技术层面来设置管辖连接点出现了可能性。

第三个思路就是我们要熟知法律对于涉网类案件的一些特殊的管辖规定，进而加以合理的利用。比如，网络侵害名誉权就可以在原告所在地法院管辖，再如，侵害信息网络传播权在找不到被告和服务器所在地的情况下就可以在发现侵权行为的终端设备所在地区管辖。又如，直接利用信息网络侵害域名、商标、肖像等权利的行为也都可以在原告住所地法院管辖。

还有一种情况就是那些侵害商标权或者专利权的产品，我们可以在购买这些产品的收货地法院管辖。当然这里必须说明一点，这种情况在实践中不同法院已经开始有了不同的理解，是有一些争议的。笔者看了一些案例，有的法院承认收货的法院可以管，有的法院就不认可这种管辖方式。所以你看，涉网案件的管辖这里面还是有很多门道的，实践当中其实比这更复杂也更有趣。

笔者想起了之前跟一位法官朋友聊我们将来诉讼案件的管辖问题。他的观点跟笔者高度契合，他说未来地域管辖是会被逐步地淡化和边缘化的，原因很简单，互联网本来就消除了时间和空间的界限，而且司法系统这几年都在搞智慧法院和在线审判。所以异地审判和开庭对于当事人而言已经大大地降低了成本，那么接下来当事人就更看重的当然是哪里的法官更专业更高效。从这个角度上讲，全国的法院都应该放到同一个平台让当事人自由地选择，就好像现在的仲裁。如此才能更进一步地推动法院的进步，后续的诉讼法也一定会做出相应的调整。

不知道您是否同意我们这个对于未来诉讼案件管辖的判断，我们可以以观后效去看未来实际走到哪一步。

流量劫持猛于虎，维权难于上青天

网络经济有一个更准确的称谓叫“眼球经济”，用户浏览什么、关注什么都直接决定了最终的转化和成交，而用户的眼球所在就是“流量”。

我们绝大多数人是通过电脑或者手机接入互联网的，方寸的屏幕之间能容纳的应用程序极为有限，而正是这些有限的应用成为了最重要的流量入口。为了争夺流量，服务商不惜免费甚至补贴，背后的原因无非就是用户有限的注意力在海量信息面前已经成为稀缺资源。

以补贴换流量其实已经是常规举措，以非常规手段直接实现流量劫持的做法其实早已暗流汹涌，如果不是代理了几宗流量劫持引发的不正当竞争案件，笔者很难想象流量背后的庞大产业以及围绕流量上演的惨烈争夺战。

一、怪招迭出

“流量劫持”这个概念非常形象地表达了将他人流量通过强占、窃取的非法手段据为己有的过程。不过实践中，流量劫持可不像我们在电视上看到的人质劫持那么简单直观，其实是一项颇具技术含量而且花样百出的侵权行为。笔者仅从自己承办的案件中选取几个典型给大家作为样本。

1. 病毒、木马“短平快”

通过病毒、木马实现流量劫持是成本最低、最方便操作的一种，这是笔者在代理淘宝客第一案的时候发现的。

淘宝客是通过帮助淘宝商家在网络上推广商品，按照实际成交量赚取佣金的一个群体，他们是平台站外流量的重要来源。为了准确识别推广是由哪个淘客完成的，平台会自动分配给每一个淘宝客一个 ID 号，一旦用户点击了该淘客推广的商品链接，这个链接里就会嵌入其 ID 号，系统就自动与之结算佣金。然而有些淘客总觉得靠实打实推广赚佣金太慢，如果想办法把本来就要去访问商家店铺的链接里直接植入自己的 ID 号，让结算系统误以为是自己的推广成果，不就可以白拿佣金了吗？

他们想到的办法之一就是制作一些特殊的木马和病毒程序在网上散播，一旦用户的设备中毒，那么所有不通过广告而是直接去访问这个淘宝店铺的链接都会自动加入已经设置好的 ID 号，于是那些本来属于淘宝店铺的流量就被“劫持”到了作弊淘宝客的手里，而店铺就在不知不觉当中为此支付了“赎金”（佣金）。

事实上，这些专用木马和病毒的制作成本非常低，黑市上甚至几百块钱就能买到。而我所代理的那个案件，作弊的淘宝客在短短几个月里就拿到了数百万的佣金，真可谓“一本万利”。

2. 应用覆盖

接下来说的这种通过应用覆盖来完成流量劫持的做法主要是来自竞争对手。案件中我所代理的是一个专门开发浏览器的公司，几乎所有的浏览器盈利模式都是通过在浏览器首页给其他上游公司（通常是搜索引擎或广告公司）导流来实现的，上游公司会根据用户的打开次数来向浏览器公司付费，显然这也是一门典型的流量生意。然而浏览器公司的业务部门发现，在很长一段时间里市场推广的费用一直在追加，用户装机量也在同比增长，但上游公司支付的推广费却不增反降，这显然不符合常理。技术部门深入调查之后发现，是一家竞争对手开发了一款针对性的程序，一旦用户电脑安装了这个程序，当用户想通过鼠标在桌面上双击打开公司浏览器时，我们的浏览器将不会被打开，打开的却是对方的浏览器或者电脑自带安装的浏览器。然后竞争对手再将自己的浏览器或者电脑自带的浏览器主页都设置成跟他合作的搜索引擎公司的主页，进而获得收入。可以打一个比方，就好像有人带着礼物来我家拜访，而这个竞争对手在我家门口放了一块牌子说，他已经搬家了，新的地址是某某某，于是这个人就按照牌子的地址找上去把礼物放在那里。

笔者还记得当时跟公司商量起诉对方的索赔金额写多少合适，公司一个负责人说，至少 500 万元起吧。当时旁边有个技术人员撇了撇嘴，按照他们现在劫持的力度，500 万元他们一个月就挣出来了。

3. 众包刷流量

第三种更有意思，我代理了一个云计算平台责任的案件，涉案的这家流量作弊公司不但自己从事作弊行为，还开发了一个网站和相应的软件，通过奖励和分成的方式鼓励用户帮助他实施流量造假，妥妥地做成了一项群众参与的众包游戏。

事实上，这类公司更加常见，危害也更大。不少所谓的广告联盟、返利网站都是在做流量劫持和刷单作弊的生意。这他们的商业模式里，他们并不直接出手，而是鼓动更多的用户参与进来，很多不明真相的用户发现有利可图就积极参与，甚至明知有违法之嫌仍然置若罔闻。

对于这种情况，受损害的一方不可能针对那些参与的用户发起维权，只有抓到平台才能釜底抽薪。但令人哭笑不得的是，有侵权平台坐上被告席的时候，向法官抗辩说作弊行为都是用户实施的，跟他没有直接关系。

更多劫持流量的手法就不一一列举了，有些笔者代理的劫持案件，劫持手段的复杂和隐蔽程度之高，导致如何向法官解释劫持行为反倒成了笔者最头疼的问题。

二、维权之殇

流量被劫持了，当然可以到法院起诉。但实际一套诉讼流程下来，你会发现这几乎是一场注定艰苦卓绝的战役，最好的结果也就是“惨胜”而已。

1. 无法还原的“犯罪现场”

前面给大家介绍几种流量劫持的方式，不难发现都是通过隐蔽的网络技术完成的，而且流量不像一个具体的人，达到一定数量级的点击和浏览才称得上流量，要把这些点击和浏览是如何被侵权者劫走的一一向法院还原出来，技术上根本不可能。很多流量劫持是发生在用户自己的电脑或者手机上，就算技术上有探测的手段，法律上也不允许到用户的终端去获取这些证据，因此试图还原流量劫持的“犯罪现场”注定是徒劳的工作。

那怎样说服法官接受流量劫持存在的事实呢？为此维权的一方绞尽脑

计，包括开发流量劫持的侦测软件、伪装用户使用劫持工具、将劫持前后的系统数据进行对比、找到劫持软件破解分析等。要完成以上工作，必然涉及大量的技术环节，这期间原被告双方通常会就诸多技术细节和原理展开拉锯，而法官和律师又都是一群文科生，那场面读者们可以自行想象，有法官在庭审休息时直接跟笔者说自己上了一堂计算机专业课。

2. 无法证明的损失

流量劫持案件如果要获得赔偿，必须证明自己因此受到了多少损失。在这个问题上，笔者可以负责任地告诉大家，没有一个原告能精确地给出自己因此遭受的损失金额，因为无从举证。

通常，能举证证明侵权人从事过流量劫持行为已经实属不易了，还要证明因此给自己带来多少损失，到哪里去拿那些数据呢？一般原告可以拿出一些辅助性的证据，包括：

（1）原告跟上游合作的合同以及此前已经获得的推广收益；

（2）被告自己披露的经营范围、市场规模或者向用户发放的侵权收益；

（3）反作弊软件以及原告的后台日志等记载的数据或检测结果；

（4）第三方网络服务商提供的侵权行为数据等。

然而，这些都并非直接证据。司法实践中，维权人甚至发现，要想提高判赔金额，比较简单粗暴的方式是提高诉讼标的，也许是想给法官造成一种心理感受，让他觉得如果侵权行为不严重，原告为啥愿意交那么多诉讼费（诉讼标的越高诉讼费越高）向你索赔呢？

3. 迟来的正义还是正义吗

司法审判资源紧张已经是不争的事实，尤其是流量劫持这种技术含量非常高的案件，诉到法院之后官司打个两三年非常正常。要知道，审理一个流量劫持案件，从交换证据到质证和辩论，通常至少开三次庭。这意味着法官同样的工作量可以搞定三个普通民事案件了（简单的民事案件恐怕十几个都处理完了），所以法官在结案率的压力下对这类复杂案件延后处理是非常可以理解的。甚至笔者拿着这样一个案子到上海某法院立案，立案庭直接叫来审判庭的法官来跟笔者争辩，说这个案子他们没有管辖权，最终笔者选择放弃这个法院管辖，倒不是因为真的同意他们对管辖的看法，而是笔者明显感觉到法官对处理这个案件的不情愿，就算能立案受理，到了审理阶段恐怕也是举步维艰。

如此之长的诉讼周期，官司打完拿到胜诉判决又怎样呢？侵权人早已赚得盆满钵满，赔你个几十万元上百万元不过是小意思，有些公司干脆注销，换个“马甲”接着干，胜诉判决成了“废纸”一张，连执行款都拿不到。

三、治理求索

我总是跟客户讲，流量劫持案件如果选择法院诉讼，那么一定要做好持久战的准备，而且就算胜诉了也主要是体现舆论和公关价值，经济赔偿什么的就别期望太高了。

话虽这么说，对于流量劫持这种严重危害网络经济秩序的行为，法律如果始终不提供有效的救济途径，那么谁还愿意通过诚实经营、提升用户满意度的方式吸引流量呢？长期下去“劣币驱逐良币”，整个市场将失去创新的动力。

笔者从实务的角度提几点可行性建议：

1. 诉前禁令

事实上，多数维权并不寄希望于获得多少赔偿，而是旨在尽快将“劫持行为”制止住。在这种情况下，需要法院对诉前禁令的申请给出更快捷的反馈，尤其是在维权人提供了初步有效的侵权证明和担保之后。一旦禁令签发下来，侵权人也会更加积极主动地应诉或者和解，很多案件甚至不再需要展开审理就可以了解。

2. 更先进的取证手段

对于流量劫持这种隐蔽的技术性强的侵权行为，传统的公证手段取证存在诸多局限，这需要当事人学会使用市面上更加先进的一些电子存证工具，第一时间取得对自己有利的证据。

此外，自行开发的一些反作弊程序等如果确实有效，也可以考虑交给司法鉴定机构进行背书，这样反作弊系统得到的结果就更容易被法院采纳了。

3. 强化法院调查和举证责任倒置

对于流量劫持案件，很多关键证据掌握在侵权者一方，此时维权人应当积极向法院申请调取证据，尤其是侵权获益相关的财务数据等。与此同时，当维权方已经展示了初步可信的证据证明侵权行为存在时，也需要法院适当地将举证责任分配给被告，责令其对行为的合法性等问题进行举证证明。在举证责任的分配问题上，笔者认为最值得适用的标准就是举证成本经济性原则，也就是哪一方举证成本更低、哪一方保有证据可能性更大，就由哪一方举证。

4. 更高效的行政和刑事手段

笔者曾就流量劫持的问题与浙江省工商局负责执法的同志交流，他们在新《反不正当竞争法》出台后，积极地在网络不正当竞争领域开展执法活动，并且采用更先进的执法取证工具，取得了很好的效果。

显然，行政执法手段在实效性、取证能力和处罚力度上相比民事诉讼有着诸多优势，维权当事人有必要积极与市场监督管理机关沟通，争取行政立案处理。当然，如果侵权行为性质特别严重，能够争取公安立案处理然后再辅助民事索赔，对侵权行为就更加有震慑力了。上海市浦东区法院就判过一个流量劫持的刑事案件，几个自然人用技术手段帮助他人去做流量劫持，因为行为的性质比较严重，最终构成了犯罪，上海市浦东区法院对其中的一个主犯判了三年的有期徒刑，罪名是破坏计算机信息系统罪。

只在五种情况下互联网公司才应该去打官司

虽然我本人就是律师，但我从不轻易建议客户去打官司。诉讼从经济学角度是不创造价值的，本质上是一方所得来自对方所失的零和游戏（刑事案件没有人受益，双输），以创造价值为己任的互联网公司相信不会在诉讼中获得真正的成就感。而且，我国目前的司法资源非常稀缺，法官需要处理的案件堆积如山，以本人有限的办案经验，一个诉讼从前期收集证据、立案到法院送达、开庭、判决、上诉、二审开庭、判决、执行，还不包括可能的管辖异议、申请法院调查取证、调解等程序，全流程走完一年的时间都“烧高香”了，这些时间、人力、金钱成本对于互联网公司而言实在有必要三思。西方法律界有句谚语：“法律不理会琐事”，指的就是司法是一种稀缺资源，不要事事都寻求司法解决。

当然，凡事总有例外，碰到下面五种情况，互联网公司不但要打官司，而且要力争打赢，因为这几类诉讼有着非常特殊的意义。

一、争夺市场

在成熟的企业家看来，争夺市场份额绝不仅仅只有商业手段（免费、补贴、提升用户体验等），法律上有些权利就是给企业争夺和抢占市场份额用的，像专利、商标、反不正当竞争都常常是高效的竞争利器。

2011 年，一家叫电通的日本企业拿了自己在中国注册的支付方法专利将支付宝和财付通一纸诉状告到法院，我作为支付宝的代理律师深入研究过这个专利，它保护的技术方案是电子支付中核心的步骤，很难绕过去。最有意思的是，我注意到电通在起诉书中不要求赔一分钱，但要求停止侵权，这个法律术语翻译成口语跟“关门大吉”也差不太多。

我目前正在代理的三件网络不正当竞争纠纷案都是基于市场争夺引发的，分别涉及劫持流量、窃取用户数据、去除视频广告后替代播放三种情况，其实质都是恶意抢夺竞争对手的商业机会，如果不诉诸法律，之前努力得来的竞争优势会极速流失。

二、杀鸡儆猴

这种情况也很普遍，指的是通过一个案件警示其他有相同情况的更多相关方，让他们自觉规范好自己的行为。

例如，我此前代理的淘宝客作弊的案件，淘宝客由于作弊行为被平台稽查系统识别出来，扣除了佣金，淘宝客向法院主张返还。作为平台方的律师，我得到的指示是只要判决不要和解，平台这样做的目的就是借此告诉其他作弊的淘宝客，这种行为是不会被姑息和纵容的。

其他类似的情况，包括应对职业打假、治理违规的代理商等，都需要通过一两个典型案例来震慑和警示其他人，像这种案件互联网公司需要认真对待。

三、品牌维护

这几年大家可以看到一个明显的趋势，就是阿里、360、京东等公司开始对网络上的一些不实言论发起主动维权，起诉一些造谣的媒体、公关公司或者大V，这在以前并不常见。同行业竞争对手之间，也越来越频繁地因为商业诋毁、虚假宣传等对簿公堂，今日头条就曾声称“受到来自搜狐通过发布会与发通稿方式的大肆诋毁”，进而起诉到法院，猎豹移动甚至把商业诋毁和诽谤的官司打到了美国去。

这些都表明，网络时代下的商业主体越来越重视维护自身品牌和形象，借助司法途径不仅可以对恶意的不利评价给予制止，同时在诉讼过程中，可以在各个不同阶段发出正面的声音，引起公众的注意，这本身就是一个品牌宣讲的宝贵时机。

理论上，存在被公众关注或被媒体挖掘价值的案件都应该被互联网公司认真对待，如被行业巨头侵权，就可能打造出一个以小搏大的案例（搜狗曾经用输入法专利迫使谷歌道歉)。当然，通过诉讼案件获得媒体曝光和品牌宣讲机会有一个大的前提，就是在法律上必须站得住脚，否则变成诉讼“碰瓷儿”了，即便获得了关注，带给企业的影响也是负面的。

四、试探新业务

互联网公司有很多创新业务是在法律上没有明确规定的，能否得到法院的认可决定了公司是否追加更多资源在新业务上，所以遇到这类案件，应该集中精力对待，甚至某些个案在失利情况下仍然要“屡败屡战”，直到取得判例的认可。

一个典型的例子是，跨境电商经营的食品没有中文标签，被职业打假人起诉10倍索赔，有苏州法院支持卖家赔偿，而重庆法院则认定跨境电商的卖家仅提供了新型代购服务，没有从事实际销售，不适用《食品安全法》。如此一来，跨境电商的模式都可以按照这种服务的模式来操作，提前跟用户签署服务协议，一旦遇到案件，力争让法官判决支持合同的有效性，然后就可以无所顾忌地开展业务了。

这方面更加典型的案例是亚马逊公司为了“先发货后合同成立”的特殊条款，多次与消费者对簿公堂，并且多次败诉，最终取得胜诉，原因就是让自己“先收集用户需求再联系货源”的轻资产模式获得法院认可。

五、标的够大

这种无须多言，争议标的够大的案件，公司一定会重视的。

六、总结

互联网公司决定要不要参与到一场旷日持久的诉讼中，背后的依据就是经济学里的成本收益理论，只有那些除去了诉讼的各项开支之后仍能为公司带来价值或者减少损失的案件，才值得尝试，否则就应当采用和解、调解或者赔偿等方式迅速“止血”，避免陷入诉讼泥潭。

记住，没有哪家500强企业是没经历过诉讼的，也没有哪家500强企业是靠诉讼做出来的。

网络维权——唯快不破

最近一段时间，我连续碰到了两个不同客户的需求，都是跟维权相关的，我觉得挺有代表性，所以拿出来跟大家分享一下。

第一个客户碰到了流量劫持，他的一款主打的应用拥有上亿元的用户量。这个应用被劫持了以后，当用户想打开这个应用当中的几个功能的时候都会跳转到黄色网站。所以客户非常头大，因为损失的不仅仅是流量，更重要的是用户体验。你可以想象你的用户打开你的产品，看到的却是黄色网站，这是一种怎样焦虑的心情。

所以业务部门只给法务部门两小时，两小时以内，不管能不能把证据固定下来，技术都会采取相应的封堵措施，将侵权的流量劫持的源头阻断掉，而一旦这个阻断措施采取之后，流量劫持的源头就很难再找得到了，日后的维权就基本不可能了。那个时候是当天下午的五点钟，公证处基本上就下班了，后来我们用了电子存证，在两小时之内结束了战斗，技术部门也如愿对流量劫持进行了封堵。

第二个客户碰到的问题是计算机软件遭到了破解，对方竟然明目张胆把破解软件挂到网站上让用户下载，而且下载量已经很大了，所以这个客户的诉求是快速立案，让法院再第一时间发出诉前禁令。因为官司可以慢慢打，如果禁令不能发出来的话，那这些破解的程序还会挂在网站上被用户去下载，如果等到日后胜诉了，在这么长的期间会有多少用户会继续使用和下载这些软件真是不敢想象，而且这些损失几乎是无法通过日后的索赔来完全弥补的，因为一般来说法院判赔的金额比较低，而且判赔之后这些金额能不能有效执行都是不确定的，所以诉前禁令就成了客户的第一个诉求。

这两个事件都给了我很大的压力，因为客户反复强调的都是一个字，要“快”，越快越好。这令我想到，在网络时代里的维权行动，恐怕客户的第一诉求都是这个“快”字。这个“快”体现在两个维度：

取证要快，因为网络上的证据都很容易灭失，这些证据都是数字形态，现在还有但下一秒转瞬之间就不复存在了，一旦这些证据没有了，再想挖出来那是难于登天；见效要快，从传统的起诉到审理到判决到执行的程序走完，恐怕很难有效遏制侵权行为的蔓延，所以需要在立案之后马上采取财产保全、诉前禁令等一系列有效措施，直接达到效果要立竿见影，否则即便拿到了胜诉判决又能怎样呢？这个侵权的事实已经蔓延了，亡羊补牢也来不及了。

所以我在想为什么这些客户的诉求都集中在“快”上面呢，这背后的原理是什么？我觉得主要原因在于网络加快了信息流通的速度，而这些侵权行为借助网络也比线下能够得到更快的传播，从而更加具有杀伤力，维权的一方如果没有手段以同样的速度和同样的力度做出反应，恐怕在这场战斗中明显处于下风。

当然这对于法律实务工作者而言就提出了新的要求，一个方面是我们能不能掌握新的工具，帮助我们在这场战斗中能够更加快速做出反应，更加快速地占据优势地位，如电子存证工具。另一个方面是，我们对于这些涉网的专业的侵权问题的熟悉程度，我们能不能在客户提出问题的第一时间里就拿出一套行之有效的解决方案，以及对这个方案后续落实所涉及的法院、行政执行机关的实际运转体系非常熟悉，非常深入的了解。因为你能够快速地选择有经验的法院和有经验的行政机关解决这个问题，方案才能有效实施。所以这两个方面都要求法律人能够尽自己的能力和升级自己的技术，只有这样才能跟得上客户的节奏，才能与时俱进。天下武功，唯快不破，而网络时代的维权也是唯快不破。

被巨头们告上法庭，这些自媒体做错了什么

基于互联网已经诞生了诸多超级媒介，博客、微博、微信、直播、头条、短视频……

它们的特点就是像原子弹爆炸一样的链式传播，导致每一个个体都被赋予了极大的内容生产和传播能力，自媒体开始以对传统媒体碾压的姿态异军突起。然而，当普通个体也可以轻易享受到“无冕之王”的快感时，随之而来的也一定伴随着对权利的滥用和越权之后的法律后果。

为此，我整理了近几年自媒体因言论失当被知名互联网公司起诉的六个案例，结果是自媒体“五败一胜”，令人唏嘘。感慨之余，大家更应当冷静地坐下来总结，找寻每个自媒体心中都应该存有的那条“言论边界”。

表 6　大公司起诉自媒体的判例

序号	案件名称	案由	审理法院/案号	原告诉称和证据	法院认定侵权事实	裁判结果
1	王健林与北京韩商互联贸易有限公司姓名权纠纷①	姓名权纠纷	北京市朝阳区人民法院（2015）朝民初字第60228号	原告诉称：2015年11月12日，被告在其公众微信号“顶尖企业家思维”刊登文章《王健林：淘宝不死，中国	1. 本案中，被告认可微信公众号“顶尖企业家思维”系由其认证注册，且涉案文章系发表在该微信公众号上，被告虽主张其发表的涉案文章系“转载”，但同时被告也认可，其所谓“转载”行为并不包括在文章标题中加用原告姓名和在文章中使用原	

① 《王健林与北京韩商互联贸易有限公司姓名权纠纷一审民事判决书》，载 http://wenshu.court.gov.cn/content/content?DocID=5e0d7de7-50ab-4e48-8e92-53911d47d258，最后访问日期：2018 年 11 月 18 日。

续表

序号	案件名称	案由	审理法院/案号	原告诉称和证据	法院认定侵权事实	裁判结果
1				不富，活了电商，死了实体，日本孙正义坐收渔翁之利（荐读）》，冒用原告名义恶意诽谤、诬蔑淘宝网及网购电商……	告肖像的行为，且被告提交的所谓“转载”文章在内容上也并非与涉案文章完全一致，故本院对于被告关于涉案文章系“转载”的主张不予采信。相反，被告在涉案文章中加用原告姓名的行为，其实质为冒用原告的姓名发布涉案文章，已构成对原告姓名权的侵害。 2. 就原告的肖像权，原告虽未能举证证明被告发布涉案文章系以营利为目的，但被告在并非出于原告本意的涉案文章中使用原告的肖像，在形式上加强了涉案文章读者对于文章内容与原告本人形象的关联想象。而从原告提交的证据看，涉案文章内容与原告相关方面的一贯行为及主张存在明显不符之处，被告也认可其以原告名义发布涉案文章时，系单方认为“该篇文章出于原告之口更符合被告的理解”，故本院认定被告的行为损害了原告肖像所体现的精神利益，构成对原告肖像权的侵害。 3. 就原告的名誉权，从涉案文章的标题和内容看，其中有针对性的对“淘宝网”和马某进行了负面评价和贬低，至于文中所述	原告胜诉。发布声明向原告致歉；赔偿原告精神损害抚慰金六万元；赔偿原告公证费一万五千元。

续表

序号	案件名称	案由	审理法院/案号	原告诉称和证据	法院认定侵权事实	裁判结果
1					内容，被告未举证证明其真实性，应承担举证不能的不利后果，故原告主张被告以原告的名义发布涉案文章，系冒用原告姓名侮辱他人人格，以及冒用原告姓名诋毁其他商业平台，造成原告社会评价降低的行为。	
2	李展与小米科技有限责任公司名誉权纠纷①	名誉权纠纷	北京市第一中级人民法院（2017）京01民终5896号	小米公司辩称：李展构成侵权的博文为30条，但是一审法院仅认定了其中的15条构成侵权，李展在这15条博文中使用了“爪牙”、“装X”等侮辱性的词语，侵权行为十分明显……	本案中，首先，李展在发布的涉案博文中对小米公司分别使用了“爪牙”“小米无耻”“无赖、米无赖、黑心企业”“毫不要脸”“要猴集团”“小米靠下三滥低俗营销起家”“小米这老流氓”“一贯擅长要猴”“莫装X”等侮辱性言辞，已构成对小米公司名誉的贬损；其次，李展发布的上述博文内容已超出了消费者或者电子产品爱好者对商品生产者、销售者进行批评、评论的合法范畴，逾越了言论自由的边界，从其博文的遣词造句方式来看，李展具有贬损小米公司的主观故意。 最后，根据李展微博的关注量、粉丝数以及网友评论的内容来看，涉案博文	原告胜诉。被告立即删除侵权微博；发布致歉声明；赔偿原告经济损失200 000元及合理支出40 000元。

① 《李展与小米科技有限责任公司名誉权纠纷二审民事判决书》，载 http：//wenshu.court. gov. cn/content/content？DocID = f2daefe0 – 36ee – 4c82 – b40c – a81d00116e74，最后访问日期：2018 年 11 月 18 日。

续表

序号	案件名称	案由	审理法院/案号	原告诉称和证据	法院认定侵权事实	裁判结果
2					已被社会公众所知，并在一定程度上造成了小米公司的社会评价降低。 据此，一审法院认定李展发布的上述博文已构成对小米公司名誉权的侵害正确。	
3	京东诉欧界（北京）科技有限公司侵犯名誉权纠纷	名誉权纠纷	没有找到判决书，见新闻报道①	京东主张：涉案不实文章经过大量媒体和个人引用、转载后，在互联网广泛传播，造成了极其恶劣的影响，严重侵害了京东的名誉权，给京东造成了巨大的商誉和经济损失。	在文章《京东自营也售假，农村工厂直供“比利时”进口巧克力》中，欧界把发生在另一家电商平台的售假行为移花接木到了京东自营头上。除了虚构事实，欧界在多篇文章中大量使用诸如“蹭来蹭去的屌丝犬”“MD是不是智障”等侮辱性词语。 法院最终认定欧界发布的《京东自营也售假，农村工厂直供“比利时”进口巧克力》《鬼见愁揭开京东巨亏真相：进刘强东（微博）口袋了》《不要轻易和京东人见面》《京东致命问题缠身，持续破坏生态将自取灭亡》等8篇文章故意歪曲事实，对京东进行诽谤和侮辱，侵犯了京东的名誉权。	原告胜诉。向京赔偿30万元，发布致歉声明。

① 《京东诉公关营销公司抹黑法院判决被告赔30万并道歉》，载 http：//tech. qq. com/a/20171127/016703. htm，最后访问日期：2018年11月18日。

续表

序号	案件名称	案由	审理法院/案号	原告诉称和证据	法院认定侵权事实	裁判结果
4	阿里巴巴诉葛甲侵害名誉权纠纷	名誉权纠纷	没有找到判决书，见“中国法院网”的报道①	原告诉称：自2012年7月起长期在其个人的新浪博客、腾讯微博以及微信公众号等载体上撰写攻击原告的文章，数量多达70余篇。而且，文章中不乏一些侮辱性语言和诽谤性言论，对原告的日常经营活动及公众社会评价都造成了负面影响。	法院认定葛甲相关文章中确存对阿里巴巴的名誉侵权事实。	原告胜诉。在各相关媒体赔礼道歉，并赔偿人民币3万元。
5	车好多旧机动车经纪（北京）有限公司与杨世界、	名誉权纠纷	北京市丰台区人民法院（2017）京0106民初8823号	原告诉称：2017年2月20日，杨世界以网名“独孤依风”在微信公众号“互联网一些事”和	综观《Beepi倒闭为C2C模式敲响丧钟看瓜子二手车等如何破局》一文，系对二手车电商市场的评论和分析，主观上不存在诋毁车好多公司故意，客观上没有诋毁车好多公司的行为，故不构成对车好多	

① 《阿里诉自媒体人葛甲侵权案一审获赔3万元》，载https：//www.chinacourt.org/article/detail/2016/12/id/2501566.shtml，最后访问日期：2018年11月18日。《阿里巴巴起诉自媒体人双方在庭上展开激烈辩论》，载http：//zj.qq.com/a/20140924/007827.htm，最后访问日期：2018年11月18日。

续表

序号	案件名称	案由	审理法院/案号	原告诉称和证据	法院认定侵权事实	裁判结果
5	北京知为思科技有限公司名誉权纠纷①			知为思公司运营的深喉网站及搜狐科技发布题为“Beepi倒闭为C2C模式敲响丧钟看瓜子二手车等如何破局”的文章……	公司名誉权的侵犯。但《二手车电商热战背后的冷思考》一文中的部分言语确有不当，如“比如所谓没有中间商赚差价，就是最大的营销谎言。”“然而打脸的是，瓜子二手车在对外的广告中，却依旧大肆宣扬是‘个人直接卖车给个人，没有中间商赚差价’，欺骗了用户。而这种行为也造成涉嫌误导和欺骗消费者，卖家多卖钱买家少花钱变成了卖家少卖钱给车商。”，这些言语已经超出了正常的评论范围，具有诽谤性质，足以致车好多公司的社会评价受损，已构成对车好多公司的名誉权的侵犯。	原告胜诉。立即删除侵权文章；发布致歉声明；赔偿经济损失10 000元。
6	上海洋井网络科技有限公司与上海正见文化传播有限公司名誉权纠纷	名誉权纠纷	上海市杨浦区人民法院（2017）沪0110民初22442号	原告诉称：被告在其微信公众号“互联网金融电讯”发布标题为《钱宝再被爆料大额资金很难提现甚至被封号，张小雷	法院认为，本案焦点一是涉案文章的消息源来自其他网络媒体，被告在引用转载时是否有过错？二是涉案文章的内容中有无虚构捏造的事实，侮辱诽谤原告，致使原告的名誉受损。 关于第一个争议焦点，法院表示，被告对引用的内容未进行实质性修改，也	

① 《车好多旧机动车经纪（北京）有限公司与杨世界、北京知为思科技有限公司名誉权纠纷一审民事判决书》，载 http://wenshu.court.gov.cn/content/content?DocID=82612f69-98e7-4fd9-a8aa-a85700d72185，最后访问日期：2018年11月18日。

续表

序号	案件名称	案由	审理法院/案号	原告诉称和证据	法院认定侵权事实	裁判结果
6				回应：悬赏十万人肉你》的文章，文章内的转载和分析无事实根据，从而导致钱宝网及原告的商业信誉和经营信用遭受损害。	未加入带有主观感情色彩的评论，认定被告在其运营的微信公众号上推送涉案文章时基本尽到了与其性质、影响范围相适应的注意义务，不具有明显的过错。 关于第二个争议焦点，原告并未能举证证明涉案文章内容失实且造成了其名誉权受损的事实和后果，故其诉请缺乏相应的事实依据，法院不予支持。 此外，言论自由、舆论监督是现代法治社会的基石，原告作为营利法人从事经营活动，应当遵守国家法律、遵守商业道德，维护交易安全，接受政府和社会的监督，对社会公众、企业和其他组织等出于正当目的的网络评论、舆论监督负有一定程度的容忍义务。应当指出，原告对质疑钱宝网经营模式、揭露其涉嫌违法犯罪行为的正当舆论监督不但未对照自省和纠正，反而试图以诉讼方式压制社会公众的监督，掩盖其涉嫌的违法犯罪事实，是滥用诉权的表现，显属恶意，应予驳回。	被告胜诉。驳回原告全部诉讼请求。

由此，我总结为：

1. 知名公司和名人更倾向于主动出击

我跟几位互联网公司法务朋友交流过，对于自媒体的不实言论，他们很一致地认为首选通过诉讼解决，原因在于当不实言论传播时，如果公司一再通过公关手段进行回应，会让公众觉得“心虚”“越抹越黑”，而断然采取法律手段，马上舆论方向就会被扭转。在公众看来，你都敢去法院了，一定是没做亏心事的表现。

事实上，知名公司或者名人越来越倾向于主动维权还有着更深层次的背景。网络上信息传递之快以及公众对于一些负面、极端言论的偏好，使知名企业或者名人反而成了弱势群体，向他们发动攻击是很容易并且低成本的，而要想改变负面影响却是非常困难的。这迫使被侵权的一方拿起法律武器，向侵权者要个说法，通过司法赋予其更高的侵权成本，以便警示后来者。

因此，广大自媒体人切勿存在侥幸心理，偏离事实的肆意表达大概率会导致更严重的后果和惩罚，除了法院的判赔，媒体平台也常常会关闭账号，公众也会失去对你本人的信任。

2. 侮辱性词汇是个低级错误

很多时候，自媒体表述的问题或者事实是客观存在的，但加入了大量的个人感情色彩，表达上采用诸多侮辱性、诋毁性的词汇，这个行为本身就是被法律所禁止的。

有话好好说，骂人其实是个很低级的错误，但是我们找到的六个案例中，竟然有四个都出现了这个低级错误，可见其普遍性。对于拥有一定粉丝群体的自媒体而言，注意自己的措辞不仅仅是法律要求，更是一种必要的自我修养。

3. 转载、引用应当客观且有出处

别以为文章是转来的、引用来的就没问题了。转载注明出处这是前提，除此以外，如果你在此基础上要进行修改，那就要为你的修改行为负责了，修改后的内容如果偏离事实，也一样难逃责任。

另外，不要以为使用别人的肖像、姓名如果不是用于营利，就不侵权。如果把肖像、姓名跟其他不客观、不真实的言论故意关联，导致公众被误导，一样是构成侵权的。

4. 分析和评论不能偏离基本事实

法律保护公众正当的言论自由，其中就包括了批评、评论的自由。不少自媒体的文章是以行业分析、评论为主题的，此时需要注意的是首先立场应当客观，真正是站在第三方中立观察者或者产品消费者的角度；其次，评论分析所引用的关键素材应当有依据或者出处，如此分析结论才能站得住脚。

前文表格中的六个案例，最后一个“钱宝网”的案件是自媒体人唯一胜诉的案例，究其原因，他做到了所评述关键事实都有准确来源，在这个基础上的观点和评述都是站得住脚的，四个字概括：实事求是。这种情况下，法院会保护言论自由，并且对自身存在问题而不正视的原告给予训诫。

电影《蜘蛛侠》里有一句经典台词：“能力多大，责任就有多大”，与所有自媒体共勉。

发问环节在庭审中的作用和技巧

民事诉讼中双方发问的环节是必不可少的环节，但往往律师对这一环节不是特别重视，认为可有可无，实际上这一诉讼流程具有其他环节无法取代的特点和作用，运用得当会为己方当事人争取更多的主动，进而赢得更大的胜诉概率。

一、发问环节的特点和作用

1. 发问是原被告双方直接交锋的最佳机会

不少律师认为，庭审中双方交锋最充分也是最激烈的环节是法庭辩论环节，但实际上，辩论环节是双方围绕合议庭总结的争议焦点进行的，不可随意展开，同时也比较容易事先进行准备，所以受到的限制比较多，发挥的空间没有想象中的大。

发问环节就不同了，首先，合议庭不会先入为主地设置一些发问限制（除非问题与案件毫不相关），所以律师的自由发挥空间较大，不论是细节性还是宏观上，不论是证据上的还是程序上的，也不论是主观上的还是事实上的都可以问；其次，由于是一问一答的形式，所以双方的意见要在这里进行激烈的正面碰撞，双方都难以再像其他环节中那样可以采用迂回、省略或者模糊化处理等手段回避实质性问题。

2. 发问环节较难提前准备，容易发现对手漏洞

由于发问受到限制较少，所以很难提前想好答案，加上庭审较为紧张的气氛和时间限制，对方没有充分的时间和心态进行思考，这时候很多原本对方不愿意批露的问题或者故意掩盖的问题，都有机会在提问环节发掘出来。

3. 发问可以最大限度还原事实，弥补证据的不足

众所周知，证据是诉讼的基础和关键，而发问的前一个环节也正是举

证和质证，但民事诉讼中的证据主要依赖当事人自行收集，很难做到周密得没有一丝漏洞，尤其在证明案件的发生背景以及对方当事人的主观方面，证据的作用更为有限。发问环节的设置很好弥补了上述缺陷，发问人可以就证据没有反映出的问题进行核实，而对方的回答也会在很大程度上成为合议庭判断的依据。

二、问答环节中的一些技巧——结合案例阐述

为了更好地说明问题，我结合正在代理的一个侵犯商标权案例进行阐释，基本案情如下：

某服装品牌发现某知名电商平台上的一个店铺在销售其品牌产品，而且价格偏低，怀疑是侵权产品，即向平台发出两次投诉（指出了具体侵权产品的链接），平台收到投诉后进行了删除，但品牌公司认为该店铺的其他产品仍有侵权可能，便公证购买了其中的一件，并以侵犯商标权为由将店铺经营者和平台公司诉至法院。我作为平台公司代理律师参与应诉。庭审中我提出的发问主要包括：

（1）原告工厂有无可能将超额加工的产品拿到网上销售？

（2）原告能否保证网络上低于五折的产品都是侵权产品？

（3）原告在向平台投诉之前即已购买实物，当时有无进行比对鉴定，有无将鉴定结果告知平台？

（4）原告在投诉之前购买的实物为何没有向平台提供？

（5）原告的进行过两次投诉，平台对第一次投诉进行了删除处理并予以回复，原告此时已经知道店铺尚未关闭，为何第二次投诉中没有明确要求关店，而是两次投诉请求保持一致，到底希望平台哪些工作？

（6）除了低价之外，你们如何通过店铺中的信息认定其全店都是侵权产品，具体的标准是什么？有无向平台知会过？

（7）原告跟工厂之间就超额生产的产品处理方式是如何约定的？

（8）原告在投诉时是否就店铺中的产品进行过价格上的一一比对？

（9）原告之前为什么大量的投诉之后又撤回投诉？如果是工作失误的话，可否在投诉时就能避免？

原告向我们一方提出了如下发问：

（1）平台和卖家之间是何关系？盈利模式如何？

（2）在什么情况下，平台规则会给予卖家关店的处罚？

结合上述案例，我总结了十个发问环节的技巧：

1. 重视发问环节，准备发问提纲和应对策略

发问并非可有可无，有意识地设计好发问提纲会给你带来意外的收获，而提前考虑一下对方可能的发问，想好回答的底线和要点也能帮助自己免于陷入被动局面。本案中，我在阅读案卷时便记录了从中发现的问题，最后选取关键性的疑问梳理出发问提纲。

2. 发问应当尽量遵循一以贯之的思路和主线

漫无目的地发问不但不会给对方造成实质性影响，还会给合议庭留下不好的印象。本案中，我的发问围绕着“平台网上是否存在低价但仍然是品牌正品的情形”“原告的投诉是否满足法定条件并遵守诚信原则”这两个思路展开。

3. 发问要以合议庭为对象、为合议庭服务

发问不仅是为了自己弄明白想问的问题，更重要的是通过发问向合议庭澄清事实，阐述道理，偏离了这一点，就失去了发问的本来意义。

4. 避免开放式的问题

提问应该具有针对性，尽量让对方给出确定性答复，开放式的问题会给对方留下太多回旋的余地，甚至有可能让对方抓住机会话锋一转，进而反守为攻。在本案中，我的提问大多是以“是否”“能否”“有无”等方式作出，使问题较为清晰明确。

5. 适当对对方的回答进行总结和引导

问答环节毕竟不是审讯，对方不会按照发问人的想法来回答，因此如果对方回答的问题不够明确，顾左右而言他，则应该在提出下一个问题之前，将对方的回答做一个简单的归纳，在此基础上继续发问，始终控制住发问的方向和节奏。本案中，原告在回答前两个问题时，提出确实可能存在工厂违约、员工偷窃等情况，此时我及时进行了总结：“也就是说，网上确实可能存在低价但是并非侵权产品的情形”，使对方的回答更加有利于己

方观点，也让合议庭对此有更为明确的认识。

6. 抓住漏洞扩大战果

发问过程中如果发现了有价值的线索和漏洞，应当继续深挖下去，扩大战果，浅尝辄止、蜻蜓点水似的提问是缺乏杀伤力的。本案中，原告在回答第三、四两问时，指出因为公证过的产品需要用于诉讼，因此没有向平台提供。我继续追问为什么不购买两件，一件用于诉讼，一件用于向平台投诉？从而指出其在投诉过程中怠于履行举证义务。

7. 问中有答，不拘泥于形式

虽然合议庭会控制双方以一问一答的形式进行发问，但可以采用一定的技巧在发问的时候对对方的疑问给予回应，在回答问题的时候适当提起反问，因为错过这个时机，接下来就没有机会对有关问题进行正面回应了。本案中，原告回答第三、四两问时指出即使向平台提供实物，如果没经过公证也是不会起到效果的。我在提出下一个问题之前对此先行予以了回应，指出平台规则并未要求一定要公证购买，而且附有实物的投诉跟普通投诉相应的对卖家的处罚力度完全不同，原告没有充分了解平台为保护知识产权所做的努力，先入为主的给平台做有罪推定，贸然提起了不该有的诉讼。

8. 回答问题言简意赅，强调有利的部分

在没有十足把握的情况下，回答问题尽量言简意赅，尤其涉及事实层面，扩展的太多就容易出现漏洞。同时争取筛选出对方问题中对自己有利的部分，加以强调。本案中，针对原告关于平台和卖家关系的发问，我强调了平台自创立至今始终遵循免费开店原则，不曾参与卖家的实际经营，也不在交易中分享直接获益，是纯粹的第三方平台提供商。对于平台的盈利模式则指出广告等可能的盈利途径。

9. 一味回避并非上策

可能有律师比较倾向于对没有把握的问题采用回避的策略，借口不了解情况或者涉及商业秘密等不予回答，但这样做很难取得合议庭的信任，因此还是要在可以回答的范围内正面回应，即便不回答也要给出一些解释和说得过去的理由，或者向合议庭说明进一步核实后回复。

10. 回答中出现的漏洞，注意在提问环节或其他环节予以弥补

问答环节出现漏洞是难免的，如果跟案件有较大的关联，应该予以记录，并在后续的问答或者辩论环节中找机会弥补。

三、小结

“铁水浇铸的证据也会有沙眼。”很多情况下，民事诉讼可以借鉴刑事侦查或者刑事辩护的思路，从多个角度寻求对手的漏洞以及查明事实的线索，发问环节在这方面给律师提供了良好的平台，重视和运用好发问的技巧会给代理律师带来许多意外的收获！

被投资人推上被告席的创业者

一、蜜月期

我跟海涛（化名）刚认识的时候，他刚从一家大型互联网公司离职创业，并且有几个原来的部下跟他一起出来。这种从名企走出来又有经验的团队，自然不少天使投资看好，所以海涛很快拿到了天使轮融资，然后风风火火地把创业项目开展了起来。

记得第一次见他是在新公司的办公室，他们租了一整幢小楼，里面的家具也都非常考究，海涛很兴奋地跟我讲了他的商业规划，并且说好的办公环境才能激发人的创造力，他要打造“快乐工作，快乐生活”的企业文化。说到融资的事，他颇为自豪地提到投资人听了他的商业计划，基本上都没做尽职调查就把钱打过来了。

二、冷战

过了有小半年，海涛给我打电话，说他的一个天使投资人派律师来查了他的账，想听听我的意见。

据海涛跟我描述，天使觉得他的财务不够规范，并且对于投资款的使用、公司决策等方面的处理都颇为不满，海涛也承认了自己的问题，律师离开前还把跟海涛的对话纪要打印出来，让海涛签了字。

我心想不妙，按常理投资人要查账也是找审计公司来查，派了律师来，还做了谈话笔录，显然不是查账那么简单。

“怎么突然想起来查账呢?”我问。

“项目推进得不顺利，外部环境变化很快，之前很多问题没预见到，”海涛略显尴尬地说。

我才明白过来，投资人是感到了项目失败的风险所以来调查，“这似乎是要准备后路了"，我提示海涛说。

他点点头："如果项目真的进行不下去，我愿意用自己的钱给投资人一部分补偿。"

出于职业习惯，我告诉海涛要有诉讼的心理准备，而且对方律师拿到的那份谈话记录对我们很不利，其中的一些记载表明他有违反跟投资人之间签署的投资协议的嫌疑。

话虽这么说，我内心还是不太相信投资人真的会起诉，毕竟天使阶段的投资本来就是风险最高的，这在投资界是个常识，创业项目十个有九个都成不了，如果因为项目没成就找一些经营不规范之类的借口去起诉创业者，那以后谁还敢拿投资人的钱呢？

三、不能承受的"罪名"

事实证明，我还是过于乐观了。不久之后海涛给我电话说收到了法院的传票，我拿到起诉状一看吃了一惊：投资人主张的竟然不是海涛违约，而是欺诈。与此同时，投资人还申请法院查封了海涛名下的房产。这也让海涛着实摸不着头脑，他给我看投资人跟他的聊天记录，实际上他已经明确表示过，会把大部分投资款返还，为什么投资人还要起诉呢？更想不明白的是为什么还要说海涛欺诈，毕竟如果投资人主张违约，那么赢面是很大的（有那个谈话笔录在），但主张欺诈难度就大了，用海涛的话说，你见过谁把皮包公司开到自己家门口的（海涛的项目公司和他家在一个园区里）。想来想去，可能的原因只有两个。一点是，如果欺诈主张成功被法院认可，就可以撤销合同进而让海涛返还全部的投资款；另一点更重要，给海涛安上一个欺诈的"罪名"，可以让投资人撤资这件事占据道德上的制高点，如果说投资人因为创业失败撤资会被同行耻笑，但被人骗了钱想要回来可就是天经地义了。海涛非常生气，他说这官司必须打，而且不能和解，自己不愿意背这个黑锅。

四、拨云见日

欺诈像一块阴云笼罩在海涛心头，但也正是投资人这个看似讨巧的选择，给了我们绝好的机会。我跟海涛说不用怕，欺诈的事你没做过，我们证明给法官看就好了。

围绕这个核心问题，我们向法院出示了一系列证据：

（1）海涛项目公司与数十名员工签署的劳动合同和工资的发放记录；

（2）项目公司与上游供应商的合作协议；

（3）项目公司几位核心创始人的履历（均来自知名互联网公司）；

（4）项目公司办公楼租赁合同、家具购买合同以及对应的付款凭证；

（5）创始人微信朋友圈记录（显示海涛曾多次在朋友圈发布招人信息，并配上办公环境的照片）；

（6）项目公司注册的商标域名以及开发完成的电商购物网站。

除了这些，在庭审阶段，海涛和其他几位联合创始人都接受了法官的问询，从他们回应的底气、一致性和更多关于创业的细节上，法官应该感受到了这群人的诚实和品质。

就在我们觉得事情向着有利于我们方向发展的时候，一个意外出现了，主审的法官主动质疑说这个案子欺诈倒是不太像，但投资人给了很多钱就拿了那么一点点的股权，是不是有点显失公平呢？

看来法官对互联网行业里风险投资的操作模式并不了解，尽管与原告主张无关，但我们仍然不想掉以轻心。第二次开庭时，我提交了几家第三方研究机构的报告，上面整理了近年来大量创业公司的融资额度和对应的股权出资比例。法官终于理解了创业公司股权所具有的商业价值，并最终给出了一份完胜的判决，驳回原告所有诉讼请求，海涛不必向投资人返还一分钱。

之后投资人不服，向杭州市中级人民法院起诉，中院经过审理维持了原判，被查封的房产也予以解封，至此乌云终于散去。

五、并非个案

现在回想起来，那段时间刚好是资本热烈追捧互联网项目的阶段，“起高楼、宴宾客、楼塌了”的事件不断上演，所以没过多久我就陆续接到这方面的咨询。

最典型的是我一位投资人朋友，他跟创业者在投资协议中约定了“对赌条款”，大致意思是如果创业者在约定时间达到一定的业绩，投资人继续追加投资，否则创业者以约定的价格回购投资人之前的股权。最终由于业绩没有达到，投资人想启动这个条款了。

“本来不想追究的，这个创业者很过分，挪用项目公司的钱去做别的事情。”投资人朋友道出了事情原委。

司法实践中，法院是认可对赌条款效力的，尽管很多投资人不会真的动用这一条，毕竟对赌绑定到创业者个人，弄不好会倾家荡产，但一旦像这位朋友说的情况出现，投资人恐怕就不会姑息了。我帮他算了一下，这个创业者如果按照“对赌条款”执行，恐怕要拿出上亿元的回购款和违约金。

事实上投资人和创业者颇像一对欢喜冤家，双方因为看好同一个创新项目走到一起，一方出钱一方出力，但绝不意味着二者的利益诉求完全一致。投资人关心的是投资回报，创业者则希望公司按照自己设想的轨道运行，双方在财务、股权架构、公司治理等各个环节都需要维持一种动态平衡的关系，一旦处理不好，从恋爱到分手也就是分分钟的事。

“找人、找钱、定方向”是创业者的三大要务，其中找钱（投资）是最讲求规则和契约精神的环节，从这个意义上讲，说法律是创业者的必修课真是一点儿都不过分。

回到当初这个融资纠纷案，法官说“投资人投那么多钱就拿一点点股权”还是有些道理的。正因如此，投资人才设计出复杂的协议来保护自己，所以创业者不要只盯着人家的钱，把协议看明白了再签字，签完字就按照协议执行，才更可能跟投资人携手同行。

为什么“技术中立”和“避风港”都救不了快播

一、快播同时卷入刑事犯罪和行政处罚引发关注

快播案的影响力已经远远超出了法律领域，之前快播的负责人王欣和一些高管因为涉嫌传播淫秽物品被追究刑责，之后又发生了快播针对深圳市市场监督管理局开出的2.6亿元天价罚单提起行政诉讼的事情，所以说快播受到了公众的持续关注。

对快播的关注引发了大众的大讨论，这场讨论主要集中在两个问题：第一个问题是快播这样的技术为什么不能适用技术中立原则，第二个问题是为什么避风港原则快播也不能适用。下面我就论述一下为什么技术中立原则和避风港原则都没有能够挽救快播。

二、P2P技术是把网络参与者同时变成服务器的文件传输方式

讨论技术中立原则之前先得明白快播的技术原理。快播的技术叫P2P技术，正好我有计算机专业的背景，对此还算比较熟悉。P2P指点对点的传播方式，当我在快播上面下载一个内容，比如说视频的时候，实际上我自己用的电脑同时就被快播当成了一个服务器，这样就可以向其他人去分发了，其他人就把我的电脑当成了一个视频的来源，可以从我的电脑里下载这个视频。P2P技术就是有这样的一个技术特性，使信息的传播不再仅仅是从快播的服务器上，而是每一个用户的电脑都成了一个分发的节点。这是快播技术的一个特质，P2P技术将服务器分散化，信息不再集中在少数服务器上。按照技术中立原则，这个技术其实不仅仅是可以用来传播一些淫秽物品，也可以传播一些好的东西。

三、技术中立原则：技术可以用于实质性非侵权用途则不应具备可责性

技术中立原则是 1984 年美国最高法院在“环球电影制片公司诉索尼案”中确立的，当时索尼做了一个录像机，这个录像机可以实现的功能是：当观众在看电视的时候，它可以把观众看的节目或者观众没看但是其他频道在播放的节目录制下来。环球制片公司对此提出了反对，称把其拥有版权的节目录制下来看侵犯了环球制片公司的版权，所以就把索尼告上了法庭。而最后法院判决认为索尼不构成侵权，原因是这种在观看的同时录播的技术是可以用在其他正当的不违法的领域的，只是观众在用的时候可能侵犯了某种权利，但是它也可以被用在一些非侵权的领域。所以，只要这个技术可以实质性地用在非侵权的领域，那么技术的提供者就不能被认定为侵权，这就是所谓的技术中立原则。如果技术可以用于实质性非侵权用途，则技术的提供者不应具备可责性。从这个角度上看，其实快播是符合的，因为快播本身也可以用来传播一些好的东西，一些不违法的东西。

四、王欣等涉嫌将 P2P 技术用于非法用途

但是为什么快播的高管要面临刑事责任呢？为什么法院没有采纳这个所谓的技术中立原则呢？而且快播的律师也确实在庭审过程当中主张过快播应该适用技术中立原则。原因是快播案件有一个不同的地方：快播并不是把这个技术提供完了之后就不管了，快播技术在使用的过程当中，快播公司是一直使它处在一种控制、使用、维护甚至是积极利用的状态之下。所以在这个过程当中，快播就不能说自己只是提供了一个技术而已，因为快播还在用这个技术积极去做其他的事。1981 年里根总统遇刺后，曾说过：“枪不杀人，是人在杀人。”所以枪本身没有罪，但是使用枪的人有罪。这个时候如果你作为这个枪的提供者，你使用了这把枪，你就不能再主张枪也可以干好事，也可以用作打猎等，因为你在用它做违法的事情，所以你就不能再说自己没有责任了。这就是像王欣和那些高管被认定为传播淫秽物品牟利罪的一个最核心原因，因为技术中立原则在他们的案件中不适用。

五、避风港原则的例外：红旗原则

深圳市市场监督管理局对快播开了2.6亿元的罚单，因为其被举报传播了大量的侵权的盗版视频。对此很多人又会有疑问：快播是一个传播的平台，而且那些盗版电影等信息又都是用户自己上传的，为什么快播不能主张适用避风港原则呢？快播是平台，侵权信息不是快播自己上传的，如果有人发现有侵权信息且向快播举报，快播删掉后就不用为此负责了。其实快播不适用避风港原则是因为避风港原则有一个例外叫红旗原则，就是当平台上面的信息非常明显就是侵权的时，就像一面红旗挂在那里，只要平台管理者的眼睛没问题，是都能看得见的，这个时候平台就不能在被动地等权利人通知平台后再去处理侵权信息，平台这个时候应该积极主动地处理侵权信息。再拿快播对照一下，其实快播是可以发现侵权信息的，因为最后快播已经成了大量盗版视频传播的工具了，这个时候快播就应该采取一些积极主动的控制措施，但是快播并没有采取，所以深圳市市场监督管理局才认为快播不能适用避风港原则，对快播处以了高额的罚金。

六、快播的启示：技术创新不能无所顾忌

所以，论述到这里，大家就会明白技术中立与避风港原则都没有能够把快播从违法的境地中挽救回来。快播事件其实也给互联网创业者一些启示：互联网创业者不要觉得自己用的是新技术，而法律又给这些新技术的提供者做了一些特殊的规定，给予了新技术提供者一些保护性的措施，互联网创业者就可以随便地用这些新技术。事实上，立法者在立法的时候是有一些考量的，他们想到了一些例外的情形，而使提供者不能对这些技术加以滥用。如果新技术提供者碰到了这些禁区的话，其仍然是要面临相应的法律责任。在这个问题上，快播就是一个很好的例子。

数据与隐私

花总，您的个人信息保护还要再等等

有一位网络大V花总拍摄了一段视频叫“杯子的秘密”，在网络上广为流传。因为这段视频揭露了14家国内五星级酒店的卫生乱象，视频当中不断出现酒店服务员用客人的浴巾将马桶、杯子等进行清洗的一系列操作，令所有人对国内酒店的卫生现状表示出强烈的担忧。

视频流传以后不久，就立刻又曝出一个惊人的消息，花总的护照被两家涉事酒店工作人员直接发到了酒店交流群用以提醒其他酒店——小心花总的入住。此后这两家酒店承认了泄露花总信息的事实并且道歉。根据媒体的报道，花总已经委托律师追溯泄露的源头。

这个事件涉及两个焦点问题：卫生和个人信息。作为花总这样的消费者，他一定感到很无奈，五星级酒店连客人的杯子都洗不干净，起码的卫生要求都做不到，但比这更无奈的是，花总的个人信息保护似乎就显得更加微不足道。所以我们看到两家酒店的工作人员不约而同地把花总的护照堂而皇之地丢到了数百人的交流群里，似乎没有一点心理负担。似乎在他们看来，这样的事情比起杯子没洗干净和用浴巾擦马桶来说简直不值一提，而这恐怕就是目前我们国家民间对于个人信息保护方面的认知水平现状了吧。

难怪有不止一位互联网大佬说过我国国民对于个人信息和隐私没有那么重视，所以给互联网大数据应用留出了一定的发展空间，真是不得不佩服大佬们对于中国国情掌握得相当透彻。笔者曾经与上海财经大学法学院副院长胡凌教授做过一期对话节目，笔者问他是否认为个人信息在现阶段有必要进行全面立法保护，胡教授提了一个很有意思的观点，他认为权利是要靠斗争来获得的，一项权利是不是能够在立法层面得到重视，这跟作为权利人的维权意愿有着莫大的关系，如果你自己觉得个人信息很重要，通过各种方式积极地去争取权利，那么立法层面被认可的可能性就大；反之权利人自己都不看重，那么立法层面就不一定需要单方面做出一套制度，因为任何立法的实施都是会带来社会成本的增加的。

笔者觉得胡教授的看法很有道理，个人信息作为一项民事权利被呼吁了这么多年，但最终还是没有出台一部专门的立法给予保护，原因恐怕跟民众自身的重视程度有着很大的关系。想想看，我们住的酒店连杯子都还没洗干净，哪还轮到去保护个人信息呢？当然也不能过于悲观，好消息不是没有，2018 年 9 月，全国人大公布了十三届全国人大常委会的立法规划，其中《个人信息保护法》是第 61 个项目，那也就意味着这部法律是属于条件比较成熟，将在此届人大常委的任期内提请审议的。我们知道全国人大任期是五年，上一届的人大常委会任期是到 2018 年 3 月届满，现任的人大常委会任期其实是刚刚开始，那也就意味着快则一两年，我们就会迎来一部全新的《个人信息保护法》。个人信息保护单独立法也确实是一个趋势，我们周边的日本、新加坡等国家都制定了统一的个人信息保护法，而且从我国新制定的《电子商务法》也看得出来，电商法对于个人信息保护并没有做过多的涉及，显然都是想把问题交给《个人信息保护法》去专门解决。

笔者也看了一下最新版本的《个人信息保护法》草案，是分为五章，其中最有实质性的是第二、三、四章，分别规定了个人信息权、国家机关对于个人信息的处理规范以及非国家机关（企业）对于个人信息的处理规范。其中第二章明确将个人信息作为一项权利进行规定，这项权利的范围甚至比一般的财产权还要宽泛，包括了信息决定、信息保密、信息查询、信息更正、信息封锁、信息删除、信息可携、信息被遗忘等在内的对个人信息进行支配、控制以及排除他人侵害的权利。而后面两章就是对国家机关以及企业收集、使用、传输个人信息的行为进行规范的规定。从这个草案的架构上看，对个人信息的保护是非常严密的，如果日后真的能够出台，那么类似于花总遇到的这种情况就更加的有法可依了。

不过，笔者认为这部法律目前的变数在于能否按照现在的框架和主要内容被审议通过。因为就像胡教授讲的立法的实施会带来社会成本，而这部立法从内容上看，它的实施成本主要是要由国家机关和企业来承受的。那么他们愿意吗？以笔者之前参与立法的经验，这两类主体在立法过程中可是有着相当高的话语权的，相比较而言，作为权利人一方的消费者或者说普通民众，他们的声音就比较分散，不太容易被听见了，所以这一次消费者权益保护协会可要承担起历史使命才行。当然，作为个人信息保护法的另外两个重要当事人，也就是国家机关和企业，恐怕个人信息合规方面的预算要提前准备起来了，已经在这方面有所研究和实践的法律人，恭喜您，在看得见的几年时间里，您的市场行情明显看涨。

数据出境安全评估关键问题梳理

一、兵马未动，数据先行

互联网模糊了商业的地域界限，大量的互联网产品和服务会同时被不同国家的用户使用，这些产品的跨国界流动同时意味着数据的跨境流动，数据可是互联网时代的水电煤，对于这种有着战略意义的资源，我国立法有着特殊的要求，尤其是关于数据出境流入其他国家之前，要进行一个重要动作就是安全评估。

二、谁都别想跑

《网络安全法》第37条是目前在法律层面唯一一条规定了数据出境安全评估的规定，从内容上看似乎只有对关键信息基础设施的运营者才有数据出境安全评估的要求。

《网络安全法》第37条："关键信息基础设施的运营者在中华人民共和国境内运营中收集和产生的个人信息和重要数据应当在境内存储。因业务需要，确需向境外提供的，应当按照国家网信部门会同国务院有关部门制定的办法进行安全评估；法律、行政法规另有规定的，依照其规定。"

然而，如果互联网公司认为自己不属于关键信息基础设施运营者从而可以豁免数据出境安全评估的义务，那么他们的想法就过于简单了。

2017年4月11日，国家互联网信息办公室就《个人信息和重要数据出境安全评估办法（征求意见稿)》（以下简称《评估办法》，该办法征求意见的发布日期为2017年4月11日至2017年5月11日）公开征求意见，作为《网络安全法》的一个重要配套办法，其中第2条明确规定："网络运营者在中华人民共和国境内运营中收集和产生的个人信息和重要数据，应当在境内存储。因业务需要，确需向境外提供的，应当按照本办法进行安全评估。”也就是说，不只是“关键信息基础设施的运营者”，所有“网络运营者”都有数据出境安全评估的要求。

更厉害的是，《评估办法》第16条还继续规定了：“其他个人和组织在中华人民共和国境内收集和产生的个人信息和重要数据出境的安全评估工作参照本办法执行。”不留一点死角，互联网公司就别存在侥幸心理了。还有，虽然人家是征求意见稿，但可以预见，在正式的办法中不太可能再做大的调整。

三、这个配套的办法解决了很多问题

“网络安全法”就提了一条关于数据出境安全评估的要求，显然大家无所适从啊，那么网信办发布的这个《评估办法》自然就成了“及时雨”，咱们先看看这场雨能解决多少问题：

问题一：究竟什么是“数据出境”？

依照评估办法的规定，数据出境是指网络运营者将在中华人民共和国境内运营中收集和产生的个人信息和重要数据，提供给位于境外的机构、组织、个人。

问题二：数据出境安全评估工作是谁来做？

依照评估办法的规定，国家网信部门统筹协调数据出境安全评估工作，指导行业主管或监管部门组织开展数据出境安全评估；行业主管或监管部门负责本行业数据出境安全评估工作，定期组织开展本行业数据出境安全检查；网络运营者应在数据出境前，自行组织对数据出境进行安全评估，并对评估结果负责。

也就是说，网信办是总管和指导单位（必要时可以直接主持安全评估），但实际负责安全评估和检查的是行业主管和监管部门，既然分行业，那么显然不止一家了，行业主管机关的问题后文还有更多具体结论。

而最后，网络运营者在数据出境前应当自行组织评估，并且要求每年对数据出境至少进行一次安全评估，及时将评估情况报行业主管或监管部门。

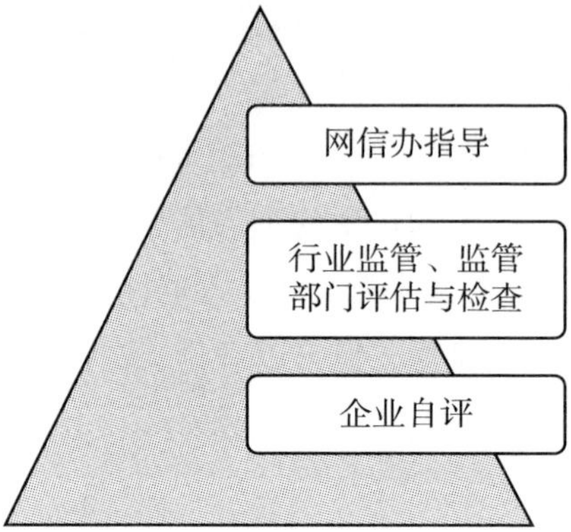

图 37

问题三：个人信息出境有什么特殊要求？

根据《评估办法》第 4 条："个人信息出境，应向个人信息主体说明数据出境的目的、范围、内容、接收方及接收方所在的国家或地区，并经其同意。未成年人个人信息出境须经其监护人同意。"

问题四：数据安全评估，到底评估哪些内容呢？

根据《评估办法》第 8 条，数据出境安全评估应重点评估的内容包括：

表 7　重点评估内容

（一）数据出境的必要性；
（二）涉及个人信息情况，包括个人信息的数量、范围、类型、敏感程度，以及个人信息主体是否同意其个人信息出境等；
（三）涉及重要数据情况，包括重要数据的数量、范围、类型及其敏感程度等；
（四）数据接收方的安全保护措施、能力和水平，以及所在国家和地区的网络安全环境等；
（五）数据出境及再转移后被泄露、毁损、篡改、滥用等风险；
（六）数据出境及出境数据汇聚可能对国家安全、社会公共利益、个人合法利益带来的风险；
（七）其他需要评估的重要事项。

问题五：什么情况下，数据出境安全评估需要报请行业主管或监管部

门进行？

根据《评估办法》第9条，出境数据存在以下情况之一的，网络运营者应报请行业主管或监管部门组织安全评估，行业主管或监管部门不明确的，由国家网信部门组织评估：

表8 评估

（一）含有或累计含有50万人以上的个人信息；
（二）数据量超过1000GB；
（三）包含核设施、化学生物、国防军工、人口健康等领域数据，大型工程活动、海洋环境以及敏感地理信息数据等；
（四）包含关键信息基础设施的系统漏洞、安全防护等网络安全信息；
（五）关键信息基础设施运营者向境外提供个人信息和重要数据；
（六）其他可能影响国家安全和社会公共利益，行业主管或监管部门认为应该评估。

问题六：什么情况下，数据就无法出境了？

根据《评估办法》第11条，存在以下情况之一的，数据不得出境：

表9 数据不得出境的情形

（一）个人信息出境未经个人信息主体同意，或可能侵害个人利益；
（二）数据出境给国家政治、经济、科技、国防等安全带来风险，可能影响国家安全、损害社会公共利益；
（三）其他经国家网信部门、公安部门、安全部门等有关部门认定不能出境的。

问题七：安全评估所针对的“个人信息”和“重要数据”具体指什么？

根据《评估办法》，个人信息是指以电子或者其他方式记录的能够单独或者与其他信息结合识别自然人个人身份的各种信息，包括但不限于自然人的姓名、出生日期、身份证件号码、个人生物识别信息、住址、电话号码等。

重要数据是指与国家安全、经济发展，以及社会公共利益密切相关的数据，具体范围参照国家有关标准和重要数据识别指南。

四、剩下的问题要去国家标准里找

跟《网络安全法》相比，《评估办法》的确给我们提供了更多信息，但从实操层面，仍然有着大量的问题没有解决，如数据安全评估的内容，只给出了一些评价的维度，没有具体的标准，如何落实呢？

好在，办法中还提到了一个关键信息：国家有关标准和重要数据识别指南。顺着这条线索，我们又找到了一个重要文件，就是国家标准《信息安全技术数据出境安全评估指南（征求意见稿）》（以下简称《评估指南》，该指南征求意见的发布日期为2017年8月30日至2017年10月13日）。这个《评估指南》标准由全国信息安全标准化技术委员会提出并归口，起草单位阵容豪华包括：上海华东电信研究院、工业和信息化部电信研究院、公安部第一研究所、阿里巴巴、腾讯公司等。

《评估指南》开宗明义，本标准提出了个人信息和重要数据出境的安全评估流程、要点和方法，适用于网络运营者开展的个人信息和重要数据出境安全自评估，以及国家网信部门、行业主管部门组织开展的个人信息和重要数据出境安全评估。再结合发布的时间和起草单位可以看出它的分量，而其中的有效信息就更丰富了，进一步为我们提供了更多有关数据出境安全评估问题的答案（再一次，虽然是征求意见稿，但个人认为正式成文后变动空间不大）。

问题八：《网络安全法》和《评估办法》中都提到需要进行出境安全评估数据是境内运营中收集和产生的个人信息和重要数据，那么什么是境内运营？

《评估指南》第3.2条指出，境内运营指的是网络运营者在中华人民共和国境内开展业务，提供产品或服务的活动。而判断判断网络运营者是否在中华人民共和国境内开展业务，或向中华人民共和境内提供产品或服务的参考因素包括但不限于：使用中文、以人民币作为结算货币、向中国境内配送物流等。

此外，有两种特殊情形需要注意：

（1）未在中华人民共和国境内注册的网络运营者，但在中华人民共和国境内开展业务，或向中华人民共和境内提供产品或服务的，属于境内运营。

（2）中华人民共和国境内的网络运营者仅向境外机构、组织或个人开展业务、提供商品或服务，且不涉及境内公民个人信息和重要数据的，不视为境内运营。

问题九：个人信息具体都包括哪些信息？

《评估指南》第3.3条指出，个人信息是指以电子或其他方式记录的能够单独或与其他信息结合识别自然人身份的各种信息，如姓名、出生日期、身份证号、个人账号信息、住址、电话号码、指纹、虹膜等。同时注明：关于个人信息的范围和类别可参考《信息安全技术个人信息安全规范》附录A。

此外，《评估指南》第3.4条还明确了敏感程度更高的个人敏感信息，指一旦泄露、披露或滥用可能危害人身和财产安全、损害个人名誉和身心健康、导致歧视性待遇等的个人信息。通常情况下，身份证号、银行卡号、健康记录、生物识别等属于个人敏感信息。同时注明：关于个人敏感信息的范围和类别可参考《信息安全技术个人信息安全规范》附录B。

问题十：重要数据具体都包括哪些数据？

《评估指南》第3.5条指出，重要数据是指相关组织、机构和个人在境内收集、产生的不涉及国家秘密，但与国家安全、经济发展以及公共利益密切相关的数据（包括原始数据和衍生数据），具体范围见附录A。同时注明，经政府信息公开渠道合法公开的，不再属于重要数据。

查看《评估指南》附录A《重要数据识别指南》，其中按照不同行业罗列出具体的重要数据类型，在此仅摘录“电子商务”行业为例，A.26电子商务重要数据包括但不限于：

表10 重要数据

1.	个人在电子商务平台的注册信息，包括姓名、性别、年龄、住址、婚姻、学历、职业、收入、账户、联系方式等；
2.	企业在电子商务平台的注册信息，包括企业名称、住址、证照编号、经营范围、账户、联系方式等；
3.	电子商务交易记录以及相关的个人消费习惯及偏好和企业经营数据等；
4.	电子商务交易记录以及相关的个人消费习惯及偏好和企业经营数据等；
5.	电子商务交易各方的信用记录和信用评价信息；
6.	电子商务平台企业的经营数据；
7.	电子商务相关服务信息，包括支付和融资信息、物流信息等；
8.	对上述数据进行加工形成的涉及国计民生的全国或区域经济运行、行业发展情况的统计分析报告等。

问题十一：不同行业数据出境安全评估的主管机关都是哪些？

《评估指南》附录A《重要数据识别指南》给出了不同行业的安全评估主管部门，在此选择了部分跟互联网经济较为密切的门类，列表如下：

表11 分类

序号	行业	主管部门
1.	通信、电子信息	邮政局
2.	地理信息（互联网地图、导航信息）	国土资源部（国家测绘地理信息局、国家海洋局）
3.	邮政快递	工业和信息化部
4.	金融（互联网金融）与征信	人民银行
5.	电子商务	商务部

问题十二：数据出境安全评估工作遵循怎样的流程？

《评估指南》第4.1条给出了评估总体流程，即数据出境安全评估首先评估数据出境目的，数据出境目的不具有合法性、正当性和必要性，不得出境。在此基础上评估数据出境安全风险，将数据出境及再转移后被泄露、损毁、篡改、滥用等风险有效地降至最低限度。具体流程见图38。

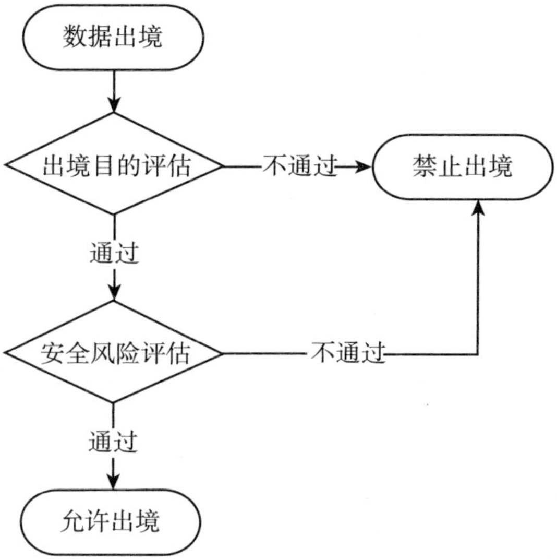

图 38　数据出境安全评估总体流程

问题十三：《网络安全法》要求网络运营者应每年开展安全自评估，这项工作应该在什么情况下启动？

《评估指南》第 4. 2. 2 条指出网络运营者应每年开展安全自评估，满足以下条件之一时启动评估：

（1）涉及数据出境的；

（2）关键信息基础设施运营者进行数据出境之前的；

（3）已完成数据出境安全自评估的产品或业务所涉及的个人信息和重要数据出境，在目的、范围、类型、数量等方面发生较大变化、数据接收方变更或发生重大安全事件的；

（4）按照行业主管或者监管部门要求启动的。

注意（1）当网络运营者的数据出境满足连续出境的条件时，视为一次出境行为，免于重复评估；

注意（2）连续出境是指数据出境的目的、接收方相同，范围、类型、数量不发生较大变化，且两次数据出境间隔不超过一年的。

问题十四：《评估办法》第 11 条规定了数据不能出境的几种情形，有具体的考量标准吗？

《评估指南》第 4. 2. 5 条对此进一步规定，网络运营者需按照本标准第五章中的评估要点及附录 B 中的评估方法进行安全自评估。经评估，数据出境计划不满足出境目的评估中合法性、正当性和必要性要求的或数据出境安全风险评估中的出境安全风险为高或极高的，个人信息和重要数据不得出境。

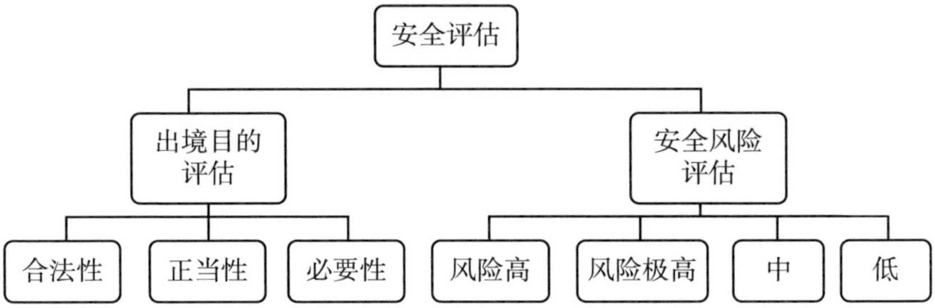

图 39

问题十五：那么“合法性、正当性和必要性要求”又作何解释呢？

对应的解释记录在《评估指南》第 5.1 条“评估要点”中，归纳列表如下：

表 12　评估要点

	包括情形	备注
合法性	1. 不属于法律法规明令禁止的；	注 1：拨打国际及漫游电话、发送国际电子邮件、进行国际即时通信、通过互联网进行跨境交易以及其他个人主动行为，视为个人信息主体已经同意。 注 2：将合法向社会公开披露的个人信息出境，视为个人信息主体已经同意。 注 3：网络运营者在取得个人信息主体同意前，应将数据出境目的、类型、数据接收方情况及数据出境可能存在的风险，网络运营者的联系人及其联系方式等信息明确告知个人信息主体。 注 4：当网络运营者隐私规则发生变更、数据出境目的、范围、类型、数量发生较大变化、数据接收方发生变更或数据出境风险发生较大变化时应重新取得个人信息主体同意。
	2. 不属于国家网信部门、公安部门、安全部门等有关部门认定不能出境的。	

续表

	包括情形	备注
正当性	1. 个人信息主体已同意的。虽未经个人信息主体同意但是危及公民生命财产安全等紧急情况除外；	
	2. 不违反相关主管部门规定的。	
必要性	1. 履行合同义务所必需的；	
	2. 同一机构、组织内部开展业务所必需的；	
	3. 我国政府部门履行公务所必需的；	
	4. 履行我国政府与其他国家和地区、国际组织签署的条约、协议所必需的。	

问题十六：除出境目的“三性”之外，还有“数据出境安全风险评估中的出境安全风险为高或极高”也不的出境，这又作何解释？

对应的内容记录在《评估指南》附录 B 中，其中对于安全风险评估给出了多个详细的评价维度以及对应的加权分数，最后根据分数给出综合评价，简言之安全风险综合评估是根据国家安全、经济发展、社会公共利益和个人权益受影响程度以及安全事件可能性两方面进行综合评价，分析数据出境活动整体的安全风险级别，安全风险级别划分为极高、高、中、低四个等级，对风险级别的判定可参考表 13。

表 13　风险级别

	安全事件可能性等级		
影响程度等级	1	2	3
≥5	**高**	**极高**	**极高**
4	中	**高**	**高**
3	低	中	**高**
2	低	中	中
1	低	低	中

更多具体的判断评价维度以及方法，可见《评估指南》附录 B。

五、小结

看来，数据出境安全评估的立法逻辑是法律——部委规章——国家标准，逐级细化而成，这其中有大量的细节需要企业在合规工作中注意，当然也包括在实践中不断了解执法机关的评判尺度，相信不是一项轻易可以完成但同时对有数据出境需求的企业有着重要意义的工作。

网络“黑灰产”的乱象与治理

网络“黑灰产”，也就是网络里面的“黑色”和“灰色”产业链。

浙江省绍兴公安局在2018年8月告破了号称“史上最大数据窃取案”的案件，有30亿条公民信息被窃取，主犯竟然是北京的一家新三板上市公司，作案手法是借助给网络运营商提供营销系统服务的机会，直接从运营商服务器中截取用户的Cookie、访问记录等关键数据，然后利用这些数据为网络大V提供刷量、加粉等服务，一年的营收能超过3000万元。几乎在同一时间，还有一个与此相类似的案例就是新闻报道华住集团旗下包括汉庭、桔子、全季等在内的多家酒店住宿信息被泄露，有线索显示已经有五亿条信息流向了黑市交易。

如此大规模的数据失窃和泄露，我们似乎听上去已经有点习以为常见怪不怪了，因为在过去类似的事件也时有发生。事实上互联网在近十几年里飞速发展的同时，也造就出一个庞大的“黑灰”产业，数据只不过是其中一个组成部分而已。整个网络“黑灰”产业链条可以从整体上分成上游和下游两个部分。上游主要包括：

（1）一些黑客类软件的研发，例如，木马和病毒；

（2）身份信息的盗用，包括采用木马病毒撞库、向低收入人群收买等方式取得个人信息的所谓“四件套”，也就是银行卡、身份证、手机卡、网银U盾。

（3）借助“四件套”注册获取各种各样的网络账号。基本上可以通过个人信息“四件套”获得任何平台的注册账号。当然，在黑产业链当中需要海量的注册账号，所以要用到机器去自动注册，这期间还涉及注册码的自动识别等一系列智能化的技术手段。

有了上述提供的战斗装备之后，下游就是花样百出的变现手段，包括：

（1）电信诈骗；

（2）受到委托和指使的网络攻击；

（3）盗窃资金；

（4）刷票、刷单、刷榜、刷评论、刷粉丝，流量劫持；

（5）优惠券薅羊毛；

（6）垃圾短信及精准营销等。

如果再“黑”一点，那就涉及了洗钱以及黄赌毒了。所以，这样一个由上游和下游组成的完美契合的产业链究竟有多大规模呢，南都大数据研究院和阿里巴巴联合发布的《2018 网络黑灰产治理研究报告》显示 2017 年我国网络“黑灰”产规模已经达到上千亿元，而相比之下网络安全产业的规模仅仅 450 亿元。我们常说邪不压正，但是目前在这个领域暂时是“正压不住邪”的。为啥压不住呢？笔者个人分析有这样几点原因：

第一个原因是掌握着大量个人信息的关键机构里面出现了“内鬼”。南都研究院的报告里面就统计 2016 年到 2017 年 5 月，公安机关一共抓获了 5000 多个侵犯公民个人信息罪的嫌疑人，而这其中有 450 多人是“各个行业”内部人员。这些“各个行业”主要是银行、保险、卫生、交通、快递等跟公民信息和隐私密切关联的行业。

我们日常生活中也不乏这样的经历，买车上完保险之后各大保险公司都给你发广告短信，小孩在社区医院打了预防针，马上各种早教机构给你打电话推销早教课程。这些恐怕都是“内鬼”导致的结果。

第二个原因是执法取证难。网络上面的黑灰产业背后都有诸多隐蔽的技术做支撑，违法行为难以侦查取证和追责。尽管司法解释已经把侵害公民个人信息罪的入罪门槛定得极低，但是在实践当中要去追寻这些信息的源头和渠道是非常困难的，公安机关也只能优先处理那些大案、要案，如果全面都开展执法的话，侦查力量是跟不上的。

第三个原因是“黑灰”产业链当中的“灰色”部分实际上在法律上难以界定，而且那存在非常强大的客观市场需求。由于数据、流量等在网络世界当中日益具有战略意义，所以很多相关产业都游走在法律的边缘，很难说一定是违法还是一定不违法。而且由于公共数据的开放力度不够，导致为了开展业务不可避免的很多公司要通过非正规的渠道来获得数据，这期间利益牵扯非常的复杂，立法和司法都难以在一时间给出明确的定论。

网络“黑灰产”治理层面也取得了一些突破性的新进展，在这方面首先值得一提的突破就是技术。例如，以腾讯安全团队为代表的态势感知技术，通过对“黑产”的数据分析，挖掘出黑产背后的恶意走向并将其反馈到风控模型，提前进行防控和预警，在实践当中曾经挖出过一整条的黑产链条。当然，要做到这一点前提仍然是要拥有跨平台的海量数据，目前业内恐怕只有少数几家生态级的公司能够做到，如果想在行业里面大规模的推广，则有赖于更多的公司一起联防联控。此外，包括快速成熟中的区块链技术也有望在用户信息和网络安全方面带来全局性的突破。

除了技术创新之外，在网络“黑灰产”治理领域里面的另外一个突破性进展来自主管机关的高压态势。《网络安全法》实施以来，公安机关和网信办正在以越来越密集的执法来清理和打击网络黑灰产，尤其是近期大数据行业里面大量的从业者被警方带走调查的消息被广泛报道，全国范围内对数据黑产的“严打”正在展开，看来很多人要因此失去自由了。事实上，网络“黑产”影响到的不仅仅是经济领域，还有国家安全。大量的数据被“黑产”从业者带到了境外或者是在黑市暗网里面交易，显然都会影响到国家安全，所以公权力机关的严打也就不难理解了。

第三个方面的突破当属公共数据的进一步开放。这个是从源头来解决问题的一项重要举措，毕竟如果数据有合法来源谁愿意用非法的。在这方面，《电子商务法》第 19 条明确了国家推动公共数据共享机制，促进电商经营者依法利用公共数据。而上海市出台的《公共数据和一网通办管理办法》第 13 条也对公共数据整合、共享和开放作出了具体的规定。“问渠哪得清如许，为有源头活水来”，公共数据的活水注入进来，“黑产”数据的“污水”自然也就被冲刷干净了。

作为数据或者其他相关业务的公司法务，免不了跟“黑灰产”打交道，该如何识别“黑灰”产业相关的风险并且做好应对呢，以下几个原则可以参考：

第一是尽量获取一手数据。如果用二手数据，最好做好数据源头的背景调查，可以同时把合作的这家源头公司以及他的竞争对手一起做背调。如果它的同类企业或者竞争对手已经出了事情，如已经被执法机关检查或者负责人带走调查，那么就会有比较大的风险了，同时尽可能地去获取包括用户在内的三重授权，或者用户对这些信息的补授权。

第二是务必做好数据安全管理和关键人员的管控。包括防范数据的泄露以及内鬼倒卖数据，在数据传输的过程当中做好脱敏和安全评估，对外尽量提供数据分析的结果而不是数据本身。

第三是建立自己的风控模型并且实时记录风控的监测效果和异常事件以备日后主管机关检查。如果自身的研发能力不够可以引入第三方的风控体系，当然这个时候要注意要引进可靠的第三方，避免数据的再次泄露和污染。

“个人信息”风头为何盖过“个人隐私”

很多人是分不太清楚个人信息和个人隐私的区别的，包括笔者自己也很长一段时间内也受到这个问题的困扰。我国其实比较早就在民法的体系里面对个人隐私的保护有所规定，但是这么多年过去了，个人隐私制度始终没有系统地确立起来，反倒是个人信息这个后起之秀大放异彩，这个现象以及背后的原因非常值得思考。

先来看“个人隐私”的概念，《民法总则》中已经明确规定了隐私权，但是对于隐私的内涵和外延都没有进一步的界定，只能期待接下来的民法典分编了。不过笔者查到一个法院判例很有参考价值，在高淑琴与中国政法大学隐私权纠纷案当中，北京昌平法院在一审判决书里对于隐私有了一个明确的解释，法院认为法律意义上的隐私是指“自然人拥有的与其社会生活无关的个人信息和个人生活资料，其核心属性为被自然人隐藏或不想被外界所知晓”，显然，被隐藏或者不想被外界所知晓道出了个人隐私最为核心的特征。另外还有一个典型的案例，王月与夏世同名誉权隐私权纠纷案，南京中院在这个案件的二审判决当中指出“隐私权主要包括个人生活安宁权、个人信息保密权、个人通信秘密权以及个人隐私利用权四个方面”，将隐私权给出了具体的细分拆解，也非常有参考价值。

接下来看“个人信息”，这个概念在《网络安全法》里有非常明确的定义，具体表述为“个人信息是指以电子或者其他方式记录的能够单独或者与其他信息结合识别自然人个人身份的各种信息”。这个定义跟欧盟的《通用数据保护条例》也就是 GDPR 高度一致，都是将识别自然人身份作为个人信息的最核心特征。拿这个定义跟前面的个人隐私的最大特征（被隐藏或者不想为外界所知）相比较，就有些明白了二者的区别所在了。光有定义还不够，“个人信息”到底又包含哪些类型的信息呢？

《网络安全法》列举了六种具体的类型包括自然人姓名、出生日期、身份证号码、个人生物识别信息、住址以及电话，但是这六种信息并不能覆盖现实当中五花八门的个人信息类型，更多的类型还要到司法判例和国家标准当中去找。

至此，也只是大致上对于个人隐私和个人信息有了一些初步的认识，还谈不上有多深入，直到笔者看见了王利明老师发表在《北京日报》上的一些观点，可以说茅塞顿开。王老师认为个人信息权和隐私权有着紧密的联系，并且在权利内容上有一些交叉，但是在权利性质和客体上有明确的界限。他认为隐私权是一种防御性的权利，主要体现在精神层面，但是财产方面的价值并不突出。而个人信息权则是一种主动性的权利，它既包含了精神方面的价值也包含了财产方面的价值。这里的财产价值主要体现为权利人可以通过将个人信息主动授权给他人使用进而获取对价和收益。所以个人隐私的权利内容主要包括了维护个人私生活安宁和个人私密不被公开，而个人信息的权利内容主要是对个人信息的支配和自主决定。

分析到这里，我们的认识算是深了一层，说得形象化一点，隐私权比较内向，只要外人不来打扰我，我就不会有什么行动；而个人信息权偏外向，总是试图通过与外界的互动能够有所收获。

思考再深入一层，这两种权利的不同特性使个人信息权天然地可以投入到商业应用当中去。我们知道离开对个人身份指向，大数据的商业价值会大大地衰减。如果想指向个人身份，那就必须获得权利主体的授权，这就给了权利人主动参与商业变现的机会，于是乎在数据产业就形成这样一个局面：企业对用户说“把你的个人信息给我吧，有了它我就能更好地给你服务、提高你的产品体验”，而用户对企业说：“想要我的个人信息是吗，那你能给我什么好处?”

分析到这里，我们就大概明白了为什么个人信息保护这几年在全世界范围内异军突起，而个人隐私保护却一直不温不火。一个能够进入的商业实践，甚至是能够影响到国家安全，另一个却始终局限在个人私生活的领域。所以在法律层面对二者的重视程度当然也就不一样了。

马蜂窝数据搬运事件中的法律问题

自媒体乎睿披露旅游网站马蜂窝抓取（搬运）第三方点评数据的问题，一时间成为了舆论关注的焦点，而且业内人士指出这种情况在整个行业都很普遍，马蜂窝也立即通过起诉的方式对自媒体进行还击。我根据媒体披露的情况，就其中几个比较关键性的法律问题谈谈个人看法：

一、点评类的用户数据是否受法律保护

点评类的用户数据并不是我们通常理解的那种大数据的概念，因为它不属于用户的个人信息，或者反映用户自身特性、行为偏好相关的信息，而是用户对于所见所闻的一些简短评价。有人认为这些评价属于著作权的保护范畴，因而相关权利应该归属于用户。我个人不能同意这种看法，简短评价本身很难具备著作权法上要求的独创性，而且作为作品进行保护的文学艺术价值不大。

那么这些用户点评数据的权利该归属于谁呢？建议大家看一下大众点评诉爱帮网的案例，法院认为大众点评对于用户数据的收集整理付出了劳动，应该享有合法的权益，而靠自动抓取获得这些数据的一方是典型的不劳而获和“搭便车”的行为，在法律上构成了不正当竞争。

这个案例对于马蜂窝事件而言就很有参考价值了。一方面，法院认为用户点评数据的收集方对这些数据是享有合法权益的，另一方面，法院否定了搬运这些数据行为的合法性。

二、搬运行为面临哪些法律风险

如果马蜂窝的搬运行为被证明确实存在（当然，这个从法律专业层面很难），则马蜂窝的法律风险来自以下几个维度：

第一，对数据源头网站的不正当竞争。这一点大众点评的案例在先，已经很能说明问题了，当然实际上会不会有人站出来维权，这个不好说，因为站出来的一方必须首先证明这些数据在收集方面的“原创度”。

第二，可能对消费者构成欺诈。根据《消费者权益保护法》第 8 条，消费者享有知悉商品（服务）的真实情况的权利。马蜂窝提供的服务，可以理解为向用户提供旅游点评信息服务，供用户做出旅游出行决策。而搬运来的点评数据，显然大大削弱了点评信息服务真实性。实际上，自媒体之所以发现这个问题，就是因为自己作为用户被数据误导，气愤之下才做了一些数据挖掘，进而出现后面的“捅马蜂窝”事件。

第三，可能构成广告上的虚假宣传。马蜂窝的官网上提供了诸多统计数据，其中一条是说自己拥有 2100 万条真实点评，这些宣传性文案由于具有商品推介性质，可以被认定为商业广告，而如果无法证明其中数据的真实性，涉嫌构成广告法意义上的虚假宣传。

第四，可能对投资人构成违约。投资人跟创业公司所签署的投资协议里，通常都标准配备有一些条款，要求创业公司的自身情况真实，尤其是点评数据作为马蜂窝的核心竞争力，显然会影响投资人对于这个项目的估值。如果数据出现严重缩水，投资人根据投资协议来追究违约责任在法律上是完全可能并且可行的，即便投资协议里面没有这些条款，仍然可以从合同目落空等角度追究。

当然，必须说明的是以上风险是有前提条件的，那就是能够证明这些搬运行为的存在，而且搬运行为是由马蜂窝自己完成的，即便事实真的如此，但在法律上证明起来太难了。

三、名誉权侵权案的争议焦点

马蜂窝已经向朝阳人民法院提起了针对自媒体乎睿数据的名誉权诉讼，这个案件我个人判断最大的争议焦点当属自媒体文章中“僵尸”“水军”“鬼城”的表述是不是严重失实，马蜂窝一方应该会重点强调搬运数据在整体数据当中的比重很小，而乎睿应该会强调搬运数据本身的体量很大。

那么搬运数据是否存在，以及是否小到了可以忽略不计，还是大到了不可忽视，其中的尺度就交给朝阳法院法官裁量了。

对于自媒体乎睿而言，万幸的是他们提前做好了证据的公证，所以接下来官司有的打，而马蜂窝一方针对性的对数据进行删除，这本身就让自己陷入被动。当然，搬运数据的行为从商业上也确实存在有其他人操作的可能性，其他哪些人可能呢？从有利原则（做这件事对谁有好处）想一想就知道了。

互联网公司反腐六大奇招

2018年年底，多家互联网公司高举反腐大旗，一众高管级别的人士纷纷下课，或者因为经济问题接受调查。媒体披露美团方面有89名员工以及合作伙伴受到查处，而阿里方面则是目前为止最高级别的大文娱总裁杨伟东接受调查。

不得不说，这几年互联网公司在反腐方面还真是不玩虚的。什么原因呢？一方面，互联网公司推崇扁平化的组织架构让一线人员具有了更大的权力，而这些相对年轻的员工社会经验不足，对于法律也没有太深入的了解，常常在诱惑面前失去了理智。另一方面，互联网经济高速增长导致大型互联网公司在整个经济业态当中居于核心地位，各方利益诉求交织汇集于此，诱惑确实太大了。

但是无论如何，腐败是伴随对公司利益的严重损害的，互联网公司时刻面对激烈的外部竞争，如果放任内部员工的腐化，最终失去的肯定是公司的生存和发展空间，所以历来反腐都是互联网公司合规的重头戏。笔者自己也为不少这类公司服务，属于他们的外部供应商，在签署法律顾问合同的同时也经常被要求签署一些廉政方面的条款，有的公司甚至要求我们的律所单独跟他签署相关的廉政协议或者廉政声明。此外，笔者还遇到过不少因为廉政引发的事件，印象比较深的是一个电商平台的外包公司负责维护一个很大的流量入口，但是负责这块业务的平台主管常常打电话要求外包公司老板去陪酒唱歌之后再埋单，最后事发，涉事的业务负责人被辞退，而外包公司的流量入口业务也被提前终止了，一年上亿元的收入就这么没了，外包公司的老板叫苦不迭说：“我也没办法呀，如果不埋单可能早就不合作了。”

看得出来互联网公司在反腐这件事情上是认真的，但是认真归认真，反腐是一项系统工程，不是光靠像电视剧里面演的喝咖啡、喝茶这么简单。笔者梳理了一下互联网公司在反腐方面的高招和手段，供读者参考：

第一招，当然就是辞退涉事的员工甚至是永不录用。除此之外，很多互联网公司还互相通气联合封杀这些腐败的员工，比如说京东就发起过“阳光诚信联盟”，联合了腾讯、百度、小米、美团等企业共同拉黑有过腐败记录的员工。这一招杀伤力着实不小，要知道被辞退的员工离开公司以后最有可能选择到同类型、同体量的平台去求职，如此一来就相当于把他未来的职场之路给堵死了。

第二招，就是没收期权。互联网公司的薪酬体系里面期权股票是非常有分量的组成部分，有的时候甚至超过了工资本身。所以几乎所有的期权协议当中都会有一条约定贪腐行为将会导致期权被没收，法院也已经出现了相关的判例支持这样的协议规定，所以不少持有期权股票的员工一定会因为担心失去期权而拒绝眼前利益诱惑。

第三招，推出奖励和惩罚一体的制度。对于犯错的员工除了追究违约金，把他的违法收益给没收以外，还要加大他的其他违规成本，这是惩罚方面的制度。与此同时，对于主动拒绝贿赂的员工要给予高额的奖励，例如，京东推出的廉洁奖励制度就规定可以按照员工拒收金额的 50% 给予奖励。人都是理性动物，既然有一半的合法收益，很多人就会主动放弃另一半的违法所得了。

第四招，是设立公司一把手挂帅的廉政部门。像阿里就有廉政部，美团有重案六组，58 同城有合规监察部，京东有内控合规部。这些部门都是独立于其他业务部门直接向老板汇报的，敢于对发现的廉洁问题紧追不放，而且这些部门会吸收大批专业的前公安、前检察院以及审计、财务、采购等业务部门的人员，专业度非常高，可以应对疑难复杂的腐败案件。

第五招，引入外部监督。各大公司都有自己的举报渠道，像京东就干脆单独建了一个“廉洁京东”的官网用于受理举报信息、公示处理结果、宣传廉洁政策等。

第六招，严管供应商。廉洁这件事一个巴掌拍不响，供应商、合作伙伴是其中的重要角色。互联网公司在这方面也是严加管控。像阿里对于有贿赂行为的供应商会停止所有阿里平台上面的业务合作，因为阿里这一类的都是生态级的公司，如果全面切断联系的话没有几个供应商承受得了。像淘宝也早就明确了网商不正当行为的处理方式，对于试图通过各种手段谋取不当利益的网商，一经查实一律永久关店并且视情况移交司法机关。除此以外，各家公司还对于商务往来的规则严加规定，其中都提出了非常细致的要求。比如说供应商的宴请标准、礼品馈赠管理、关联交易的规则等。

以上种种都是笔者个人了解到的互联网公司在反腐方面的一些奇招和高招了，看得出来他们在反腐方面也是够拼的，无论您是公司法务还是供应商又或者是具体的业务负责人，都需要了解其中的利害，远离反腐雷区。

互联网公司合规风险四大源头

作为互联网公司法务或者外部的顾问律师，一年下来难免碰到一些棘手的事儿，这些事儿通常是会对公司造成某种伤害的负面事件，所以需要法务和律师出面通过法律手段来处理。

总结来看，造成此类负面事件的起因基本上来自四种人群：

第一类是来自竞争对手。竞争对手绝对是任何一家公司发展到一定阶段都必须重视的合规风险来源，最近有两家移动充电宝公司之间的专利大战刚刚有了结论，这种是属于典型的明争。除此之外更多的是暗斗，像是业内都熟知的某公司因为无证经营支付业务被处罚，某公司因为广告宣传不规范被开出天价罚单等，这其中不少都能够看到竞争对手的影子吧。

事实上互联网领域里的竞争比线下更加的惨烈，很多时候光是商业较量一时间难分高下。这个时候，熟悉规则的法律人往往更能发现对手的“软肋”，他们从合规层面发动的进攻常常能够带来致命的伤害。所以一定要时刻防范来自竞争对手公司法律同行的“明枪暗箭”。当然，笔者不认为公司的法务或者是律师从合规角度给对手公司制造麻烦有任何的不妥，无论在法律还是职业伦理上都无可厚非，这属于正常的专业较量，只要没有用到违法手段，大家应该“愿赌服输”。

第二类负面事件的源头来自职业维权，包括职业打假、职业投诉、专利索赔等。总之，他们最大的特点就是职业化的维权机构，这些年职业维权从单兵作战发展到正规化集团军，经过长期的维权斗争经验积累，他们已经逐步地封锁住了目标公司可能反抗的各个维度，在专业度、准确率和反应速度上都可能比一般的公司法务要更加的专业，导致很多的法务和律师倍感头痛。所以对于职业维权要有心理和策略上的准备，他们迟早会找上门来，尤其是这几年技术不断进步，很多职业维权公司都研发了自动化的维权和检索系统，只要你公司有些实力，想侥幸逃脱的可能性几乎为零。

第三类负面事件的源头当属于行政主管机关。从目前的趋势来看，行政主管机关日渐深入到了互联网经济生活的方方面面，而且互联网经过20多年的发展很多领域已然暂时定型，主管机关从刚开始的看不懂不轻易出手，到现在越来越了解行业，有形之手频频动作，甚至颇有点谁动作慢了就显得落后于时代的意思。尤其是各种新的立法陆续出台，新法在实施过程当中主要就靠主管机关出台配套的细则和执法案例，所以互联网创新业务撞到行政监管枪口的概率也就大大增加了。

第四类负面事件的风险源头是来自公司的内部员工。有句话叫“祸起萧墙”，必须承认无论公司规模大小，总有极小一部分或者极个别员工会给公司出难题，如对外诋毁公司声誉、泄露公司秘密、贪腐、与对手合作挖墙脚等，这些情况的发生基本上是有固定概率的。

总结起来，竞争对手、职业维权、主管机关和内部员工是互联网公司法务必须面对的四大风险源头。对于四种不同类型的风险和各自的处理方案一定要做到心中有数，如此才能算得上是一个临危不乱、Hold 住场面的法务和外部的顾问律师。

你起草的用户协议可能成为对你不利的呈堂证供

互联网公司的业务通常要面对众多不特定的用户，这些用户可能就是普通的消费者，也有可能是软件程序的开发者，还有可能是内容的提供者等，互联网公司跟这些用户之间形成特定的服务合同关系，这种关系的建立就依赖于用户协议和相关的规则。

学过法律的人都知道协议具有相对性，只能约束到协议签署的各方。所以在制定这些协议和规则的过程中，法务和律师重点考虑的是如何使这些内容对双方具有约束力，但是在实践中有一个问题却被很多人忽视了，那就是这些协议和规则一旦上线公布在网络上之后，其中的某些内容会产生超出合同之外的宣示性效果，这些内容如果处理不当，在诉讼或者行政执法案件当中，很有可能成为对互联网公司不利的证据。

具体有哪些情况呢？笔者在此梳理一下：

第一种情况，是协议中出现一些法律明文禁止的条款内容。例如，《隐私协议》约定收集超出法定或合理范围的用户信息、约定将用户个人信息提供给其他无关第三方使用等；在《网购合同》中约定用户下订单和支付款项以后合同不成立，只有发货后买卖合同方可成立的条款；在《商家入驻协议》中约定商家在集中促销期间不得参与其他平台的促销活动等。以上种种都是法律明令禁止的行为，如果公然出现在协议和规则当中，都会给公司带来行政违法的风险，或者在诉讼过程当中的败诉风险。

第二种情况，是对自己公司及业务的法律身份、法律属性或者行业地位进行不恰当描述的条款。例如，有些互联网公司在协议当中明确自己是第三方电商平台，但是实际上它的业务很有可能不是电商平台，而只是一个推广服务平台或者纯技术服务，而一旦条款中有自认为电子商务平台的表述，那么平台相关的法定义务，以及对于平台上面的侵权信息的处理等都需要按照法律规定执行，无形当中加重了自己的经营成本。再如，有的公司为了突出自己在行业当中的地位，在协议中的“鉴于条款”等显要的部分标明自己在行业里面的市场份额，或者强调自己的领先地位等一些绝对化、量化的表述，这些表述日后碰到反垄断或者不正当竞争的案件，都有可能成为权威机关认定自己具有市场优势地位的不利证据。

第三种情况，是为了体现自己对知识产权保护、违禁行为治理等方面的重视，在协议中要求用户向自己提供一些权利凭证，或者合法的资质进行审核。但事实上，类似的约定或者规则都需要谨慎考虑，一定要以法律明确规定自己确实有这方面的义务作为前提，否则可能造成自己本来没有这方面的义务，但是由于协议里面做了约定，法官也自然而然地去关注你是不是按照协议的规定做了相关的动作。尤其是在法律规定模棱两可的时候，给自己主动承揽各种义务都会带来经营成本的增加，有人可能会觉得只是写两句意思一下，不会实际执行的，但写了不执行也会导致主管机关或者法院认为你是在逃避义务。

第四种情况，是在协议当中通篇约定各种免责条款，然后大篇幅地进行下划线及加粗提示。这些看上去似乎是在规避自己的风险，或者向用户进行合理提示，但实际上只不过是一种自我安慰罢了，这种做法通常适得其反，导致合同整体观感变差，而真正重要的条款被无用条文淹没或者稀释，无法突显出来，实践当中就曾经有法院判决由于协议中的条款众多、篇幅太长，导致其中的管辖权条款不够突出，无法让用户明确的注意到，因此该条款无效。

第五种情况，就是不明确区分合同主体，包括在用户协议中只留下一个公司名称或者不写任何公司名称。如果公司的业务不止一种，而且每种业务由不同的关联公司去运营，就应该在协议当中予以明确的区分，否则出现相关争议的时候，用户及权利人都会把协议中标明的那个公司或者在工信部网站上能查到的公司作为诉讼对象。这时候如果你向法院抗辩被告主体不适格，法院通常就不会采纳你的意见了。

以上这些情况肯定还不能涵盖实务中出现的所有问题，举这些例子只是想说明在起草相关的用户协议和规则的时候，不要简单地认为它只是约束我们自身和相对人，事实上在第三方权利人、主管机关和法院看来，这些条款和规则都是有其他的证明作用的，没有把握的情况下，我给出的建议就是，协议条款尽量精简，不要误以为像国外的那种写出很长的条款就是专业的表现，这样做弄不好就是编了个筐，把自己装进去。

与执法机关沟通的正确姿态

有朋友在工商部门干了多年的网络监管，我问过他一些企业遇到的行政监管方面的问题，他的回复总是说要跟具体负责的主管人员进行沟通和博弈。我当时就很不理解，不是应该依法行政吗，法律怎么规定就怎么来才对，有什么好沟通和博弈的呢?

后来跟主管机关打交道多了才发现，解决行政合规方面的问题，沟通和博弈真的是太重要了，根本不是只懂法律就能够行的。

首先，法律规定不可能细致地覆盖到所有的情况，因此执法者的具体尺度就成了处理问题的关键，不沟通怎么去了解这些具体的执法尺度呢?

其次，行政执法是有具体触发事件才会启动的，例如，有人举报了、有上级布置的专项执法行动了、有网络舆情曝光了等。只有通过沟通了解问题发生的背景才有可能给出好的解决方案。

最后，企业自身的商业模式和业务流程等相关的情况都必须通过有效的沟通才能够呈现给主管机关，以便于执法人员灵活适用法律个性化的处理问题。

以上种种原因都决定了必须跟主管机关进行充分的沟通甚至是博弈才能尽量避免行政处罚风险。那么怎样才算是有效沟通呢?又怎样跟主管机关去博弈呢?我的经验中最重要的一点在于了解执法者特殊的话语体系，这是打开沟通之门的一把钥匙。所谓“话语体系”就是说要知道行政机关不是一台冷冰冰的机器，它也是由人组成的，它有自己特殊的一套运行机制和规则，有它的惯例和内部尺度和业绩诉求，我们可以把这些笼统的称为“话语体系”，其实咱们常说的“体制内”指的主要就是这么一套特殊的话语体系。如果对这些不了解，实际上很难跟主管机关在一个频道上交流。

举个例子，比如说网络广告的违法，如果公司被职业打假人举报了有违法的网络广告，这种情况下去跟工商部门沟通的话，首先要知道这位执法的同志也是一个人，处理举报是他现在的工作任务，他需要一个处理结果来完成自己的“KPI”。接下来，就是他通常也是对职业打假有反感心理的，因为这些职业打假和职业投诉增加了他的工作量，而且让他一个行政人员变成了别人赚钱的工具，而这一点就会成为跟他沟通很好的切入点，所以最好不要直接地跑过去跟执法人员讲法律，应该站在他的立场帮他来解决问题。比如说，可以提出一个比较低的价格来跟投诉人和解，这样可以让投诉最快地得到处理。这个时候执法人员就有动力帮你去向投诉方式加一些压力，促使他接受和解。如果你不愿意和解，那么至少要把和解引发的不利后果跟主管人员沟通，例如，一旦和解之后会导致投诉人背后的更多同行也都会来投诉，以此促使执法人员把处罚尽量减轻或者延长处理时间，把投诉者的耐心消耗掉。

再举个例子，现在的社会化营销和微商等商业模式都非常流行，这种模式经常会因为涉嫌传销而被主管机关关注或者约谈，如果你的业务因此被约谈了，那么起码需要知道执法机关对于网络传销的三个判断维度——入门费、层级和团队计酬，然后再对照自己业务当中有哪些环节是命中了人家的判断维度，怎样调整才能够把这些业务环节从人家的判断维度当中剥离出去。此外，跟执法人员沟通时还需要进一步了解他们是把你当成了一个必抓的典型，还是应付上级机关的询问，还是在处理来自你竞争对手的举报，然后针对性的采取不同力度、不同策略的整改措施。比如说如果是执法机关已经敲定好的必抓的典型，那你就需要考虑把自己的业务整体迁移到一个政策更加宽松的地区了，而不要跟执法机关去硬碰硬；如果是来自同行的投诉，那么就需要把你同行业的普遍性的做法和惯例向主管机关介绍说明，以便证明你的做法都是同行业的普遍性情况；如果是来自执法人员上级机关的询问，你最好帮他写一份给上级机关的汇报材料，这样他的任务也就完成了。所以说，无论怎么样你需要给他一个完成工作的理由或者成果，哪怕只是半成品，这样你的处罚风险才能够降到最低。

总而言之，把行政机关要看成一个有血有肉的人，而不是一上来就跟他站在对立面上讲法律、硬碰硬，你需要了解他的话语体系和他在工作当中的痛点，进而找到你跟他共同的利益诉求，在沟通和博弈当中实现互利甚至是“双赢”，如此才能够更好地去处理行政违法方面的问题。

不能量化的法律意见都是“耍流氓”

我们事务所的同事琼飞律师之前在腾讯和阿里的法务部都工作过多年，有一次他跟我说之前他们法务部内部讨论会上达成过一个共识，就是互联网公司法务出具的任何不能量化的法律意见全都是“耍流氓”。

他给我举了个例子，假如老板问你这件事情有没有风险，而你只是告诉他有风险，这就是一个笼统的法律意见，没有任何量化的维度。老板听了之后就觉得无所适从，他会想这个风险到底来自哪里呢？风险到底有多大呢？我做了这件事情会面对多大的后果呢？这些他通通都没有概念，所以导致他接下来无法做出后续的决策。

我听了之后深有感触，其实他说的这种情况反映出了在我们法务和律师行业里面一个很大的弊病。我曾经不止一次地听到过互联网公司向我吐槽，说他们用的一些外国律师出具的法律意见看上去洋洋洒洒几万字，但是通读下来基本上都是正确的废话。我也看过类似的法律意见，从一个律师同行的角度我能够理解出具这样的意见背后的顾虑，他们是希望说这些话能够尽可能地隔离掉自身的风险，因为说得越明确，老板基于意见做出来的决策如果失误的话，就越有可能要归罪于律师，律师自然是不想背这个“黑锅”的。

所以，我们部分同行慢慢就学会了去写这些不痛不痒、隔靴搔痒的话，甚至是开始玩起了文字游戏，总而言之就是回避实际问题，导致最终出具的法律意见也好还是风险评估也好是不接地气的。久而久之，互联网公司就觉得你的意见其实没什么价值，慢慢地就会把这样的律师淘汰掉。

实际上，如果我们站在一个互联网公司的老板或者是互联网公司业务部门的角度去考虑这个问题，他们到底想听到怎样的风险评估意见呢？我觉得一个好的风险评估，可以从如下几个层面展开：

1. “能不能”。这当然是最初级的一个层面，这种就适用于一些很明显的能得到结论的情况，比如说这个业务一看就知道是网络赌博、是涉黄的，或者是一些明显没有资质经营的行为。这种情况就可以直接明确出具一个意见：不可以做。

2. 能做但是有风险。这个时候法律人需要做的就是尽可能地要把这个风险从各个维度进行量化，可能的维度包括：

第一，风险分成哪几种类型，是民事风险、行政违法的风险还是刑事风险？

第二，不同类型的风险来自何处，如果说这个业务主要面临民事方面的风险，那么这个民事风险是来自用户消费者，还是合作伙伴，还是竞争对手，还是其他的相关的权利人，所以要告诉客户风险起源于哪里。如果是行政风险的话，也要告诉客户这个事情的主管机关是谁，谁有可能进行处罚，这些都是风险的出处。

第三，风险发生的可能性是大还是小。这方面可以去查相关的判例、相关的处罚记录、跟客户差不多同类型的公司同类型的业务碰到这种问题的情况，尽可能地提供出一些参考的数据或者是案例。这样的话，就会非常直观地体现这些可能性。

第四，风险引发不利后果的呈现时间。有的风险是马上就会出现的，而有的风险最终引发的不利结果要等到很久以后，那么这个持续时间对于老板来讲也很重要，因为他要评估在这个时间段内可以做的很多事情，然后就对冲掉这个风险，尤其是在不利后果尚未发生的时间段内如果还有盈利的话，老板就要考虑这个事情也许是可以去做的。

3. 有风险但是也有化解措施。提出化解措施是法律风险评估中的重要环节，也就是针对此前量化的风险维度，告诉客户有哪些化解的措施以及具体的改进意见，甚至包括如果客户做到了这些改进之后，风险能够降低到多大的程度。

有了化解措施和建议，企业负责人才能够很好地来判断他接下来到底要不要做这件事情，还是说换一个方法去做。这里有一个基本的商业常识，即商业跟风险是相伴而生的，没有任何风险的商业基本上是不赚钱的商业。

尤其是在互联网领域的业务相对来讲都比较新，所以常常是游走在法律的边缘地带或者是一些不确定的地带。在这种情况下，法律人不能够笼统地给公司讲有风险或者说一个大概范围，必须要去深入剖析这些风险发生的各个维度以及可能的概率大小。只有这样的风险评估才是有真正的参考价值。

回到前面我同事琼飞讲的这个金句，他说："一切不能够量化的法律意见都是耍流氓。"我觉得这个金句或者说原理不仅仅适用于风险评估领域，还可以扩大适用到日常法律工作当中几乎所有的方面。比如说诉讼，在诉讼当中我们也经常会碰到这种问题，就是我们怎样去证明自己的观点进而说服法官。这个时候如果我们能够把量化的思维引进来的话，其实能够收到非常好的效果。

比如说我之前承办过的网络平台侵权责任案件，在早些年前很多法官对平台并不了解，所以就经常把平台跟线下的一些大的商场、集贸市场、交易市场进行类比。我当时举出了一组数据，数据显示线下的实体交易市场最多也就是几百个商家，而线上交易平台的商家数量动辄几万元、十几万元甚至上百万元。数据显示线下交易市场的消费者体量最多几万个，而线上的平台用户数量动辄百万元、千万元甚至上亿元。当把这些数据给到法官的时候，马上就能够让他体会到平台跟线下的实体交易市场是有本质区别的，进而二者的注意义务也有明显的不同。

再比如说对于一些侵权案件，想去证明侵权所造成的损失也是很多律师碰到的痛点，如果笼统地讲损失很大，对权利人的声誉影响也大，往往法官并没有直观地感知，所以能不能拿出侵权之前的历史交易量，或者是在同一个时间段同体量商家的交易量，用他们的业绩跟你所主张的侵权之后的业绩做一个对比，或者拿到一些第三方机构对于损失的评估、估值等，总而言之是要拿出一些可量化的数据给到法官，即便他最后不是完全参考这个数据，但是他依然会在这个数据的强力支持下做出一个更加有利的结论。

最后想强调一点，在互联网时代，网络使数据能够得以更好地积累，能够更加的有据可查，这给我们法律人创造了一个很好的取证环境，我们现在更有能力去挖掘出这些数据背后的证明价值，从给我们的客户带来更加确定的指引，法律人要逐步地把文科思维转化成为理科性的表达。

除了电话和邮件，就不能给客户一个简报吗

给互联网公司提供法律顾问的过程中，最常见的沟通方式就是电话和邮件，当然电话也包括微信和钉钉，但是后来发现这两种沟通方式相对于简单的一些问题是比较有效的，而对于一些不是三言两语就能够讲清楚的专业问题，很难靠邮件和电话来解决，有时候就算是解决了，也很难留下日后可以再次重复利用的阶段性成果。

比如说，有客户说他们想做一个聚合支付类的业务是不是违法？像这种问题就很难直接通过一个电话来告诉他是或者不是，也很难通过一个邮件里面写几句分析意见就告诉他这个事情行还是不行，你需要把客户的需求详细先了解一遍，在这个基础之上给他们一个相对完整的法律分析简报，英文叫 brief，里面写上你作为律师对这个问题的一些最重要的信息调研，以及你对这个问题的分析意见和基本判断，让客户在短时间内清楚地掌握这个问题的全貌。

还以前面说的聚合支付到底违不违法为例，如果客户问了这样一个问题，你想通过一个简报的方式回答他，这个简报里面最少应该包括如下几个方面的内容：

第一是问题描述。所谓问题描述就是让客户先说清楚他想从事的业务具体是什么，针对哪些用户提供什么服务，赚的钱从哪里来，只有先了解了这个业务，才能知道他问的这个法律问题到底重点在哪里。也就是说，这个过程实际上是明确客户提出的问题和需求的过程，而只有明确了问题和需求才能针对性地给出答案。而且明确需求还有一个好处，就是让所有参与讨论这个问题的人在同一个语境下交流，因为客户那边跟你沟通的人可能不止一个，而你这边参与这个项目的人也有可能有你的其他同事，所

以如果问题没有描述清楚大家就开始讨论，那么后面极有可能是不在一个频道上的对话，这会让沟通变得低效而且导致最后形成的结论不够准确。

把问题提炼和描述清楚了之后，第二步就是把问题拆解成你可能想到的所有解决路径，顺着这些路径逐一给出你的调研信息和结论。比如说，还是针对这个聚合支付是不是违法的问题，那就可以把它分解成了如下一些路径：

法律层面到底对于聚合支付有没有给出明确的结论；

主管机关有没有针对聚合支付的执法案例；

法院的判例里面有没有对聚合支付的合法性给出评价；

业内的知名专家或者是主管机关的领导有没有对聚合支付这个行业发表过什么意见；

同行业其他的聚合支付公司有没有获得过一些官方的认可；

主管机关的一些政策法规方面的咨询的渠道是不是经过咨询，有哪些咨询的结果等。

这些都是可以想得到的一些问题解决维度，顺着这些维度都应该做相应的调研并且把调研的结果直接地呈现到报告里面去，在这些维度上面你获取的关键性信息应该在简报里面用最直观的方式呈现，就像流水账一样，切勿长篇大论洋洋洒洒，在呈现方式上面能截图就截图、能给链接给链接、能用表格用表格，总而言之以简单粗暴为原则，直接给干货。

比如说你查到了主管机关对于某个聚合支付公司的处罚记录，那么就把这个处罚记录的页面截图直接粘贴到简报当中，里面处罚的理由肯定是关键信息，假设处罚的理由是这个聚合支付公司涉嫌二清，那么就把这个涉嫌二清的处罚理由用高亮显示出来，尽量做到让客户一眼就能看到这个重要信息。后面你还可以跟上一些小的结论或者提示，就是聚合支付产品不能用自有账户做二次清算，否则会被处罚，同时还可以附上处罚机关的官网以及这家被处罚公司的官网以便客户顺着这些线索作进一步的了解。

完成了问题描述以及各个可能路径的排查分析之后，一个法律简报也就来到了最后一步了，也是笔者认为最关键性的一步，就是需要你综合之前的检索分析和调研给出一个综合性的结论。这一步是你基于之前的调研结果所给出的综合性的分析意见，很多时候调研出来的信息是零散的而且不一定是黑白分明、是非清楚的，这时候需要你根据自己的经验给出一个综合性的、更有价值的、更高度浓缩的一个判断，这个部分才是真正体现法律人价值的地方。

在这个部分切忌玩文字游戏、说一大堆正确的废话、打太极拳绕来绕去，一定要给客户一个相对明确的结论，这件事情到底行还是不行、合不合法、怎样做合法、怎样做不合法、现阶段做合不合法、如果不合法有多大风险、产品应该怎样改进可以降低风险等，这些都是客户在结论当中最想看到的部分。

完成以上三个步骤之后，一个法律简报基本上就算完成了，最后需要注意的是，一个合格的简报通常来讲应该在三到五页的篇幅，因为简报毕竟不是法律意见书，不需要太长的篇幅和体量，甚至严谨程度也可以比法律意见书再略低一点。最重要的还是要短平快，在最短的时间内交付给客户，他们拿到了这个简报之后会根据这个简报提出更进一步的意见或者问题，此后你再进行修改和完善，最终把这个问题解决掉。

总之，简报是在电话和邮件之外第三种不可或缺的日常法律服务的重要手段，简报不仅仅能够体现你的专业度，很好地给客户解决问题，而且简报做得多了对于客户以及自己都是一种非常科学有效的知识沉淀手段。

巨头们的区块链白皮书，竟然都提到了这些法律问题

一、巨头们的区块链白皮书

2018年3月22日，京东集团发布《京东区块链技术实践白皮书》，系统介绍京东对区块链技术的理解和接下来具体的应用规划。4月17日，华为发布《华为区块链白皮书》。目前，华为云官网已经开放华为区块链的注册申请，在管理服务台登入信息，便可以体验“5分钟上链”服务。而在此大约一年之前，2017年4月25日，腾讯就已经正式发布了《腾讯区块链方案白皮书》，全面阐述腾讯的区块链体系。更早一些的是2016年10月18日，由中国电子技术标准化研究院、蚂蚁云金融、中国平安等七家单位联合编写的《中国区块链技术和应用发展白皮书（2016）》也正式发布。

看到这几则消息，你心底是否生出一个疑问：区块链不是去中心化的技术吗，怎么互联网巨头会如此感兴趣，不怕革了自己的命？

显然，去中心化并不像表面字义上理解的那样。区块链作为去中心化的系统仍然需要由人来构建和运营，这个过程仍旧会形成标准、规则和话语权，所以想研究区块链的应用，互联网巨头的白皮书无疑是最有实践意义的素材了。

笔者把以上四份白皮书拿到一起对照研究，得到一个重要发现，就是四份文件中都不约而同地提到了区块链合规和法律方面的应用。作为对区块链感兴趣的法律人，这显然是我们必须一探究竟的。

二、关于智能合约

1. 《中国区块链技术和应用发展白皮书（2016）》对智能合约的阐述

"区块链中智能合约技术在社会公益场景也可以发挥作用。在对于一些更加复杂的公益场景，比如定向捐赠、分批捐赠、有条件捐赠等，就非常适合用智能合约来进行管理。使得公益行为完全遵从与预先设定的条件，更加客观、透明、可信，杜绝过程中的猫腻行为。"

2. 《腾讯区块链方案白皮书》对智能合约的阐述

"未来，所有的契约型的约定都实现智能化，利用智能合约可以保障所有约定的可靠执行，避免篡改、抵赖和违约。除了将社会中的有形资产转变为数字智能资产进行确权、授权和实时监控外，区块链还可应用于社会中的无形资产管理，如知识产权保护、域名管理、积分管理等领域。"

3. 《京东区块链技术实践白皮书》对智能合约的阐述

"区块链智能合约的本质是一套数字化形式的契约，由计算机确保严格执行。执行方式上，通常的合约是事后以人的主观意愿来执行；而智能合约是在触发条件被满足后，由计算机程序来保证合约及时地执行，具有客观性。

区块链智能合约带来的是'契约'的一种新的更精确的表示形式，以及一种更客观、更严格的执行方式。由于契约是我们社会活动的基础，因此这种变化将会带来更广泛的社会影响。"

4. 《华为区块链白皮书书》对智能合约的阐述

"智能合约（Smart Contract）是一种旨在以信息化方式传播、验证或执行合同的计算机协议。智能合约允许在没有第三方的情况下进行可信交易。这些交易可追踪且不可逆转。其目的是提供优于传统合同方法的安全，并减少与合同相关的其他交易成本。"

5. 简评

区块链智能合约显然不再依赖传统意义上的违约责任、商业道德等成本式的保障措施，而是直接由算法和代码保证自动履行，可以想见，"××合同纠纷"这个当前司法实践中最常见的案由恐怕要被区块链技术直接"删除"掉了，甚至《合同法》也许都需要因此而改写，由此进一步波及传统的合同法律服务行业，如起草合同、修改合同、合同诉讼等，这个领域的法律工作者恐怕需要引起重视。

当然，律师在这个领域也可能重新开发出一片业务领域，基于区块链的智能合约设计，毕竟机器自动执行的合约也是需要人根据业务场景提前设计好的，这无疑对律师提出了技术和法律两个层面的要求，有技术背景的律师似乎更加容易进入状态。

三、关于电子存证

1.《中国区块链技术和应用发展白皮书（2016）》对电子存证的阐述

“使用区块链技术，可以通过时间戳、哈希算法对作品进行确权，证明一段文字、视频、音频等存在性、真实性和唯一性。一旦在区块链上被确权，作品的后续交易都会被实时记录，文化娱乐业的全生命周期可追溯、可追踪，这为司法取证提供了一种强大的技术保障和结论性证据。”

2.《腾讯区块链方案白皮书》对电子存证的阐述

“针对知识产权、保单保全（权益证明）、个人和企业资质证明等应用场景，区块链充分发挥不可抹除和公示的能力，让机构和个人通过一个简单的接口或APP客户端就可以把版权资料、投保资料、资质证明等发布到区块链上，让所有记账节点共同为自己作证。另外基于腾讯自建的知识产权平台，用户的维权将更加方便，证据确认更有权威性。如权属登记、权属注销、侵权证据录入等。”

3.《京东区块链技术实践白皮书》对电子存证的阐述

“区块链利用共识机制、防篡改机制和可追溯机制，可在保险代偿、追偿时提供有效证据支撑。以车险理赔为例，通常包含车主、4S店或维修厂、保险公司、交管部门等多个主体，骗保等理赔欺诈问题时常发生。”

4. 简评

区块链存证是区块链技术在法律领域最容易实施的一项应用，目前很多公司已经开始部署这项技术。不久前笔者参与的中国政法大学举办的“电子存证模拟法庭”就使用到了区块链存证工具，它的分布式存储数据以及去中心化特点，使相比较当前中心化的电子存证和传统的公证存证都有无法比拟的优势。

当然，接下来法律人面临的问题是，区块链存证究竟是基于公链还是私链，用到的技术能否保证数据不被篡改，存上去的数据如何向法院呈现方才具备法律效力以及这一存证方式如何实际应用到业务中去。

四、关于数据安全与隐私保护

1.《中国区块链技术和应用发展白皮书（2016）》对数据与隐私的阐述

“目前区块链上传输和存储的数据都是公开可见的，仅通过‘伪匿名’的方式对交易双方进行一定的隐私保护。对于某些涉及大量的商业机密和利益的业务场景来说，数据的暴露不符合业务规则和监管要求。目前，业界普遍认为零知识证明、环签名和同态加密等技术比较有希望解决区块链的隐私问题。”

2.《腾讯区块链方案白皮书》对数据与隐私的阐述

“区块链通过多重的隐私保护方案来保护用户隐私。底层交易数据通过加密方式存储，仅对用户本身可见；上层应用通过严格的权限控制确保隐私安全。”

3.《京东区块链技术实践白皮书》对数据与隐私的阐述

“区块链可以解决大数据的安全性问题，保证数据的隐私性。区块链的可追溯特性使得数据从采集、交易、流通，以及计算分析的每一步记录都可以留存在区块链上，使数据的质量获得前所未有的强信任背书，也保证了数据分析结果的正确性和数据挖掘的效果，并且能够进一步规范数据的使用，精细授权围，追溯数据使用情况，全面保障数据使用的安全合规。

脱敏后的数据交易流通，则有利于突破信息孤岛，建立数据横向流通机制，逐步推动形成基于全球化的数据交易、数据资产保护等全新的应用场景。”

4. 华为《华为区块链白皮书书》对数据与隐私的阐述

“区块链可以防篡改，去中心化，在非信任的网络运行，但是用户的账本对参与组织是透明的，任何组织都可以访问到相同的数据，如果将用户的隐私的数据放到链上将会放大用户隐私泄露的风险。当前在比特币等公有链系统中，所有的交易信息都是公开的（包括交易金额）。但是，在金融业的交易中，金融交易信息是敏感数据，非业务相关方不能查看，但同时要满足监管机构的监管要求，而大部分的区块链并没有满足隐私性要求。”

5. 简评

国内有《网络安全法》，国外有 GDPR，数据安全和隐私保护似乎被提上了前所未有的高度，但是接下来，数据上链是一个无法逆转的趋势，链上的数据如何保障安全，如何追溯到实际当事人，这不单单是一个技术问题，更是一个新技术如何合规应用的问题。已经看到，国内有知名互联网公司声明自己符合 GDPR 要求了，接下来期待看到有公司声明自己的区块链数据符合 GDPR 等合规要求，那其中一定有优秀的法律同行的身影。

五、小结

不难发现，区块链本身带有浓重的规则和合规色彩，所以必然应该为全体法律人所系统了解。前文中所摘录的智能合约、电子存证、数据隐私安全都是其中最典型的例子，正如网录科技联合创始人汪波先生所言：“区块链与其说它是一项技术创新，不如确切地说它是一项规则与技术完美结合的生态系统创新。”当然，区块链是诸多创新技术的综合应用，作为文科生居多的法律人，理解起来的确难度不小，对此，笔者还会有系列的解读文章注意深入探讨这个话题。

不只是区块链，云计算、大数据、人工智能……这一波互联网技术浪潮，不断刷新着传统法律人对规则的理解和认知，就是笔者一再强调的，我们要从工业时代的规则体系向网络时代的规则体系移民了，尽快熟悉和了解新的环境才能重塑当代法律的价值，否则即便如恐龙般的巨无霸，也仍然摆脱不了进入博物馆的命运。

代码即法律：“解毒”区块链智能合约

不夸张地说，智能合约是会颠覆现有合同立法和实践的区块链新应用，但区块链智能合约到底是怎么一回事，很多法律人仍不清楚。我从应用场景、部署执行和代码示例三个方面，层层深入做个介绍，研究这些的目的在于分析智能合约对合同法律实务的影响，对此我的个人观点附在最后。

一、应用场景

智能合约可以简单理解为能够自动履行的合约，日常生活中最普及的智能合约当属自动贩售机，就像郭德纲在相声里说的：“一放钱就出东西，一放钱就出东西，太神奇了。”

基于区块链的智能合约又有什么与众不同之处呢？接下来就是重点了：区块链去中心化的记账方式使合约的自动履行变的成本更低、更容易实施。价值区块链本身就被广泛用于各种电子货币，可以将合约履行中的支付环节无缝嵌入，在确保安全的前提下，进一步降低交易成本，妥妥地按照经济规律办事。

如果不是很理解，我们举几个例子。生活中最令人头疼的交易之一就是买房，下面是一手房买卖的流程图，买过房子的人都知道，这个流程也不过是简化版，实际需要办的手续和环节比这还要烦琐。（见图 40）

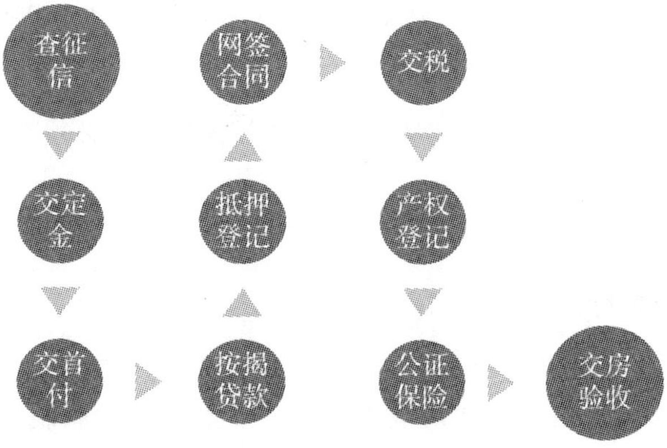

图 40

为什么会出现这种情况？因为交易双方谁也信不过谁，因此需要引入房产中介、银行、征信中心、房管局、公证处等若干个中心化的机构来相互印证和背书。

那么如果把房产放到区块链上交易呢？理论上讲，就可以跳过这些中间环节，直接买卖，因为房产的权利信息和付款信息以及过户信息全部留存在区块链上，所有节点都记录了这笔交易的备份。

然后合约程序会不断核查买家是否已经把购房款存放到约定的钱包里（如果需要贷款，那么就是买家和银行达成另个区块链智能合约）。当钱包里的金额满足合约中约定的数量，合约程序会自动将钱转给开发商，同时自动将产权信息变更到买家名下并向所有节点广播，交易完成。

当然，这种复杂的交易场景目前还无法实现，举这个例子就是想让大家看到未来的合约形态，就好像之前使用金属货币的时代也无法想象可以用纸币支付，直到各类基础设施完善之后便习以为常了。

再说个简单点的应用场景，是我从释了雯所写的《智能合约是什么》一文中看到的，讲的是买飞机延误险的例子。投保乘客信息、航班延误险和航班实时动态均以智能合约的形式存储在区块链上，一旦航班延误符合赔付标准，赔偿款将自动划账到投保乘客账户，理赔过程没有人工参与，避免争论和纠纷。

这两个例子涉及的场景一个复杂一个简单一些，但是可以推而广之到几乎所有的交易场景中去。不难发现，区块链智能合约应用能否落地的关键，在于人们把多少资产数据和行为数据放到链上去。就像前面的例子，投保乘客信息、航班延误险和航班实时动态这些数据必须放到区块链上，智能合约才有自动执行的可能。

二、部署执行

基于区块链的智能合约的构建及执行分为如下步骤：

1. 智能合约制订。由区块链内的两个以上用户共同制订一份智能合约，为此需要如下动作。（见图 41）

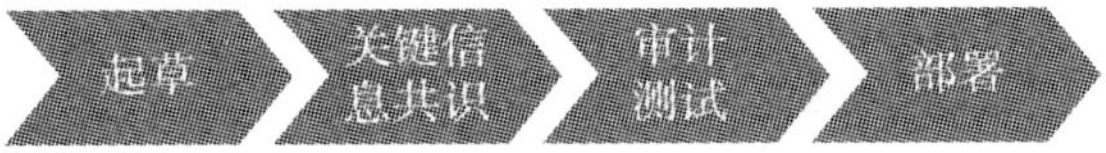

图 41

（1）起草并同意一份代码版的智能合约；

（2）对合约使用到的外部数据源、纠纷解决途径等问题达成共识；

（3）代码审计和测试，确信不存在后门或者恶意漏洞，测试运行结果是否正确；

（4）同意并部署到区块链上。

2. 智能合约上链。智能合约通过 P2P 网络扩散到每个节点，并存入区块链。部署智能合约同样要交付费用，以便矿工有动力为合约提供记账区块。以太坊是目前公认对智能合约提供最完善支持的区块链，部署运行一段智能合约时，以太坊会收取费用，直到你的智能合约运行完毕。

3. 智能合约执行。智能合约定期进行自动机状态检查，将满足条件的事务进行验证，达成共识后自动执行并通知用户。

三、代码示例

下面是以太坊官方给出的一个示例合约，实现的功能就是在区块链上存储一个数字，并能够读取出来，存储的数字在实际应用场景中可以代表“钱”“房门密钥”“软件安装许可码”“门票二维码”等，因此这段代码类似一个将虚拟财产寄存和交付的合约雏形。代码如下：

```
contract SimpleStorage {//存取合约程序开始
    uint storedData; //定义一个存储的数据
    function set (uint x) {
        storedData = x; //通过 set 函数存储一个数字在 X 变量中（例如手
工输入）
    }
    function get () constant returns (uint retVal) {
        return storedData; //通过 get 函数从 X 变量中读取这个数字出来
    }
} //存取合约程序结束
```

启动以太坊私有链 Geth 和 Ethereum – Wallet 图形界面，将代码复制到合约界面中，按照流程支付部署费用（gas 价格，以太币计）即可发布，运行结果正如图 42 所示，执行界面中输入选择 set 函数，并输入一个数值（1234），最终的结果就是在 get 函数的 retVal 一栏看到对应的值（1234）。（见图 42）

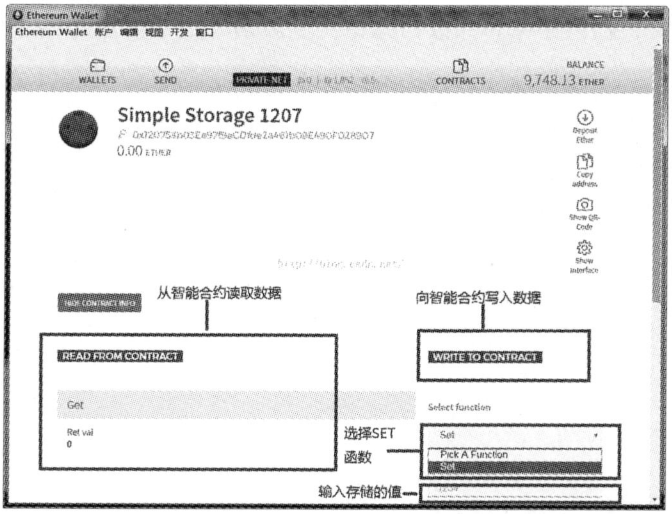

图 42

本程序代码和界面示例均选取自中国人民保险集团李赫撰写的《区块链开发（二）部署并运行第一个以太坊智能合约》一文，了解更多可以查看全文。

四、智能合约对合同法律实务的影响

1. 尽管本文只是初步在三个层面对区块链智能合约做了介绍，但可以看出接下来合同律师要做的是结合代码和区块链的工作原理去设计合同（程序），而不仅仅是从条款本身去设计。

2. 大量的合同都会有第三方做成标准的模板发布到链上供调用，但是会有诸多复杂、针对性、个性化的智能需要单独去制作，这部分工作为律师提供了发挥的空间，届时律师有点像是产品经理的角色，给程序员提需求并设计合约框架。

3. 合同审查将被合同审计所取代，这个环节会有律师参与的空间，说不定重要的合同还需要律师出具法律意见，但律师要看懂这些合同的前提，是技术人员把这些代码翻译成律师能看明白的表述，因此，未来法律人对技术人员的依赖度会非常高。

4. 区块链智能合约虽然是自动执行，但履行完毕的合同并不意味着一定没有纠纷，仍然存在外部数据源错误等原因导致的合同纠纷，但显然纠纷出现频率会大大降低（设计不成熟或者审计不通过的合同很难通过区块链大规模部署应用）。未来不会有那么多合同纠纷诉讼了，就算有，解决的渠道也不一定在法院（去中心化）。

区块链：版权实践的创新与“短板”

一、传统版权“三高”困境

互联网作为媒介将传统的一对一传播升级为链式传播，此时优质内容（版权）的价值自然开始显现。然而，目前我国版权市场虽然经过多年培育，已经脱离当初野蛮生长阶段，但形势依然不容乐观，总结起来就是面临着“三高”的困境。

1. 权利凭证成本高

虽然著作权法规定自作品完成之日著作权自动产生，但如何证明由谁完成、何时完成是个大问题，尤其是互联网环境下产生的内容，不可能都拿去做版权登记，成本太高时间太慢，可信时间戳之类的工具有效地缓解了这个症结，但有没有更彻底的手段呢？

要知道，作品的创作是一个动态的过程，中间的每一个环节都会出现阶段性成果，这些成果能否在不增加作者负担的情况下，实时得到有效保护呢？这恐怕需要更革命性的确权措施。

2. 流通交易成本高

版权的交易成本之高是尽人皆知的，一个好的内容，在互联网上的生命周期常常只有两三天，但等找到权利人，谈好价格和使用范围等事项，内容恐怕已经大幅度贬值了，这也是为什么很多媒体宁肯先用了再说，并不都是故意侵权，实在是实效性所迫。

如果有一个通常的机制，可以迅速与权利人达成交易，无疑能够让版权在高速流转中发挥更大的价值。其实微信的原创功能、百度搜图中的版权标记功能，原理上都是为了降低交易成本设计的，只不过仍然不够彻底。

3. 维权难度高

这个不用多说了，去过法院的都知道，就算胜诉了，能赔多少钱，各人心里也有数。之所以侵权人对于赔偿结果没有忌惮，主要是侵权内容过于分散，单个权利人就算启动了维权，但大部分还是会无济于事，另外侵权人早已经通过广告等方式拿到了充足的回报，败诉赔点钱没多大压力。

因此，我始终认为，从惩治效果的角度来讲，单凭诉讼一个维度是远远不够的，需要做到侵权惩戒的实时性（侵权立即就会有惩罚）、多层次（除了赔偿金还应该有平台的处罚、信用记录等）以及可执行（有财产被预先冻结、保证金等），目前的维权方式恐怕很难做到。

版权的“三高病症”如果深究内在根源，最关键还是中心化所带来的高成本，权利固定要找到中心化的机构，版权交易也依赖第三方中心化的媒介（或者根本就没有），维权不用说只有法院、版权局能搞得定。这些中心化的机构和组织有各自的话语体系和工作规程，大量的专业律师以及版权中介都是凭借对这套体系的熟稔程度在赚钱的，因此要解决版权“三高”，对症的药方只能是去中心化，于是人们自然想到了区块链，这也是为什么区块链被业内认为有可能是版权第二个春天的原因。

二、区块链：版权第二春

2015 年 10 月，英国女歌手伊莫金 · 希普（Imogen Heap）将她的新歌 *Tiny Human* 发布在了以太坊的区块链上，用户只需要将以太币存入其账户便可获得 MP3 音乐文件的使用权限，这在保证用户能够获得版权的同时，也使希普及其团队能够及时且直接地获取收入。

这是一个典型的区块链版权应用案例，与传统版权保护及交易模式相比，区块链版权基于区块链的技术特性等总体存在如下差异：

1. 溯源性更强

区块链是采用将所有交易进行记账的方式，因此版权在流转的过程中经历了哪些环节均可一一回溯，这个特性可以为确定权属、锁定侵权人、鉴定版权真伪（尤其是艺术品版权）等提供先决条件，这在传统的互联网环境下很难做到。

2. 版权流转智能化

以往的版权交易流转需要签署相对复杂的授权合同，而在区块链场景下，可以通过部署智能合约，让版权的许可和使用全部处于自动化的程序控制之下，提高效率的同时减少违约行为。

3. 惩罚措施实时性

与智能合约相对应的就是侵权或者违约行为的惩罚机制也可以实现高度自动化，参与交易的各方以及其他区块链上的主体都有相应的财产（或虚拟财产）存在于链上，一旦惩罚机制被触发，系统可以自动执行，并自动向权利人缴付罚金，有效避免司法实践中执行难的问题。

当然，同时还可以辅助其他惩罚措施，如限制链上活动、降权等，都可以通过算法自动实现。

4. 激励更直接

可以直接将财产性权益或者其他权益与版权流转相挂钩，促进版权更快速的交易，如设计一个激励池，所有参与版权分发、传播的用户均可在版权收益池（如广告费）中进行一定比例的分成，类似于淘宝客。

另外，还可能存在的优势包括侵权判定去中心化、侵权制止前置等，这些在传统版权实务领域几乎不可能实现。

三、尚未补齐的短板

为了实际体验市面上区块链版权产品的效果，我选取了当前比较主流的几个区块链版权固定、交易产品，从中还是发现了一些问题，总体上看还没有达到理论上可以达到的效果。

1. 区块链产品的具体原理不详

大部分区块链产品并没有详细介绍产品的具体技术原理，个别有白皮书的产品也对此只是笼统地说明了一下，此外关于产品所属区块链的性质，究竟是公链、私链还是联盟链，比较语焉不详。

部分产品提到自身基于以太坊或者属于某个区块链联盟组织，但产品链的具体构成（如何锚定到以太坊、联盟链有多少会员节点等）以及区块高度、核心算法等鲜有披露。

这为用户带来的直接忧虑在于，不了解产品的具体构造原理，很难判断产品的效果以及法律效力，毕竟区块链（尤其是私链和联盟链）并不像外界宣称的那样安全，完全可以在可控的成本下攻破系统或者实施篡改。

2. 部分产品仍然继续寻求传统公证处等机构的背书

部分区块链产品只是有了区块链的外表，实际使用中仍然将用户的版权确权等需求导入公证处、版权保护中心等，显然这是倒退式的做法，最多只能算作过渡措施。

3. 激励机制中采用了代币，存在较为明显的合规障碍

区块链最大的特色之一就是可以无缝嵌入虚拟货币，有个别产品正是利用这个机制发行自己的虚拟币，用来作为链上版权交易的激励手段。但众所周知，代币在我国监管层面是一个明显涉嫌违规的问题，中国人民银行联合中央网信办、工信部等机构发布的《关于防范代币发行融资风险的公告》明确指出："代币发行融资本质上是一种未经批准非法公开融资的行为，涉嫌非法发售代币票券、非法发行证券以及非法集资、金融诈骗、传销等违法犯罪活动。"

当然，我并不赞成将所有区块链上嵌入的虚拟货币都叫作代币，也不认为所有的"发币"行为（这个说法本来也不够科学）都是非法融资的行为，就像网络游戏的游戏币一样。希望今后监管层面能在区块链虚拟货币方面出台更符合商业实践的规定。

4. 交易速度受限，费用不明朗

这个尤其是基于比特币、以太坊等公链的版权交易产品，交易速度受到技术固有属性的制约。与此同时，随之交易频率的提高以及上链内容的增加，需要付出的费用与传统版权实践相比，至少目前还无法确定孰高孰低。

看懂区块链存证第一案的关键：锚定

2018年6月28日，全国首例区块链存证案一审宣判，杭州互联网法院支持了原告采用区块链作为存证方式并认定了对应的侵权事实。

这个案件引发的关注度之高一度超出了法律圈，毕竟区块链技术被称为下一代互联网，而存证又是业内公认的区块链最容易落地的应用场景，法院可以说在最合适的时候给出了最有力的效力背书，对于区块链应用的落地有里程碑式的意义。

但很多人看了这个判决会觉得云里雾里，尤其是对里面眼花缭乱的技术名词和存证步骤感到困惑。部分看懂了原理的朋友更是提出质疑，说这个叫什么区块链存证啊，不过是第三方存证公司把数据摘要放到了区块链上面而已。

这个质疑很有道理，我初看完判决书也有同样的疑问，于是我顺着这个线索对区块链存证做了更多深入的研究，包括读了判决书中提到的FACTOM所发布的白皮书、国内的几家存证机构创始人对区块链存证原理的分析文章，终于一个重要的结论开始浮出水面，那就是："区块链第一案"中的保全网所采用的是借助锚定技术实现的区块链存证，而这种方式恐怕将成为日后区块链存证的主流。

下面，我们就抽丝剥茧地来展示一下这个结论是怎么得到的。

一、判决书里的区块链存证

从判决书内容我们可以归纳出保全网的存证与验证步骤。（见图43）

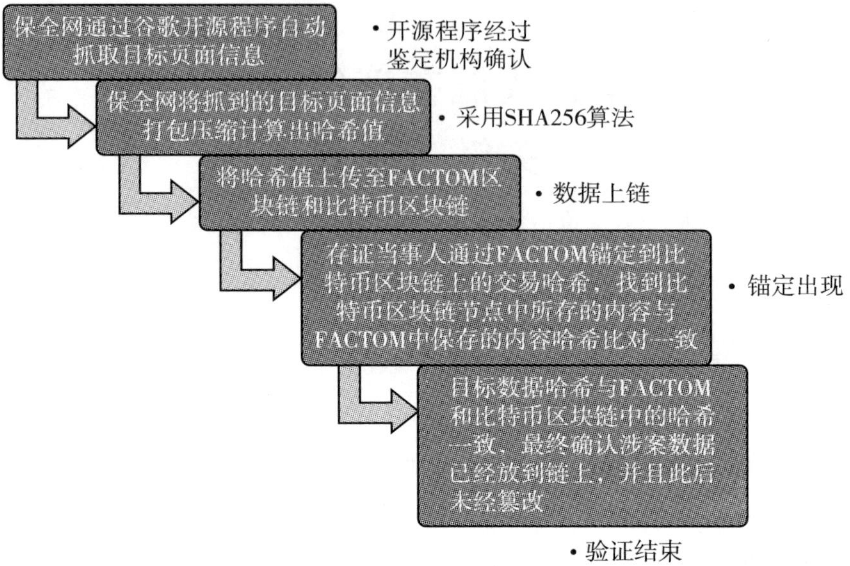

图 43

了解当前电子存证的朋友都知道，通常情况下，电子存证走到第三步，就要把数据交给公证处或者鉴定中心了，以便寻求权威机构的背书从而增强效力。但保全网另辟蹊径在这个环节中把数据交给了 FACTOM 区块链和比特币区块链，为什么这么做？难道是把 FACTOM 区块链和比特币区块链当成了公证处在用吗？带着这个疑问我们继续往下研究。

FACTOM（公证通）是美国一家知名的使用区块链技术来保护和验证数据的公司，其产品核心原理就是将数据锚定到比特币区块链上。所以，大家会发现，保全网的存证流程到了第四步，就是通过 FACTOM 将数据锚定到了比特币区块链上，本笔记要讨论的关键问题——锚定就是出现在这个环节。

二、何为锚定

众所周知，比特币的底层架构技术就是区块链技术，所以比特币剥离货币的属性剩下的是一个底层区块链架构——也就是一条“链”。这条链非同寻常的地方在于，就目前而言它是存在时间最久、运营时间最长、经过多次攻击检验最可靠的区块链条，这一特性使比特币区块链成为存放数据、防止数据篡改的首选，你可以把数据理解为基于比特币的一项交易，一旦交易被比特币所记账，则这笔交易将永久存在于比特币区块链上，无法被删除和修改了。

一艘船待在水上会随波逐流，让船稳定的最好办法莫过于在岸上找到一个稳固的锚点，把船拴在上面。比特币区块链就是那个最稳固的锚点，而把数据拴在锚点上的过程就叫作锚定。

FACTOM（公证通）正是开发了一个妥善可用的锚定程序，并且在数据锚定到比特币区块链之后，还可以实现数据的快速检索、验证等。所以，据我推测，保全网的最终目的是将数据放到比特币区块链上，只不过这个上链和锚定的过程借助了 FACTOM（公证通）来实现，因为 FACTOM 存储的数据摘要本来也是锚定在比特币区块链上的。

三、锚定是怎样实现的

要知道，在比特币区块链上放数据是有成本的，而且比特币区块链的技术特性决定了在上面锚定的数据体量不可能太大。因此，存证机构当然不会把全部的存证数据都放上去，而是将存证数据进行摘要计算得到数字指纹，必要时还会通过默克尔树（哈希归纳）算法算出默克尔根值（可以理解为数字指纹的数字指纹）从而进一步降低数据体量，然后将根值放到比特币区块链上去。

挂载数据到比特币区块链上的通常做法是，将默克尔根值以交易的形式写入比特币一个可以提供 80 字节空间的 OP_ Return 区域，一旦这笔交易被比特币区块链确认收录（记账），则锚定宣告完成。

四、比特币区块链在存证中的角色：去中心化的公证处

至此，我们前面的猜测应该得到了证实：比特币区块链在整个电子存证过程中被当作了一个去中心化的公证处。电子存证机构由于对自身存储数据的客观公立性以及防篡改等要求不够“自信”，引入了比特币这条最强有力的公链来做背书，而类似保全网这种第三方存证机构所做的是在用

户和比特币公链之间搭建了一个数据通道，让数据可以锚定上的同时便于检索和验证。

与传统的引入公证处背书相比，比特币区块链是去中心化的一个技术方案，而且理论上任何电子存证机构都可以接入，一旦效力获得认可（事实上互联网法院已经通过判例认可），显然在可靠性、便利性、开放性以及降低成本等多个方面都更有优势。在此，我给这种存证形态命名为“锚定式区块链存证”。

五、为何锚定式区块链存证会成区块链存证的主流

事实上，区块链存证也有很多形态，包括自建区块链（私链）存放数据、搭建联盟链存放数据以及本笔记所说的锚定式区块链存证（不一定是锚定到比特币，也可以是以太坊或其他公链）。对应的产品大家可以到网上去搜，已经都有代表性的公司在做。

其中，我更加看好的还是锚定式区块链存证这一种，其实原因很简单，就是锚定到公链尤其是比特币或以太坊等经过实践检验可靠的公链更能保障数据的完整性，而数据完整、未经篡改恰恰是电子存证所追求的最终目标。私链和联盟链在这方面由于“链”本身的技术特性导致“强度”逊于公链，可靠性始终是个问题。

当然，必须说明的是，基于私链和联盟链的电子存证仍有很大的发展空间和特殊的优势，如在较为封闭的生态系统中，居于中心地位的平台所运营或维护的区块链（私链、联盟链）在生态系统内部还是具有较高的可靠性的，尤其是针对一些无须通过法院而是在生态系统内部就可以消化的存证问题，包括供应链交易确认、产品质量溯源等。这些场景下，私链和联盟链存证效力足够解决问题，同时还更灵活多变，能定制开发出更多可用的存证产品。

六、锚定式区块链存证效力司法认定关键点

锚定式区块链存证绝非百分之百可靠。司法实践中，即便使用了这种存证方式，仍然需要在个案中对存证获得的数据证明力进行认定，尤其是

在数据挂载到区块链之前，这个时间段内数据的真实性和完整性是区块链本身无法证明的，就好像公证处只能证明看到了什么数据，但没看到之前的数据证明不了。

所以，在数据上链之前，法院仍有必要在两个环节进行审查：

1. 当事人使用锚定式区块链存证工具的具体流程以及现场还原程度。显然，在当事人提取目标数据之前，数据的形态以及是否经过了人为的修改是不得而知的。此时需要当事人向法院证明其取证的操作流程，以及使用具体工具时所处的终端、网络环境是否可靠。

2. 存证工具本身的原理和可靠性。其包括存证工具是否对当事人的操作留存了足够的日志、存证工具所使用的锚定算法能否确保数据不经篡改地放到区块链上、存证工具能否提供可靠的数据校验方法。我们注意到在“区块链存证第一案”中，杭州互联网法院就审查了保全网所使用的谷歌抓取程序以及其他的存证流程。

未来篇

实战篇

思考篇

法律人也必须是产品经理

苏杰写过一本《人人都是产品经理》，传达的理念就是我们每一个人都可以发现生活中的不完善，进而求得更好的解决方案，这个时候，你也就是产品经理了。

产品经理在最近几年已经成为互联网领域最热的词汇之一，以至于马化腾、雷军、周鸿祎等一众互联网大佬纷纷以产品经理自居。在他们眼中，这可是比创始人、CEO 更荣耀的称谓。

为什么会有这种现象？原因有二：

1. 网络时代，信息借助网络的链式传播特性扩散非常之快，好的产品凭借口碑就可以快速打开市场，即所谓的自带流量。这使人们更愿意把时间投入到产品本身的打磨上来，最典型的如电影《阿凡达》以及《摔跤吧，爸爸》都是在没有什么宣传的情况下，仅凭口碑获得了超高票房。

2. 互联网可以让生产商和用户直接面对面互动，产品从最初设计到后期的迭代都可以在用户的参与下完成，这保障了产品在后期推向市场时具有极高的可用度和成熟度。喜临门床垫的老板曾说，一个用户在他们的天猫店留言，说自己喜欢睡硬床，老公喜欢睡软床，所以问有没有一边硬一边软的床垫。喜临门初步调研之后发现这个需求很有代表性，用了一个礼拜就研发出产品，迅速成为“双十一”爆款。

事实上，法律行业也具有极强的产品属性，因为法律本身就是为了解决问题存在的。

（1）立法者要输出的产品是科学的法律制度，让公众做到有良法可依；

（2）法官要输出的是精品案例，定分止争的同时，给更多潜在争议提供参照；

（3）律师要输出的是解决方案，借助对法律的熟悉和运用，满足当事人的法律需求。

在以上几种典型法律人的工作中，都存在大量已知或未知的需求、痛点，有待于我们运用产品经理的思维更科学地加以解决。

一、先看立法

在当前的立法工作中，一个最大的痛点就是如何解决立法速度太慢导致的跟不上网络快速发展的问题。这个痛点需求中，产品经理是立法者，公众是用户，当立法者识别出这样一个痛点之后，就应该围绕其设计系统的解决方案，例如：

（1）精简立法程序；

（2）制作立法标准、指引；

（3）在现有立法中查重和去除冗余；

（4）将细节规定下放给国家标准、司法解释等；

（5）赋予法官在新型案件中更大的自由裁量空间；

（6）吸纳更广泛的公众参与立法及修订。

这些都是构成一个产品雏形的维度，接下来就要迅速找几个立法机会进行测试——内测，根据测试数据发现哪些维度更有效、成本更低，会出现哪些副作用，以便及时调整，然后再做更大规模的测试——试运行，直至这些措施整体上变得成熟可用，即可全面推广了——正式上线。当然，上线之后还要继续收集反馈数据，不断根据情况变化进行调整——迭代。

二、再看司法

如果把法官看成产品经理，那么他的用户就是他所判案件的当事人以及更多有类似纠纷的群体。这些用户的一个痛点需求就在于自己的纠纷能否快速、低成本且公正地得到解决。围绕这一需求，可能实现的维度包括：

（1）线上开庭取代线下实地开庭；

（2）诉讼文书线上化；

（3）人工智能辅助撰写判决书；

（4）协同多方力量保障执行迅速到位；

（5）庭审直播。

这些举措依然是遵从雏形—内测—公测—试运行—正式上线—迭代优化的逻辑，最终形成一套行之有效的司法审判产品。

三、最后说律师

律师在法律人中属于较为特殊的群体，因为他们面对的用户、需求都更加复杂和个性化，跟立法和司法这种带有公共服务属性的行业相比，律师服务则更多地偏重商业属性，更多地处于自由市场环境中，因此律师更应该把产品经理思维贯穿到法律服务始终。

举我自己的例子。我锁定的是网络法领域，在这个领域里，离开产品经理简直寸步难行。

目前，网络法领域没有成熟服务产品，传统的离婚律师、刑辩律师等该做什么都已经有成熟的模式了，但网络法却需要用产品经理的眼睛和嗅觉去发掘出这样的市场需求和痛点。

比如我们开发的《网络平台合规》法律产品，针对的是有一定用户体量的第三方网络平台，这些平台上的信息都是用户上传的，常出现侵权的情形（假货、盗版等），平台必须确保自身免受牵累。当识别出这样一个普遍性的痛点时，我们便着手打造出一系列标准动作，使平台一旦完成这些步骤，就可以进入法定的“避风港”保护之下，避免承担侵权责任了。这个产品实施到几个平台之后，我们没有停下来，而是在后续的案例中不断跟进法官的审判动向。当我们注意到法院判决平台因对侵权行为采取措施不力而败诉的案例，就立即更新了产品，在其中加入更多针对性的处置措施；当我们注意到不少权利人和卖家对于平台“避风港”也有需求的时候，又迅速站在他们的角度增加了平台投诉和申诉的产品模块，这就是所谓的快速迭代。

采用这样的理念，我们陆续发现了十多个互联网领域客户的痛点需求，并形成针对性的产品，然后不断迭代适应，使得客户遇到此类问题可以快速寻求有效支持，把我们视同“良医”和“知己”。

四、套路总结

下面我们就来总结一下，产品经理思维运用在律师（其他法律人参考）的日常工作中遵循怎样的方法论，也就是套路。

1. 找出应用场景

人是活在场景中的，不同场景下的角色和关系都会发生变化，法律人切忌不分场景胡乱提供服务。例如，在互联网公司融资的场景下，你去谈什么劳动人事管理、财富传承都是没意义的；同样，在离婚的场景下，你去谈公司治理，恐怕人家也听不进去。

找出应用场景的实质，就在于看清楚你的客户处在什么样的环境，担任什么样的角色，跟其他人产生怎样的关系。如此，你才能借助法律专业帮助他在这个环境中占据优势地位。

2. 挖掘“痛点”需求

了解了客户所在的场景，接下来是找出他在这个场景中最关注的、最核心的诉求所在——“痛点”。

很多时候，我们错把“痒点”当成“痛点”，导致客户不满意或者不接受。例如，客户想快速恢复被关闭的网店，那律师就不应该一味地鼓动客户去诉讼，而是协助向平台申诉或者跟对方谈判；如果客户的痛点在于拿到孩子的抚养权，律师就不应该在财产上锱铢必较；如果客户的痛点是让法院在判决中对新业务模式做出认可，律师就不应该把诉讼重点放在那些程序性的问题上，否则即便胜诉了，也没什么价值。痛点需求是法律产品的出发点和落脚点，找错了，后面的产品就成了“驴唇不对马嘴”的样子货，口碑自然好不到哪里去。

那“痛点”去哪里找呢？在这方面，我经常提到的一句话就是“听到客户的问题，应该像鲨鱼闻见血腥一样兴奋”，借此表达服务客户过程中一定要多听、多想，痛点就藏在客户的问题当中。

3. 从用户体验角度定义产品雏形

有了痛点，就可以围绕它设计产品了。这个过程中特别要注意的是从用户体验出发，这一点恐怕是律师最容易出问题的地方，我们很容易想当然地按照自己的思路和逻辑提供服务，没有站在用户的角度去思考他们使用这些服务的时候是什么感受。

例如，针对客户的问题，律师总喜欢说一堆专业名词，好像不这样就体现不出专业水平。我的很多用户都是互联网公司，他们对此非常反感，他们需要自己能够快速理解法律意见，以便迅速决策，调动相关资源。所以我们团队无论是口头咨询还是书面建议（法律意见除外），都尽可能“短平快、稳准狠”，为的就是提升用户体验。

在用户体验方面，建议大家多去看看法律电商平台的做法，他们是如何设计自己的产品流程，使完全陌生的用户可以产生信赖和交易的。一定是在体验上花了心思。

4. 反复迭代更新

做出产品，就必须更新，因为法律环境在变，客户需求在变，产品当然也要跟着变。这需要律师不能服务完客户就回家睡大觉，而是随时将新的知识、经验沉淀下来，然后补充到相应的产品中去。在一个项目进行完之后，还应该系统地复盘一遍，项目律师充分讨论之前产品所暴露出的问题，然后更新一遍。在这方面，垦丁的八个场景化的法律产品都经历了多次更新，每次重大更新，我们会像软件更新一样写更新日志。

事实上，服务一个客户，从他那里获取律师费，这只是开始而非结束，更重要的是从客户那里获得的知识沉淀，有了这些才会有更多产品和客户。

5. 内容输出寻求二次转化

之前我们提到，好的产品自带传播属性，但并不意味着我们应该放任不管，如果有意识地进行推广，就能获得更好的效果。有了好的法律产品，该如何推广呢？我想到的最好的方式就是内容输出，把产品中所有可以转化成优质内容的知识点全部用用户喜闻乐见的形式，通过图、文、声、像做成内容，传播出去，让潜在用户看到你们的积累和经验，自然信任也就容易建立起来，二次转化的概率也就高起来了。

未来律师的出路是人机协作，你信吗

咱们律师行有个通病，就是太拿自己当回事儿。

刚开始说人工智能（AI）会替代律师的时候，多数人都一脸的不屑，我们那么“高大上”的法律服务，咋就可能被个破电脑学会呢？没过两年，开始领教了一些人工智能的厉害，于是近来又有专家、牛人放话说今后律师的出路在于人和AI协作。

这里有必要再度重申我此前的观点：AI一定会取代传统法律服务领域的律师，原因简言之就是计算机有着与律师天然一致的思维方式（逻辑+程序），同时传统法律服务中积累的大量结构化的数据（律师引以为豪的经验），机器一学就会。

那为啥到现在还没出现一个AI把律师的饭碗抢走呢？这就是文章开头说的，咱们太拿自己当回事儿，AI还没在律师行业发力的根本原因不在于技术上做不到（刚好相反，技术上很容易实现），而是律师行业体量太小，人家瞧不上。

给大家说几个数据。2015年全国律师业务总收入679亿元，同年度天猫“双十一”全天交易额912亿元，而京东当年的市值500亿美元（注意，是美元）。

看了这几个数据做何感想，你觉得AI愿意涉足律师业务吗？

AI作为互联网时代最具革命性的技术成果之一，最先发力的领域一定是最高频、刚需且普遍需要的行业，如当下正在快速推进中的自动驾驶，这是经济规律决定的，只有这样才能快速收回前期研发的巨额开支，才能盈利。在这之后，AI才会正式转向那些规模没那么大的垂直领域，如法律、医疗、金融等。从这个意义上讲，届时AI选择的不是跟律师协作，而是替代。道理很简单，如果这件事我做得比你好很多，还干嘛要跟你一起做呢？

有人说阿来律师你别大言不惭，人机协作可是凯文·凯利他老人家说的。没错，凯文·凯利（我个人也是他的粉丝）最近确实跟媒体互动时讲道："在未来，律师工作的成就取决于和机器紧密合作的程度。"但是，请仔细听清楚，人家说的是"紧密合作的程度"，要达到什么程度算紧密呢？那得是律师在某些方面的水平远在机器之上。以"阿尔法狗"在围棋界的水平，柯洁也将将够资格跟它组队，你觉得自己是律师界的柯洁吗？我自己也主持开发了一款法律智能应用，叫"法规大师"（www. adcensor. com)，是用于在线广告合规自动审查的。虽然产品还在完善，但从设计之初就没想过再让人参与，因为无论是从专业、准确率、速度还是成本，各个方面都没有人介入的空间。所以，对于大多数律师同行而言，还是要清醒地面对现实，不要再有跟 AI 携手走向人生巅峰的幻觉。

那么，律师该向何处去呢？再次重申之前的观点：技术除了创造出 AI 这种"怪物"，还会全面瓦解当前的法律体系，因为这个体系是工业时代形成的，已经不再适应当前技术革命的要求，就跟工业革命之后，传统的农耕时代的法律制度被近现代法律制度替代是同样的道理。生产力决定生产关系，咱们高中就背过的。

那么在这个法律体系解构和重构的过程中，当代法律人的生存空间被空前放大，摆在律师面前的是基于网络催生出的各类新型法律服务需求，这些新需求新领域没有多少数据和先例，机器暂时学不会，所以，丢掉老阵地（传统法律服务），开辟新战场（网络法律实务），这才是律师的出路所在。

小说《三体》里，当降维打击光临太阳系的时候，幸存的地球人都是坐了光速飞船逃走的那些，留下来抵抗的都死掉了。我特别欣赏里面的一句话："弱小和无知不是生存的障碍，傲慢才是。"

律师会被“阿尔法狗”打败吗

2016 年 3 月 9 日是一个值得记住的日子，因为人类的自尊心在这一天再次被机器狠狠地伤害了。谷歌人工智能系统 AlphaGo（阿尔法狗）在与围棋选手李世石的首局对弈中成功逆转，一向“无爪牙之利，筋骨之强”单凭智商傲视食物链的人类，这一次被“伤”得不轻。

人类被机器打败显然不是第一次了。早在 1997 年，国际象棋大师卡斯帕罗夫就败给了 IBM 的“深蓝”，那个时候的“深蓝”运算能力还不如我们现在手上的 iPhone。2008 年“北极星 2”计算机连续击败六名得州扑克顶级选手，得州扑克难度比国际象棋明显高出一截。2011 年，美国智力竞猜节目《危险边缘》中，计算机“沃森”碾压该节目史上两位最强选手获得冠军，同年，以一台运行数学模型的电脑作为代理人的基金击败日本最优秀的基金公司。

如此看来，人在围棋上失利似乎也没啥值得大惊小怪的，其实不然。我作为一名计算机专业背景的同志，深知这次“伤自尊”的原因所在。一是围棋向来被视为人类智力的巅峰游戏，会下围棋的人类看待其他物种总有种感觉，就像范伟说的“别老整三岁滴，要整就整四岁滴”——满满的智力优越感，但这次轮到计算机对人类投来鄙视的目光了；二是与象棋对决时计算机所使用的暴力遍历算法不同，这次的“阿尔法狗”用的是模拟人类思维的算法，电影《一个人的武林》里，王宝强就是用对方最得意的武功打败各路高手，这种摧毁式的挫败感是难以消除的。

回归正题，律师会被机器打败和替代吗？

显然会，而且会比其他行业的人更容易被打败。这么说，估计会让一向以智商为荣的同行不快。好，咱们来讲讲道理：律师擅长什么？无非是逻辑、推理、分析、归纳（有人说我擅长搞关系，请原谅我不认为这是一个律师值得自豪的事情）。无论是诉讼还是非诉讼的法律事务，都是先找法律依据，然后把法律问题跟依据相匹配，最后得出结论并解决问题。计算机最擅长的是什么呢？就是逻辑分析，最基础的是和非，在计算机的语言里表现为“0”和“1”，由此可以衍生出无数复杂的逻辑模型，从简单的加减法计算器，到复杂的天气预测，所以说律师的思维模式跟计算机天然就接近，我们去到了一个人家本来就擅长的领域。

一说到这个问题，总有些同行牛气冲天地表示不服气，这些同行大多在某领域里有些经验积淀，譬如说诉讼。他们总强调临场应变，强调自己身经百战，其实，哪个棋手不是临场应变、身经百战。计算机的方式很简单，把所有的案例都去看一遍嘛，你耍过的花招、用过的技巧、说过的理由、用过的证据，计算机都去看一遍，这叫作“穷举”式打法。另外，绝大部分诉讼根本没有电视里描绘得那般波澜壮阔、跌宕起伏，无非就是那么有限的一些套路而已，刚出道的实习律师可能觉得有点新鲜，做几年下来都知道是怎么回事，这些有限的套路在计算机看来根本上就是“三岁小孩儿的游戏”。

那些看起来“高大上”的非诉业务，什么上市法律意见、融资、并购、股权激励，以我有限的非诉经验来看，这些早就有成熟模板（业内统称这些有模板的文本叫“大陆货”）的业务比诉讼还容易编写成程序。

事实上，无论是在诉讼还是非诉讼领域，计算机都已经开始替代律师了。电脑开始根据客户需求自动生成商标申请文件、专利申请文件、各类合同文本、诉讼文本等，越来越多的法律电商公司不再满足于在客户和律师之间建立连接，因为不同律师的服务难以标准化，所以干脆想办法以计算机程序替代律师，只要有资深律师和优秀的产品经理合作，他们就能找到越来越多机器智能可以发挥作用的场景，一步步挤压蚕食律师的业务空间。

不可否认的是，目前看来，还有大量的法律业务掌握在律师而非机器的手里，这恐怕也是律师们依旧瞧不上互联网的重要原因。技术目前看上去太初级了，就算能做到替代律师，还不知道要等到猴年马月。这些同志忽略了技术的成熟速度并不是线性而是指数级的，一张纸对折 42 次，厚度是从地球到月球的距离，这就是指数级增长的结果。就好像当年打败卡斯帕罗夫的“深蓝”，不到二十年，它就缩小到了一只手就能抓住的方寸大小。所以今天人们看来不可能实现的事情，很可能过不了多久就来到我们身边。

那么是不是所有的律师业务都会被机器取代呢？这里给大家介绍另一个技术替代原理。（见图 44）

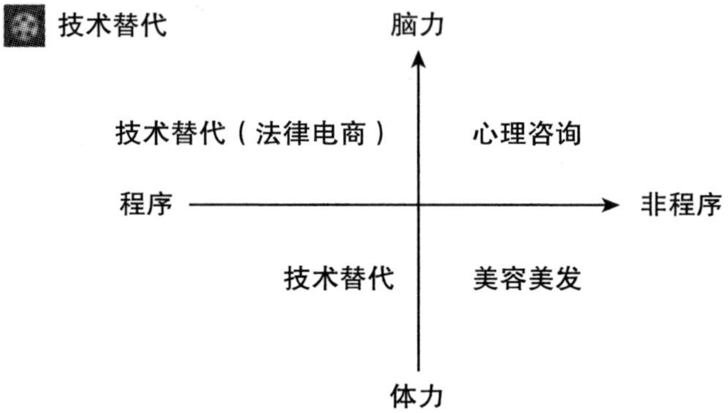

图 44

图中横轴两端分别代表程序性工作和非程序性工作，纵轴两端则分别是脑力工作和体力工作。那么在横轴的左半部分也就是程序性工作的这部分，无论是脑力还是体力工作，都会被技术替代。法律电商就处在这个象限里面，法律电商就是用技术替代律师的人工（程序性脑力劳动）。

先来看程序性脑力劳动。其实在我们的律师工作当中有相当大的部分都属于这一类，如道路交通、离婚等高度标准化操作的领域，都很容易被计算机学会。做出一个程序或者应用，使自己自助式地解决问题，这些领域的律师很可能就会失业。

再看程序性体力劳动，这个就更普遍了，典型的例子如原来拧螺丝是用卓别林扮演的工人去拧的，现在都是机器在做。所以只要是程序性的东西，都是机器善于去干的，都是技术善于去干的。

接下来终于到了机器不擅长的，非程序性脑力或体力劳动。目前看来，至少技术还没有能取代人的一个地方就是非程序性工作，需要人的创造力、想象力、跳跃性思维能力的工作，无论是脑力上的还是体力上的，技术都无法取代。比如说心理咨询（非程序脑力），再如美容美发（非程序体力)，我们律师群体中也有一部分是包含在这个象限里的，可能是一部分律师，又或者一部分业务。

所以，我的结论就是，非程序性工作是人接下来找工作或者自我提升和发展的一个方向。说回到律师业务，机器暂时无能为力的领域就在于那些没有成熟操作模式，需要律师自主分析，甚至需要律师、企业人员及其他专业领域人员协同分析研判，才能解决的问题。尤其是互联网经济催生出越来越多新的商业实践，这些实践蕴含着新的法律关系、新的行为、新的交易标的等，想要满足这些新的需求、解决这些新的问题都需要创造性的工作，这是机器无能为力的，所以电商法律或者说互联网法律会成为律师新的爆发点、增长点和起点。

最后，很遗憾！无论律师还有多少可以施展的空间，终有一天还是会被机器（人工智能）彻底取代，因为人的智力发展的速度跟人工智能不在一个数量级上，“阿尔法狗”如果把它目前已有的“智力”用在法律服务上面，估计大部分律师就已经被拿下了——这个结论令人沮丧。

法律人如何对抗人工智能

在之前的《律师会被“阿尔法狗”打败吗》一文中，我提出过一个观点：律师是距离人工智能最近的行业之一，因为法律思维讲究程序和逻辑的本质属性计算机天生就有，所以在人工智能取代人的大潮中，律师应该是最早受到冲击的群体。

现在我打算把这个问题再谈得深一点，并且延伸到另一个命题：律师怎样才能在这场看上去毫无胜算的人机之战中幸存。

先说第一个问题，为什么律师会最早被人工智能冲击？原因有两个，第一个原因是前面所说的法律思维方式与计算机思维太过接近，我学过计算机专业，计算机语言的底层无非就是“是与非”的基本判断，对应到集成电路中最基本的单元就是“0”和“1”。所有的逻辑和运算都是从“0”和“1”（是与非）推演出来的。

@知乎的这张图很好地展示了计算机逻辑语言被硬件理解和执行的过程。计算机语言最终将经过编译转换成0101010101，而这些“0”和“1”就对应电脑硬件（集成电路）中的低电平和高电平。这些电平控制开关的打开和关断，于是各种组合就产生了复杂的逻辑电路。（见图45）

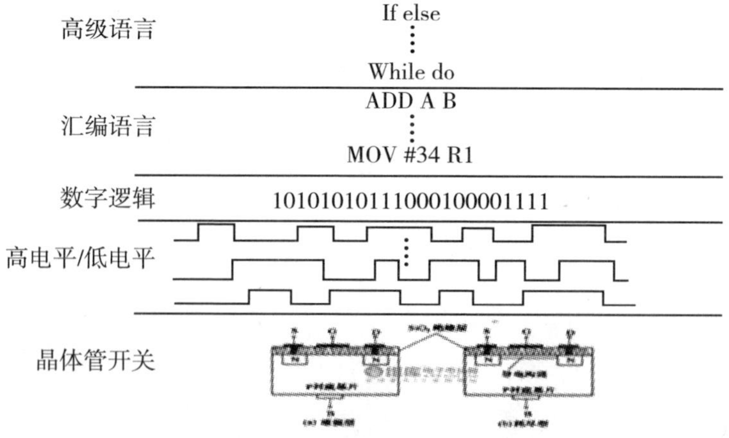

图45

这种工作（思维）方式跟律师是高度一致的，我们律师的工作无非就是给出法律依据和事实条件之后的是非判断。例如，法律规定是欠债还钱，事实条件是我欠了你的钱但是没有还，结果就是我必须还钱。计算机语言表述为：

if　欠债还钱=法律规定；

if　张三欠钱没有还；

then　张三必须还钱；

else　张三不必还钱

不少人看到这里一定会说实践当中的逻辑要远比这个复杂，这我承认。但复杂程度非常有限，不太可能比围棋复杂，这是由法律的本质属性所决定的。法律追求稳定性和一致性，以便对后来者给予相对确定的指导，这时的法律逻辑模型不可能像围棋那样每走一步都面临无数种可能的结果（最高人民法院近来所提倡的“同案同判”即是最佳注解）。所以阿尔法狗能赢李世石就说明它可以在大量的法律应用场景中胜任和取代律师所做的工作。

第二个原因更加关键，计算机并不完全以跟律师相近的思维方式取胜，它的第二个法宝就是大数据。我们很多律师同行（尤其是出道有些年头对自身专业能力比较自信的同行）瞧不上人工智能的重要原因就是，他们认为在复杂的法律问题上律师个人的经验至关重要，殊不知这恰恰是人工智能的最大长处，这里必须来简要说明一下什么是人工智能。

《智能时代》这本书对人工智能做了比较清楚的解释，很大程度上澄清了人们对这个概念的误解。人工智能并不是让机器具备人脑的思维，让机器模拟人脑的思路在数十年的人工智能进程中被验证是一条死胡同（至少在目前的技术条件下），科学家发现人类经过漫长的进化获得的大脑，其工作原理很难被机器完全学会，于是他们调整了思路，通过大量的数据对机器进行训练，尽可能把所有的答案告诉机器，从而使之具备“智能”。典型的像自动驾驶，其实就是把大量的驾驶路况和处理方式都告诉行车电脑，而不是训练行车电脑像人一样遇到问题后再能动性地做出反应。

通过海量数据赋予机器智能的做法，更典型的例子是谷歌，现在人们都逐渐意识到谷歌是一家人工智能公司（《硅谷钢铁侠》一书中记载了埃隆·马斯克甚至对谷歌创始人拉里·佩奇推动人工智能的做法感到忧虑），而不是表面上看到的搜索引擎公司，谷歌之所以提供搜索业务，核心目的是为人工智能不断地获取数据，搜索引擎天然能捕捉到来自人类的各种问题和答案。

了解人工智能是什么之后，我们再回到法律领域，那些被律师们引以为傲的经验，机器可以通过大数据快速掌握。当下最典型的例子就是，司法案例公开经最高人民法院制度化之后所带来的法律大数据应用，把这些判决书内容拆解成一个个最小分析单元之后输入计算机，经过科学系统的分析归纳，可使之摇身一变成为经验丰富的诉讼律师（某种程度上，天同所对于商事纠纷案件的预判就是这个原理）。通常一个律师处理过100件离婚案件就可以算得上专业离婚律师了，计算机理论上可以把所有的历史离婚案件遍历一遍，然后分析、记忆和归纳，这就好像奥数学生很会做数学题，但我让电脑把奥数题库里所有的题目和答案都记下来，你说谁的成绩会更好呢？

法律领域有句谚语叫“太阳底下没有新鲜事”，就说大量的问题都是发生过的。这类有先例可循的问题，计算机的大数据一定比人类那飘忽不定的经验更靠谱。

好，让我们做个承上启下的阶段性总结，机器有律师一样的程式化、逻辑化思维，而在经验方面，机器有大数据做后盾可以快速掌握之前的历史经验，所以人工智能率先抢律师的饭碗就一点也不稀奇了。

下面进入第二个更深的命题：律师有机会在这场毫无胜算的战争幸存吗？

经过前文的分析，我们知道人工智能是使用大数据训练出来的程式化、逻辑化的应试工具，战胜它的方法恰恰就在这里。第一个方向是摆脱机器擅长的程式化、标准化工作，诸如交通事故、保险理赔、民间借贷、离婚、继承、批量商标维权等具备完善操作流程并且已经演变为一系列标准化动作的法律服务领域，律师应该尽快离开，而那些需要创造性思维和工作的领域，律师就可以大展拳脚。比如审合同已经开始由机器接管（如“合同家”“爱合同”等），但律师要做的事是告诉客户应该跟对方形成怎样的合同关系，各参与方的主体身份应当怎样设计，站在一个更宏观的层面去考察合同，以便确保合同最大程度实现合作目的，我的《法眼电商》一书中有一篇《审合同与商业模式有何相干》，讲的就是这个道理。

第二个方向是，进入到没有先例可循的法律服务领域。既然机器是依靠数据获取“智能”，那人就可以进入那些缺少数据、无章可循的法律领域，就像“二战”时期的诺曼底登陆那样开辟第二战场。举个例子，VIE是国内互联网公司为了同时引入外资和取得国内互联网业务经营许可而设置的一种公司架构，在新浪实施之前是没有先例的，这种全新业务人工智能就无计可施。新浪的 VIE 律师便是完成了从 0 到 1 的开创性工作，让 VIE 架构成为一种新型的法律服务，之后，越来越多的公司和律师开始学习模仿，案例和数据的积累也越来越多，机器便开始跟进和接管了。

那么类似 VIE 这种全新的法律服务领域多吗？我可以负责任地讲，非常之多。新的技术革命让商业模式加速进化，人的行为、人与人之间的关系都在不断的解构和重构之中，新的法律需求自然奔涌而出。你可以留意一下新的《电子商务法》、新的《民法总则》草案中提出的大数据权利和虚拟财产、层出不穷的新型网络案件案例等，只要有心（当然，还有市场需求这个根本动力），这样的法律服务“新大陆”都会被逐步开掘出来。

事实上，费了这么大的篇幅，最终想说明两点：

1. 人工智能必定会取代传统法律服务领域中的大量业务，而且一点都不难。这种冲击和替代比当下逐渐流行的法律电商更加难以招架，法律电商就像优步，让用户以更低价格、更高效率享受更优质的服务，下一步有了人工智能的优步必然把司机从驾驶位上拉下来，律师也面临着同样的情况。

2. 未来法律实务领域的竞争更大程度上并非发生在同行之间，而是人机之间。了解人工智能的工作原理以及它的优劣长短，就不会产生两种畸形的心态：蔑视和恐慌。正确的选择是从现在开始，在正确的方向上开始起跑，当然，如果让机器陪你一起跑，就再好不过了。

互联网法院会进化成什么样

——杭州互联网法院一周岁的样子

杭州互联网法院于2017年8月18日正式挂牌成立。这是中国第一家也可能是全球第一家互联网法院。我所在的几个微信群里都在讨论互联网法院的意义，于是我在微信朋友圈发了一条消息："远的不说，就当下来看，纠纷解决线上化和涉网案件审判专业化是必然的趋势，互联网法院正是集两者于一身的新物种，接下来它的基因会蔓延到整个法律行业。"

果不其然，一年的时间里，杭州互联网法院在涉网案件专业化和审判方式在线化方面频频发力，不断刷新行业传统做法和观念。

一、涉网案件审判专业化，探索涉网诉讼审判规则

有人说涉网案件跟传统诉讼案件有啥区别，网购合同不是合同吗？网络侵权就不是侵权了吗？事实上，与传统诉讼相比，涉网案件有诸多差异化的特点，我们可以从以下三个方面结合杭州互联网法院一年来的实践做一个梳理。

1. 技术性强

线上发生的行为，无论是违约还是侵权，有关的证据大多数是以数据电文形式呈现。此外，很多行为本身就是技术属性非常明显，如网络侵权、网络不正当竞争等。这些问题能否适用恰当的法律规定去处理都依赖法官对技术原理有很好的理解和把握。

典型例子如杭州互联网法院判决的区块链存证第一案，当事人使用的区块链存证方式涉及大量的技术原理，这些原理能否有效地保障证据具有证明效力，法院在判决中都予以详细的拆解和说明。除了实体审理中会遇到技术问题，很多案件甚至在管辖权等程序问题上都存在技术问题，因为

网络上发生的行为可不像现实当中那么容易确定连结点。

2. 商业模式强相关

涉网类案件的第二个特点是争议焦点往往与商业模式强相关。法官需要在特定的商业模式或者业务场景下去理解双方争议的内容和主张，例如，考虑云计算平台的责任时不能简单将其理解为一般网络服务平台进而套用通知—删除原则，因为云计算公司的商业模式决定了不接触用户数据是它们的生命线。

此外，大量的网络侵权案件中，侵害的权益往往并非作用在侵权对象本身，而是背后的用户体验、市场和生态。例如，杭州互联网法院刚刚判决的全国首例大数据产品不正当竞争纠纷案，原被告之间就数据控制权发生的争夺，其间的界限究竟如何设定，必须要求法官对数据背后的产业链条和商业利益有清晰的认知。

因此，法官对互联网领域的创新商业模式的熟稔程度在很大程度上决定了判决能否真正起到定分止争，对整个行业产生积极还是消极的影响。

3. 缺乏明确的立法和规则

尽管立法一直在互联网发力，但始终没能追上日新月异的网络经济发展步伐。大量新型的商业实践不断涌现，随之而来的争议很难在立法上都找到明确的规则，立法的滞后性就需要靠司法审判在个案中予以弥补，进而形成规则有效地反哺到立法中。

例如，电子存证在民事领域到底如何认定，目前立法层面并无完善的规则，互联网法院就可以通过个案不断地确立规则，包括我承办的时间戳电子存证案件，法院通过判决全面梳理了电子存证证据的认定规则和具体步骤。最终，在不断积累典型案例的基础上，总结梳理成为标准，也就是2018 年 6 月 28 日发布的《民事诉讼电子数据证据司法审查细则》。

二、借助新技术提升审判效能，创新互联网审判模式

既然是互联网法院，当然要能够把网络信息技术无缝对接到审判实践中，解决司法资源紧张的问题。在这方面，杭州互联网法院第一年也可以说亮点频出，包括：

1. 在线审理

起诉、调解、立案、举证、质证、庭审、宣判、送达等诉讼各环节全程可以实现网络化。

2. 异步审理

将涉网案件的各审判环节分散在网上诉讼平台，允许各主体按照各自时间登录平台，以非同步的方式完成诉讼。

3. 电子送达

利用大数据自动检索当事人名下的所有手机号码、绑定的宽带地址、电商平台账号、电子邮箱等常用电子地址进行信息推送，部分信息必须要当事人点击确认才能继续使用设备，保证了送达效果，目前送达成功率达 88%。

4. 电子证据平台

通过接口对接方式推送电子证据至诉讼平台，用于存储、接入、交换、认证诉讼过程中形成的电子证据。

一系列的技术措施大幅度提升审判效率。据法院公布的数据，涉网案件开庭平均用时 28 分钟，平均审理期限 38 天，比传统审理模式分别缩短 60% 和 50% 的时间，一审服判息诉率达 99%。

三、开一下脑洞

就在杭州互联网法院一周岁之际，北京和广州也分别成立了互联网法院，成都也有了互联网法庭。我们不禁要问，接下来五到十年，互联网法院的基因还会催生出哪些新物种和新事物，我斗胆来给大家开几个脑洞：

脑洞 1：更多的互联网法院

这个很容易想到，更多互联网经济发达的地区应该都会设立互联网法院。倒不是为了跟风，而是经济基础决定上层建筑，互联网作为基础设施越深入社会生活，越需要互联网法院用更低的成本和更专业的审判定分止争。

脑洞 2：法院成为开放平台，并最终形成一个司法生态体系

就像 BAT 一样，法院也处在司法网络中的关键节点上，大量的第三方

资源都可以跟法院对接，在调用法院提供的数据接口的同时，提供更丰富的第三方服务。届时，法院只需制定好平台规则、做好平台治理就可以了，并不需要大包大揽，事事亲力亲为。

脑洞3：互联网公安局、互联网检察院、互联网行政执法机关都随之而来

公、检、法三家已经有法院首开纪录，处在同一个系统中的两家兄弟单位怎么可能无动于衷呢？当然，原因也不是跟风，还是网络社会实践的需要。

而对于行政执法机关，其早就提出来以网管网，工商、食药监、税务等部门各种网络管理系统都在用，从理念到工具都轻车熟路，所以互联网工商局、互联网税务局等一众行政执法机关也都会闪亮登场。

脑洞4：律师从律师事务所独立出来

尽管《律师法》要求律师必须在律所执业，但立法从未阻挡过趋势的力量。基于线上沉淀了越来越多的律师数据，当事人不再借助律师楼的豪华程度和律师的“阿玛尼”西装判断其专业程度，法律服务也更多地借助线上就可以完成，律师和当事人从建立合作到完成服务都线上化了。此时，物理意义上的办公室和律所还有多少价值呢？更有可能出现的情况是，律师作为手艺人从律所和办公室解放出来，更加强调个体和个体之间的自由联合，律所之间、地域之间的边界通通被打破。

脑洞5：机器法官、机器律师、机器检察官、机器警察成为常态

互联网法院的标志性意义之一就在于法律活动的线上化，这使数据更加容易沉淀下来，从而为法律人工智能铺平道路，因为人工智能的本质就是大数据。数据沉淀得越多，机器学得就越快越聪明。当人工智能在各个法律维度上都展示出过人实力的时候，公众就会更加相信机器律师、机器法官、机器检察官和机器警察。

脑洞6：网络法律实务，将成为最适合法律人生存的新蓝海

很多人都关注互联网法院会用到哪些新技术，但其实我个人认为互联网法院最重要的价值还是在于审理涉网类的特殊诉讼案件，因为技术层面一旦实验成熟，其他法院随时可以引进，但审判专业化确是一个法院的灵

魂所在。

最高人民法院2018年发布的《关于互联网法院审理案件若干问题的规定》（以下简称《规定》）大大扩充了互联网法院的管辖范围，《规定》第2条明确了北京、广州、杭州互联网法院集中管辖所在市的辖区内应当由基层人民法院受理的下列第一审案件：

（1）通过电子商务平台签订或者履行网络购物合同而产生的纠纷；

（2）签订、履行行为均在互联网上完成的网络服务合同纠纷；

（3）签订、履行行为均在互联网上完成的金融借款合同纠纷、小额借款合同纠纷；

（4）在互联网上首次发表作品的著作权或者邻接权权属纠纷；

（5）在互联网上侵害在线发表或者传播作品的著作权或者邻接权而产生的纠纷；

（6）互联网域名权属、侵权及合同纠纷；

（7）在互联网上侵害他人人身权、财产权等民事权益而产生的纠纷；

（8）通过电子商务平台购买的产品，因存在产品缺陷，侵害他人人身、财产权益而产生的产品责任纠纷；

（9）检察机关提起的互联网公益诉讼案件；

（10）因行政机关作出互联网信息服务管理、互联网商品交易及有关服务管理等行政行为而产生的行政纠纷；

（11）上级人民法院指定管辖的其他互联网民事、行政案件。

除此十一项法定管辖事由以外，《规定》第3条提出："当事人可以在本规定第二条确定的合同及其他财产权益纠纷范围内，依法协议约定与争议有实际联系地点的互联网法院管辖。"

这说明网络法律实务已然成为一个新的领域。随着人类社会整体向线上迁移，网络法的范围将越来越广，大量在传统法律业务中被人工智能和法律电商步步紧逼的律师，将在网络法新蓝海里重新找回自己的价值和尊严。

以上虽说是脑洞，但本人相信，五年后的现实恐怕比脑洞更诡异也更激动人心，对此你可以选择拭目以待，但别忘了管理学大师彼得·德鲁克的名言："预测未来的最好方式，就是去创造它。"

图书在版编目(CIP)数据

网络法战地笔记:互联网法律从业者进阶指引 / 张延来著. -- 北京:法律出版社, 2019
ISBN 978-7-5197-3061-1

Ⅰ. ①网… Ⅱ. ①张… Ⅲ. ①计算机网络-科学技术管理法规-研究 Ⅳ. ①D912.104

中国版本图书馆CIP数据核字(2019)第020567号

网络法战地笔记
——互联网法律从业者进阶指引
WANGLUOFA ZHANDI BIJI
—HULIANWANG FALÜ CONGYEZHE JINJIE ZHIYIN

张延来 著

策划编辑 田 浩
责任编辑 田 浩
装帧设计 鲍龙卉

出版 法律出版社
总发行 中国法律图书有限公司
经销 新华书店
印刷 固安华明印业有限公司
责任校对 李景美
责任印制 胡晓雅

编辑统筹 法商出版分社
开本 710毫米×1000毫米 1/16
印张 16.75
字数 240千
版本 2019年4月第1版
印次 2019年4月第1次印刷

法律出版社/北京市丰台区莲花池西里7号(100073)
网址/www.lawpress.com.cn
投稿邮箱/info@lawpress.com.cn
举报维权邮箱/jbwq@lawpress.com.cn
销售热线/010-83938336
编辑电话/010-83938130

中国法律图书有限公司/北京市丰台区莲花池西里7号(100073)
全国各地中法图分、子公司销售电话:
统一销售客服/400-660-6393
第一法律书店/010-83938334/8335 西安分公司/029-85330678 重庆分公司/023-67453036
上海分公司/021-62071639/1636 深圳分公司/0755-83072995

书号:ISBN 978-7-5197-3061-1 **定价**:72.00元
(如有缺页或倒装,中国法律图书有限公司负责退换)